非控股大股东参与治理
影响上市公司股价信息含量的
作用机理研究

张 涛 著

知识产权出版社
全国百佳图书出版单位
—北京—

图书在版编目（CIP）数据

非控股大股东参与治理影响上市公司股价信息含量的作用机理研究／张涛著. —北京：知识产权出版社，2024.7. —ISBN 978-7-5130-9409-2

Ⅰ. F279.246

中国国家版本馆 CIP 数据核字第 2024Z81B68 号

内容提要

本书对非控股大股东参与上市公司治理的治理效力、模式开展了创新研究，从过程论和系统论的分析逻辑出发，以宏观层面经济"双循环"、资本市场新一轮改革以及企业高质量发展为背景，从上市公司信息披露层面剖析影响资本市场运行效率的内因；从非控股大股东的股东大会权力、董事会权力与关系网络权力三维视角提出我国非控股大股东参与公司治理影响资本市场运行效率、公司高质量发展的内在机理与路径。

本书可供研究公司治理或国企混改的学者参考，也可为实施混改的企业高管提供理论借鉴，还可供管理学、经济学专业的研究生、本科生阅读。

责任编辑：彭喜英　　　　　　　　责任印制：孙婷婷

非控股大股东参与治理影响上市公司股价信息含量的作用机理研究
FEI KONGGU DAGUDONG CANYU ZHILI YINGXIANG SHANGSHI GONGSI GUJIA XINXI HANLIANG DE ZUOYONG JILI YANJIU

张　涛　著

出版发行：	知识产权出版社 有限责任公司	网　　址：	http://www.ipph.cn
电　　话：	010-82004826		http://www.laichushu.com
社　　址：	北京市海淀区气象路 50 号院	邮　　编：	100081
责编电话：	010-82000860 转 8539	责编邮箱：	laichushu@cnipr.com
发行电话：	010-82000860 转 8101	发行传真：	010-82000893
印　　刷：	北京中献拓方科技发展有限公司	经　　销：	新华书店、各大网上书店及相关专业书店
开　　本：	720mm×1000mm　1/16	印　　张：	14.75
版　　次：	2024 年 7 月第 1 版	印　　次：	2024 年 7 月第 1 次印刷
字　　数：	238 千字	定　　价：	78.00 元
ISBN 978-7-5130-9409-2			

出版权专有　侵权必究

如有印装质量问题，本社负责调换。

前言

资本市场的繁荣与稳定，在切实促进中国经济持续增长方面，具有不言而喻的重要性。而如何在经济发展新格局下有效发挥资本市场的"枢纽作用"，对于经济高质量发展的目标实现尤为关键。本质上，资本市场能否发挥枢纽作用，关键取决于其对社会资源配置的合理与有效程度。在信息高度依赖特征下，证券价格充分反映公司特质信息是资本市场资源配置功能实现，进而服务实体经济的基本前提。作为衡量资本市场运行效率的重要指标，股价信息含量反映了公司特质信息融入股价的程度。如果上市公司的股价信息含量较低，说明公司层面特质信息并未有效对外传递，也就增加了外部投资者特质信息的获取成本，导致投资者只能依靠宏观和行业信息作出交易决策，降低了资本市场运行效率，在阻碍了资本市场"枢纽作用"有效发挥的同时，也对实体经济的健康发展产生负面影响。因此，探究影响上市公司股价信息含量的积极因素，已成为以"增强金融服务实体经济能力"为目标的新一轮金融改革亟待解决的重要现实问题。

理论与实务界普遍认为，通过建立良好的公司治理机制，企业信息不对称程度能够得到有效缓解，进而有助于其可持续发展目标的实现。股权结构是研究公司治理问题的逻辑起点，不同股权结构的上市公司所面临的公司治理问题具有差异性。在分散的股权结构下，上市公司的代理问题主要体现为股东与经理人之间的利益冲突,即"第一类代理"冲突;而在所有权集中的股权结构下,则体现为控股股东与其他股东之间的利益冲突,即控股股东代理问题。长期以来,中国上市公司股权"集中化"、控制"集团化"等方面的特征尤为凸显,可诱发创新不足、投资效率偏低、信息披露失真等阻碍可持续发展目标实现的问题,也使中国企业呈现出低层次的发展态势。究其原因,是公司内部治理结构失衡,以及由此产生的企业内部相关主体机会主义动机与行为导致的。为扭转中国企业内部治理机制失衡的态势,进一步发挥非控股股东在公司治理中的作用,从 2003 年起,中国证券监督委员会相继推出了一系列改革措施,逐步加强非控股股东"用手投票"的治理能力。开通中小股东网络投票平台;颁布重大事项对持股5%以下股东实行分类计票等制度,为非控股股东参与公司治理活动的通道疏通提供了有力的支持。

通过本书的撰写,期望理清以下两方面的主要问题。一是在企业中股东权力配置问题并未得到有效解决的情况下,非控股股东参与公司治理究竟会给企业带来何种影响,非控股股东参与公司治理的理论依据和主要途径等问题,尚需理论研究并与企业实践相结合加以探索。二是在经济转型与高质量发展的大背景下,如何在进一步提升上市公司治理水平进而增加其股价信息含量的同时,促进资本市场"枢纽作用"的发挥并服务于实体经济。具体地,本书重点关注如下几方面问题:(1)非控股大股东参与治理的权力来源依据;(2)非控股大股东参与治理会对上市公司股价信息含量产生何种影响效应?(3)在影响效应存在的前提下,非控股大股东通过何种作用机制参与治理进而影响上市公司股价信息含量?其具体又存在哪些影响路径?(4)非控股大股东参与治理影响上市公司股价信息含量是否存在作用边界?具体又是什么?探究上述几方面问题,不仅在理论层面加深了非控股大股东参与治理的认知视角,拓展了非控股大股东参与治理引致企业经济后果的研究情景,且有助于控股股东与非控股大股东关系研究的理论基础以及股价信息含量影响因素相关研究的进一步丰富;在现实层面则能在提升我国上市公司治理水平、实现新一轮金融改革目标、促进资本市场更好地服务于实体经济等方面提供参考价值。

本书共分为 7 章。第 1 章为本书的绪论部分。重点阐述了书中所涉及研究问题的理论与现实背景,指出探究非控股大股东参与治理影响上市公司股价信息含量问题的研究必要性与紧迫性，并对这一研究问题的理论价值和现实意义进行阐述；为更加清晰地凸显本书的主要研究内容，结合研究的需要对后文中使用的基本概念进行界定与明晰；阐述了本书的具体研究思路和所包含的主要内容，并对所采用的研究方法进行了详细介绍。第2章为文献综述。依据研究主题从以下三方面展开文献综述：非控股大股东参与治理的经济后果、股价信息含量的影响因素、非控股大股东参与治理与股价信息含量的关系，在借鉴既有文献资料、总结以往研究中可能存在的不足与局限的基础上，进一步提出研究视角与研究内容。第3章为非控股大股东参与治理影响股价信息含量的理论分析框架。具体探讨了中国上市公司中代理问题的具体表现，以及中国上市公司中控股股东代理问题的现状。从参与治理的主体、参与治理的权力来源、参与治理权力的实现形式以及参与治理权力内容等方面，分析非控股大股东能够发挥治理效应的理论依据，分析了中国上市公司非控股大股东参与治理的主要动因，并基于利益博弈的视角，分析了非控股大股东参与公司治理的必要性；进一步地，论证了非控股大股东参与治理影响股价信息含量的内在机理并构建理论模型。第4章在提出研究假设的基础上，分别从退出威胁与连锁持股的双视角，实证检验了非控股大股东参与治理对上市公司股价信息的影响效应。对于取得的初步实证结论，采用多种方法对已取得的结论进行稳健性检验，并考虑内生性问题以确保本书研究结论的可靠性。第5章探讨非控股大股东参与治理影响股价信息含量的具体作用机制与影响路径。基于退出威胁视角与连锁持股的视角，分析了非控股大股东参与治理影响股价信息含量的作用机制；进一步地，从企业信息惯性披露和信息不对称两个维度，探讨非控股大股东参与治理影响股价信息含量的作用路径，并采用中介效应检验模型对上述所提及的具体影响路径进行检验与分析，以便进一步明晰非控股大股东参与治理影响股价信息含量的具体作用渠道。第6章对控股股东股权质押、经济政策不确定对非控股大股东参与治理与股价信息含量关系的调节效应进行分析与检验，明确非控股大股东影响上市公司股价信息含量的作用边界。第7章是对本书的总结与讨论部分。对所形成的主要研究结论进行相应的总结与梳理，明晰了研究中所可能具有的创新或边际贡献，并结合研究过程中存在的不足之处，对本研究的局限之处进行总结，进而对未来可能值得探究的相关问题进行展望。

本书撰写完成离不开导师、亲友及同学的支持与帮助。感谢我的导师李秉祥教授，本书的选题、整体框架搭建与撰写都得到李教授的耐心指导。感谢李雷博士、鲁乔杉博士、林炳洪博士为本书写作提供的宝贵建议。在撰写过程中，本书参考和借鉴了许多国内外同行的优秀研究成果，在此致以衷心的感谢。同时，本研究成果是在公司治理理论内容构成框架上的新尝试，难免存在偏颇和疏漏之处，诚恳地希望国内外同行能提出宝贵的批评和建议。

目 录

第1章 绪 论 ⋯⋯⋯⋯⋯⋯⋯⋯⋯⋯⋯⋯⋯⋯⋯⋯⋯⋯⋯⋯⋯⋯⋯ 001
    1.1 研究背景与研究意义 ⋯⋯⋯⋯⋯⋯⋯⋯⋯⋯⋯⋯⋯⋯⋯⋯⋯ 001
    1.2 相关概念界定 ⋯⋯⋯⋯⋯⋯⋯⋯⋯⋯⋯⋯⋯⋯⋯⋯⋯⋯⋯⋯ 008
    1.3 研究思路与研究内容 ⋯⋯⋯⋯⋯⋯⋯⋯⋯⋯⋯⋯⋯⋯⋯⋯⋯ 011
    1.4 研究方法与技术路线 ⋯⋯⋯⋯⋯⋯⋯⋯⋯⋯⋯⋯⋯⋯⋯⋯⋯ 014

第2章 文献综述 ⋯⋯⋯⋯⋯⋯⋯⋯⋯⋯⋯⋯⋯⋯⋯⋯⋯⋯⋯⋯⋯ 017
    2.1 大股东参与公司治理的相关研究 ⋯⋯⋯⋯⋯⋯⋯⋯⋯⋯⋯⋯ 017
    2.2 股价信息含量的相关理论与文献综述 ⋯⋯⋯⋯⋯⋯⋯⋯⋯⋯ 023
    2.3 文献述评 ⋯⋯⋯⋯⋯⋯⋯⋯⋯⋯⋯⋯⋯⋯⋯⋯⋯⋯⋯⋯⋯⋯ 036

**第3章 非控股大股东参与治理影响上市公司股价信息含量的
理论框架** ⋯⋯⋯⋯⋯⋯⋯⋯⋯⋯⋯⋯⋯⋯⋯⋯⋯⋯⋯⋯⋯ 039
    3.1 中国上市公司代理问题的现状分析 ⋯⋯⋯⋯⋯⋯⋯⋯⋯⋯⋯ 040
    3.2 委托代理视阈下非控股大股东参与治理的动机 ⋯⋯⋯⋯⋯⋯ 061
    3.3 非控股大股东参与公司治理的理论依据 ⋯⋯⋯⋯⋯⋯⋯⋯⋯ 062

3.4 非控股大股东参与治理必要性的博弈分析 ……………………… 068
3.5 非控股大股东参与治理影响上市公司股价信息含量的
机理分析 …………………………………………………………… 071
3.6 本章小结 …………………………………………………………… 080

第4章 非控股大股东参与治理对上市公司股价信息含量的
影响 ……………………………………………………………………… 082
4.1 假设提出 …………………………………………………………… 082
4.2 实证研究设计 ……………………………………………………… 088
4.3 实证检验与结果分析 ……………………………………………… 093
4.4 稳健性检验 ………………………………………………………… 109
4.5 内生性检验 ………………………………………………………… 119
4.6 本章小结 …………………………………………………………… 125

第5章 非控股大股东参与治理影响上市公司股价信息含量的
作用机理 ……………………………………………………………… 127
5.1 假设提出 …………………………………………………………… 128
5.2 实证研究设计 ……………………………………………………… 134
5.3 实证检验与结果分析 ……………………………………………… 143
5.4 稳健性检验 ………………………………………………………… 155
5.5 本章小结 …………………………………………………………… 172

第6章 非控股大股东参与治理影响上市公司股价信息含量的
调节因素 ……………………………………………………………… 174
6.1 假设提出 …………………………………………………………… 174
6.2 实证研究设计 ……………………………………………………… 178
6.3 实证检验与结果分析 ……………………………………………… 181
6.4 稳健性检验 ………………………………………………………… 188
6.5 本章小结 …………………………………………………………… 196

第 7 章	结论与讨论	197
7.1	主要结论	197
7.2	研究创新点	200
7.3	研究局限与展望	202

参考文献 ……………………………………………………………… 204

第1章 绪 论

1.1 研究背景与研究意义

1.1.1 研究背景

(1) 在经济"双循环"新发展格局的背景下,中国企业作为经济活动的重要参与主体,治理机制仍不完善,且存在较严重的内部代理冲突。针对如何缓解企业内部代理冲突等问题展开理论研究仍具有必要性。

"构建以国内大循环为主体,国内国际双循环相互促进的新发展格局",是中国政府在综合考虑当前所处发展阶段、环境和条件变化等因素的基础上,作出的重塑国际合作和竞争新优势的重大战略决策。满足国内需求、加快构建完整的内需体系,是"双循环"新经济发展模式的基本出发点和落脚点。因此,推进"双循环"发展模式的首要问题在于,加速形成国内大循环,而作为经济活动的基础载体,企业在促进国家经济平衡与发展,实现"国内循环"加速形成的过程中扮演着极为重要的角色。

就目前而言，中国企业股权"集中化"、控制"集团化"等方面的特征尤为突出，并且，诸如创新不足、投资效率偏低、信息披露失真等尚未真正有效解决的关键问题依然制约着我国企业的发展。根据2017—2020年的统计数据，在我国上市公司中，控股股东及其一致行动人的平均持股比例高达42.56%，中国上市公司股权"过度集中"的特征尤为明显。此外，根据2020年年底的相关数据，当时沪深A股市场中处于企业集团下金字塔控制的上市企业有1996家，占全部上市公司总数的81.94%，"金字塔"持股等增强控制权持股模式的广泛使用使得中国上市公司往往处于控股股东的"集团化"控制状态。过于集中的股权结构与金字塔持股模式的"集团化"控制使得中国上市公司控股股东的控制权处于"超额配置"的状态，并导致控股股东在上市公司中"一言堂"的局面，进而显著提升了控股股东攫取控制权私利的动机，"掏空"上市公司侵占其他股东利益的事件多有发生。控股股东利益侵占事件的接连发生不仅创下了中国资本市场一个又一个"纪录"，也使得上市公司内部面临非常严重的"第二类代理"问题，对于企业的长远发展极为不利。在现实中，由于控股股东拥有对经理人选聘的绝对权力，加之中国并未形成完善的职业经理人市场，上市公司的经理人往往呈现出对于控股股东的高"依附"状态，进而形成了控股股东的控制权，从"决策层面"逐步向"经营层面"渗透的局面。企业经理人在"关系依赖"特征下，其自身的"职位固守"现象十分普遍，实质已沦为控股股东的"代言人"。依据刘少波和马超[1]的划分标准，对2019年沪深A股所有民营上市公司的经理人进行了分类统计，结果显示：所有民营上市公司中"一体型"经理人占比为26.41%、而"依附型"经理人占比高达35.62%。不难推断的是，随着这两种类型公司数量的提升，经理人已成为控股股东实施侵占的"执行人"与"合谋者"，不仅束缚了经理人的主观能动性和企业家精神，也使得我国部分企业呈现出有悖于现代公司制度的低层次发展态势。因此，如何进一步缓解企业中的代理冲突，促进我国企业健康、可持续发展，亟须从理论层面展开更深入的讨论与探索。

（2）非控股股东参与治理是缓解企业内部代理冲突的重要举措。然而，非控股股东参与治理会对企业产生何种影响，是否能够有效地降低企业中的代理冲突，进而改善公司治理环境，对于这一问题业界尚未达成较一致的结论。仍需从理论层面进行更深入的讨论与探索。

为了扭转中国企业内部治理机制失衡的态势,进一步发挥非控股股东在公司治理中的作用。从2003年起,中国证券监督委员会相继进行了一系列改革措施,逐步加强对非控股股东"用手投票"的治理能力:开通中小股东网络投票平台;颁布重大事项对持股5%以下股东实行分类计票等制度,为非控股股东参与公司治理活动的通道疏通提供了有力的支持。资本市场上随后涌现出诸如步森股份(002569)的非控股股东联手否决控股股东的董事会、监事会改选议案,ST生化(000403)的非控股股东积极促成控股股东反对的要约收购议案,大连圣亚(600593)中小股东联合解聘总经理等非控股股东参与治理实现自身权益维护的经典案例。与此同时,越来越多的理论研究发现,非控股股东参与公司治理与决策,在促进企业技术创新[2]、提升投资效率[3-4]以及缓解融资约束[5]等方面均能展现出积极作用,非控股股东能够制约管理层机会主义行为和控股股东私利行为的观点得到了证实。虽然通过参与企业决策,非控股股东能够掌握更多的企业信息,但是,由于不直接参加公司日常经营,非控股股东与管理层之间仍会存在信息的不对称。有研究者[6]指出,非控股股东参与决策也会造成企业经营的混乱。更有甚者,在因参与决策形成角色职能转变后,非控股股东存在实施机会主义行为的可能,从而不利于企业的长期发展[7]。可见对于非控股股东参与治理与决策会给企业带来何种经济后果,理论界并未达成较一致的结论,因此,进一步深入考察非控股股东参与治理给企业带来的影响,准确对非控股股东在公司治理实践中所扮演的角色进行定位,成为当前我国理论界亟待解决的重要议题。

(3)自经济进入"高质量发展"与"转型升级"以来,资本市场继续在发挥"枢纽作用"的航道上砥砺前行,已成为社会各界寄予厚望的新期许。证券价格能够充分反映公司的特质信息,是资本市场发挥"枢纽作用",进而服务于实体经济的基本前提。探究影响上市公司的股价信息含量的积极因素成为中国金融领域研究的当务之急。

资本市场的繁荣与稳定在促进中国经济高速增长方面具有不言而喻的重要性。如何在经济发展新格局下继续保持"枢纽作用",进而助力实体经济高质量发展则成为当前阶段中国资本市场任务的重中之重。实际上,"枢纽作用"能否有效发挥的关键在于,资本市场是否可以合理、有效地进行社会资源配置。在信息高度依赖特征下，资本市场中的证券价格能够充分反映公司的特质信息是实现资源的合理配置功能并服务实体经济的基本前提。股价信息含量反映了公司特质信息融入股价的程度，是衡量资本市场运行效率的重要指标。长期以来，中国股票市场始终存在个股股价与大盘"同涨同跌"的现象。这说明上市公司的股价信息含量较低，公司层面的特质信息并未有效地对外传递。导致上市公司特质信息披露不足的内因是中国信息披露体系与相关制度的不完善，主要体现为：①"管理层讨论与分析"（MD&A）中的信息披露流于形式，普遍存在"空洞化"与"模板化"的现象；②信息披露违规成本较低，使得大股东、管理层等内部人士出于机会主义攫取私利的行为难以被有效抑制。中国上市公司信息披露违规事件频发，在损害上市公司声誉、打击投资者信心的同时，也恶化了资本市场的信息环境，进一步使得企业信息不对称程度加剧。显而易见的是，在特质信息披露不足与违规披露并存的情形下，公司特质信息的获取成本逐步提升导致股票价格中的信息含量显著下降，外部投资者只能依靠宏观和行业信息作出交易决策，降低了资本市场的运行效率，从而对资本市场发挥枢纽功能进而服务实体经济的最终目标产生负面影响。因此，积极探究影响上市公司股价信息含量的积极因素成为以"增强金融服务实体经济能力"为目标的新一轮金融改革中亟待解决的现实问题。

我国企业仍未真正摆脱低层次的发展态势，究其本因是公司内部治理结构失衡，以及由此产生的企业内部相关主体机会主义动机与行为。在企业中股东权力配置问题并未得到有效解决的情况下，非控股股东参与公司治理究竟会给企业带来何种影响，非控股股东参与公司治理的理论依据和主要途径等一系列问题，尚需理论研究与企业实践共同探索。在经济转型与高质量发展的大背景下，进一步提升上市公司的股价信息含量，对于资本市场发挥枢纽功能并服务实体经济至关重要。因此，进一步明晰非控股大股东参与治理的权力来源依据，以及对上市公司股价信息含量的影响效应及其内在的作用机理，是我国经济"结构性转型"进程中亟待解决的重要现实问题，也是本研究的关键所在。

1.1.2 研究意义

作为衡量企业信息披露质量的重要方面，特质信息披露影响着企业战略决策的制定[8-9]，是企业外部投资群体作出判断与决策的重要依据，关系到投资者的切身利益，也是影响资本市场资源配置功能实现、切实发挥"枢纽作用"的关键因素。然而，与通用信息相比，公司特质信息具有更大的操纵空间。受到自利动机驱使的公司内部相关利益主体会通过对特质信息的"过滤"或粉饰，实现掩盖其出于机会主义动机的利益攫取行为。出于维护自身权益的需求，作为"制衡性大股东"的非控股大股东有强烈的动机与充足的能力，通过参与公司治理实践抑制公司内部相关利益主体的机会主义行为。那么，非控股大股东参与公司治理的理论依据是什么？非控股大股东参与治理，是否会对上市公司的股价信息含量产生影响？如果答案是肯定的，非控股大股东参与治理影响上市公司股价信息含量的作用机制与具体路径又是什么？回答上述问题不仅有助于进一步深化大股东治理领域的理论研究，而且对于公司治理实践中提高非控股大股东参与治理的积极性、合理配置股东权力，实现非控股股东的利益保护，以及以"增强金融服务实体经济能力"为目标的新一轮金融改革目标实现具有一定的现实意义。

本研究的理论意义主要体现在以下三方面。

（1）扩展了对于非控股大股东参与治理认知的理论视角。非控股大股东如何有效地参与公司治理实践，一直是公司治理领域关注的焦点问题，亟须从理论层面进行深化。虽然在基于委托代理的分析框架下，既有研究对非控股大股东参与公司治理所带来的经济后果进行了较详尽的分析，但仍然无法追溯到非控股大股东治理作用与股权非对等配置的根源。本书结合控制权理论、委托代理理论的分析得出，在契约非完备的条件下，非控股大股东影响企业内部主体行为的逻辑起点为公司治理活动，与企业内部的治理结构相关，属于治理控制权的范畴。基于行业间共持所有权网络联结的"协同效应"与"信息效应"，非控股大股东也能够在公司治理活动中发挥积极作用，从控制权和社会网络的视角解释了非控股股东参与公司治理的理论依据。进一步地，从退出威胁与连锁持股的视角分析了非控股大股东参与治理对股价信息含量的影响作用，为完善公司治理结构、合理配置股东权力进而提升资产定价效率提供理论指导。研究突破了以往基于委托代理关系分析非控股股东参与治理的研究框架，拓展了股东权力来源的理论分析视角。

（2）揭示了非控股大股东参与治理对股价信息含量的影响效应及内在作用机制。以往多数研究文献是将关注的重点置于企业财务行为决策层面，探究非控股股东参与治理所带来的经济后果，还鲜有涉及非控股大股东参与治理如何影响股价信息含量的相关讨论与分析。非控股大股东在公司治理中扮演着极为重要的角色，股价信息含量不仅关系到公司证券资产的定价，也是影响资本市场运行效率的关键因素。探究非控股大股东参与治理对股价信息含量的影响机理，可以为进一步完善公司治理结构，促进资本市场有效运行提供理论指导。本书从退出威胁与连锁持股的视角探讨了非控股大股东参与治理对股价信息含量的影响关系及其内在的影响机制，从企业信息惯性披露和信息透明度两方面探讨了非控股大股东参与治理对股价信息含量的影响路径。所得出的研究结论不仅回答了非控股大股东能否，以及如何影响上市公司股价信息含量等问题，也在一定程度上丰富了股价信息含量影响因素的相关研究。

（3）丰富了控股股东与非控股大股东关系研究的理论基础，拓展了非控股大股东参与治理引致企业经济后果的研究情景。本书重点讨论了控股股东股权质押、经济政策不确定对非控股大股东参与治理与股价信息含量关系的调节效应。研究结论显示：随着控股股东股权质押比例的提升，非控股大股东退出威胁对股价信息含量的正向促进效应更强。经济政策不确定性则在连锁持股的非控股大股东与股价信息含量之间的关系中起到负向的调节作用。上述研究结论的得出，在一定程度上丰富了异质股东关系研究的理论基础，从而在为企业如何合理配置股东权力提供理论指导的同时，也为基于差异性宏观经济背景，探究非控股大股东参与治理对上市公司股价信息含量的差异性影响提供了一定的理论支持。

本研究的现实意义主要体现在以下三方面。

首先，探究影响股价信息含量的积极因素在提升资本市场运行效率、实现中国新一轮金融改革目标、促进资本市场更好地服务于实体经济等方面具有现实的指导意义。金融服务实体经济是当前阶段中国金融市场发展与建设的首要任务。上市公司股价信息含量的提升有助于资本市场资源配置功能的实现，提升资本市场的运行效率，最终有利于资本市场发挥"枢纽作用"，进而更好地服务于实体经济；不仅有利于我国实体经济的可持续发展，而且对于中国经济的成功转型与高质量发展具有现实意义。

其次，从非控股大股东视角出发探究非控股大股东参与治理对股价信息含量的影响，对进一步完善企业中非控股大股东的权力配置，提升其参与治理的有效性具有一定的参考价值。非控股大股东是公司治理实践中不可或缺的主体，进一步优化非控股大股东"治理控制权"，深入探寻非控股大股东"治理控制权"有效行使的最佳方式，可以通过非控股股东积极参与公司治理，形成企业内部利益主体之间的有效监督与去"中心化"的管理模式，促进其内部管理从"赋权"到"赋能"的转变，真正激发管理者才能的有效发挥，进一步提升企业的信息披露质量，在最终促进中国企业健康、稳定发展的同时，为加速国内大循环形成提供有力保证。本书从退出威胁与连锁持股的视角分析了非控股大股东参与治理对股价信息含量的影响效应、作用机制与路径，能够为企业合理配置股东权力、优化公司治理结构提供一定的借鉴。

最后，近年来中国企业的控股股东通过质押股权，进而满足自身的资金需求已经成为较普遍存在的现象，而控股股东股权质押给上市公司带来的影响也逐渐成为理论与实务界共同关注的热点问题。与此同时，中国正处于经济转型的关键时期，系列经济政策的出台能够有效地克服市场配置资源不足的问题。但经济政策出台后执行强度、效果无法预期，且可能出现频繁变更等原因，导致企业经营行为往往面临经济政策不确定的影响，对于经济政策不确定给企业经营带来的影响尚存争议。本书考察了控股股东股权质押、经济政策不确定在非控股大股东参与治理与股价信息含量关系中的调节作用，结果表明，控股股东股权质押在非控股大股东退出威胁与股价信息含量的关系中发挥着正向调节作用；而经济政策不确定则能够对非控股大股东与股价信息含量的正向因果关系起到负向调节作用。本书所得出的研究结论为在不同研究情景下探究非控股大股东参与公司治理的作用提供了相应的参考，为准确识别非控股大股东有效参与公司治理的作用边界提供了理论依据。

1.2 相关概念界定

1.2.1 非控股大股东的概念界定

对于非控股大股东，学术界并未形成统一的认定标准。非控股大股东的定义需要建立在明晰大股东、中小股东以及控股股东等概念的基础上。本部分旨在回顾、分析理论与实务界有关大股东、中小股东以及控股股东的概念，并在辨析上述概念的基础上对非控股大股东概念范畴进行界定。

股权结构是研究公司治理问题的逻辑起点。在股权分散的英美法系国家中，公司治理领域的相关研究更多关注的是外部股东与管理层之间的利益冲突，即所谓的"第一类代理"问题[10]。在股权相对集中的大陆法系国家中，股东与股东之间不同的利益诉求，即"第二类代理冲突"成为公司治理领域关注的焦点问题[11-12]。不可否认的是，无论在集中持股模式的企业中，还是在拥有分散股权结构的企业中，往往都存在"大股东"的身影。世界财富500强的公司至少存在一个持有公司股权比例达5%及以上股东的公司有354家，此类股东平均持股比例更是高达28.8%的研究结论，则恰恰为此提供了佐证[13]。

虽然，出于地区制度背景的不同及学者们各自的认知差异，有关大股东的界定标准在理论界并不统一。但是，总体上依然存在两种划分方式：一是以股东所持公司股份比例的排名作为认定依据；二是将股东所持公司股份比例作为判断标准。在现实中，中国资本市场的众多投资者及分析人士习惯将股东排名作为大股东的界定标准，从而出现了诸如"前十大股东""前五大股东"等概念。在学术研究中也有学者沿用此判定标准，将持股比例排在前五的股东界定为大股东[14]。相较而言，理论界更推崇以持股比例为10%作为界定大股东的标准。例如，拉·波塔（La Porta）等[15]、法西奥（Faccio）等[16]将持股超过10%的股东定义为大股东，莫里（Maury）等[17]、莱文（Laeven）等[18]、阿蒂格（Attig）等[19]以及姜付秀等[5,20]均延续了以持股10%作为大股东界定的标准。也有学者将是否持有公司总股份比例的5%作为大股东的识别标准。如霍尔德内斯（Holderness）[21]、埃德蒙兹（Edmans）等[22]以及李增泉[23]、陈克兢[24]等。依据《上市公司股东、董监高减持股份的若干规定》（中国证券监督委员会〔2017〕9号），"上市公司控股股东和持股5%以上股东（以下统称'大股东'）"的描述可知，在更宏观的层面，中国上市公司大股东的划分标准应该指的是，持有上市公司股份比例超过5%的股东。

西方学者[15]最先提出了控股股东（Controlling Shareholders）的概念，并认为控股股东是持有最大投票权的法律实体，但理论与实务界对于控股股东的界定，基于公司发展历史及法律制度的不同，在不同国家也存在差异。例如，美国法律协会界定控股股东的标准为，拥有公司50%以上有表决权的流通股份，且对公司日常经营具备支配性影响的股东。在欧盟公司法中，满足：①拥有公司的大多数表决权，②任免公司的主要经营管理人员或监管成员的权力，③有权对自己或附属公司行使控制性影响等三个条件中的①、③或者②、③的股东才可以被界定为控股股东。中国于2013年12月28日修订的《中华人民共和国公司法》，控股股东的认定标准为：持有公司50%及以上股权的股东，或持有的投票表决权足以对股东（大）会产生重大影响的股东。在学术研究中，一些学者从控制权视角对控股股东进行界定。例如，拉·波塔（La Porta）等[25]、法西奥（Faccio）等[26]认为，控股股东的界定标准应该以是否掌握公司最终控制权为判断依据，并设定了10%或20%的最终控制权的临界"阈值"，但此种划分标准在理论界尚存争议。实际上，理论与实务界有关控股股东的认定，无外乎包含两方面的参考要素，即"控制"（实质）与"直接持股"（形式）。控制的实质是能够对上市公司的决策、经营管理等产生实质性影响，即实际上掌握了公司的控制权；而形式则意味着对股东持股比例的最低要求。除此以外，对于中小股东的界定，深圳证券交易所在《上市公司规范运作指引》中也作出了较明确的规定："中小投资者是指除公司董事、监事、高级管理人员以及单独或者合计持有公司5%以上股份的股东以外的其他股东。"

综合考虑上述因素，在借鉴已有研究的基础上，依据"实质重于形式"的原则，本书将控股股东定义为：能够对上市公司的决策、经营管理等产生实质性影响的大股东。容易理解的是，控股股东一定是大股东，而大股东则不一定是控股股东。除此以外，可以将控股股东以外的股东统称为非控股股东。非控股股东则由非控股大股东与中小股东共同构成。因此，本书中的非控股大股东指代的是除控股股东与中小股东以外，且在上市公司持股比例为5%及以上的股东。

1.2.2 股价信息含量的内涵

作为金融学中最具代表性理论，有效市场假说（Efficient Market Hypothesis，EMH）认为，当市场中价格完全反映了所有关于公司营运的信息时，则该市场称为完全有效[27]。本质而言，EMH中关于有效市场的描述，重点是在强调："信息是引发股票价格波动的最主要因素，而市场有效性则取决于股票价格对于信息的调整能力"。EMH的提出，不仅为金融资产定价的研究提供了新的理论分析工具，也引发了学者们关于股价信息含量问题的探讨。

早期的研究认为，股票价格中包含了反映未来盈利能力的信息含量，股票收益的历史信息确实能够为当前企业的盈利变化提供相应的解释[28-30]。显而易见的是，财务报告所披露的信息，绝大部分反映的是公司过去的经营成果，不可能囊括所有可能在未来影响企业经营绩效的事件。正是基于上述事实的考虑，后续的学者进一步认识到：股票价格的信息含量取决于其所传递出的信息是否超越历史盈余预测到的未来盈余的部分。通过交易活动，当股价波动能够传递出历史盈余无法预测到的未来盈余信息时，股票价格才具有了信息含量[31]。大量的研究结论显示，具有信息含量的股票价格，能够为利益相关者诸如：投资者、债权人、经理人等的决策提供帮助，从而体现出其增量信息的作用[32-35]。

上述所提及的由历史盈余无法预测的未来盈余信息，一方面源自公司经理所掌握的私有信息，以及具有信息优势的投资者通过交易公司股票所传递的信息。由于此类信息拥有其他公司不具备的个体属性，理论界通常将之称为公司特质信息。另一方面也可能来源于市场与行业层面，同样也可以成为引发股票价格波动的驱动因素[36-38]。由于市场层面与行业层面的信息具有公共产品的属性特征，且获取的难度与成本相对较低。此类信息在准确预测公司未来的盈利能力和内在投资价值等方面作用比较有限。相较而言，公司层面的特质信息在准确预测公司未来的现金流量以及特有风险等方面则能够展现出较明显的优势。股票价格中包含的公司特质化的信息越丰富，就越能够成为公司价值的真实表达，进而引导市场资源实现优化配置[39]。

理论界普遍认为，股价中包含的公司特质信息是决定市场运行效率的关键，即公司内在价值和特有风险能够充分、及时、准确地通过股票价格的波动对外传递时，则意味着市场的信息处理机制是有效的。与以往研究保持一致，在本书中所提及的股价信息含量具体指代的是，包含在股价中并能够引发其波动的公司特质信息的多少。

1.3 研究思路与研究内容

本书结合中国资本市场发展现状、微观企业公司治理的现实背景以及相关研究情况，旨在对非控股大股东参与公司治理如何影响股价信息含量这一问题，进行系统的理论与实证分析，构建非控股大股东参与治理影响上市公司股价信息含量的理论机制，实证检验非控股大股东参与治理对股价信息含量的影响效应、作用机制以及路径，并对非控股大股东参与治理影响股价信息含量的边界条件进行分析与检验。具体地，拟重点研究解决以下几方面的问题。

（1）在2007年"股权分置"改革完成之后，虽然控股股东与中小股东的利益从制度上趋于一致，但中国上市公司股权集中的特征并未发生实质性改变，据CSMAR数据统计，截至2020年年底，中国上市公司第一大股东持股比例的均值为32.54%，而第一大股东持股比例超过50%的上市公司占A股上市公司数量的20.20%。那么在此背景下，中国上市公司所面临的主要代理问题是否发生变化？中国上市公司中代理问题，受到何种利益冲突的主导？此种代理冲突，在中国上市公司中的现状又是怎样的？

（2）为了进一步发挥非控股股东在公司治理中的作用，中国证券监督委员会相继进行了一系列改革，旨在进一步提升控股股东以外，其他股东参与公司治理实践活动的有效性。那么，基于委托代理的视阈，非控股大股东参与公司治理的动因是什么？是否有必要参与公司治理？除了"用手投票"的直接监督外，非控股大股东是否还存在其他参与治理的手段或方式？主要的理论依据又是什么？

（3）非控股大股东参与治理会对股价信息含量产生何种影响？是否能够有效提升上市公司的股价信息含量？股价信息含量反映了公司特质信息融入股价程度，是衡量资本市场运行效率的重要指标，不仅会影响资本市场"枢纽作用"发挥，同时关系到以"增强金融服务实体经济能力"新一轮金融改革目标的实现，由此成为中国金融研究领域关注的焦点问题。如果非控股大股东参与治理对上市公司股价信息含量具有显著的正向影响，那么非控股大股东参与治理通过何种作用机制对股价信息含量产生影响？其具体的作用路径又是什么？探究非控股大股东参与治理影响上市公司股价信息含量的具体作用机制以及路径，一方面需要梳理归纳相关理论与已有文献研究，另一方面也要考虑到非控股大股东参与治理与企业信息披露行为，比如信息惯性披露、信息透明度等的关系，以及企业信息披露行为对股价信息含量的影响。考察非控股大股东参与治理对股价信息含量的作用机制以及微观层面的作用渠道，是本书试图研究的问题之一。

（4）控股股东通过质押自身股权进行融资，是近年来中国资本市场中的常见现象。表面来看，控股股东股权质押只是为了缓解自身的融资约束。但纵观已有的研究结论，控股股东质押自身股权依然会影响到企业的具体行为决策。此外，中国正处于经济转型的关键时期，系列经济政策的出台，能够有效地克服市场配置资源不足的问题，推动中国经济结构转型，确保中国经济可持续发展。然而，由于经济政策出台后执行强度、效果无法预期，且可能出现频繁变更等，导致企业经营行为往往面临着较大的不确定性。因此，从控股股东股权质押、经济政策不确定等视角，深入考察非控股大股东参与治理对股价信息含量的差异性影响具有重要意义。由此，本书将控股股东股权质押，中国宏观经济政策不确定性同时纳入到非控股大股东参与治理影响股价信息含量的分析框架之中，探究两者对于非控股大股东参与治理与上市公司股价信息含量的关系，可能存在的影响效应。

针对上述问题，本书各章节的研究内容如下。

第1章为绪论部分。第1章的具体内容如下：第一，重点阐述了本书所涉及研究问题的理论与现实背景，指出探究非控股大股东参与治理影响上市公司股价信息含量问题的研究必要性与紧迫性，并对这一研究问题的理论价值和现实意义进行阐述。第二，为更加清晰地凸显本书的主要研究内容，结合研究的需要对后文中使用的基本概念进行界定与明晰。第三，阐述了本书的具体研究思路和所包含的主要内容，并对文中所采用的研究方法进行了详细介绍。第四，将本书的具体研究思路、内容与方法，以技术路线图的方式呈现。

第2章为文献综述。依据研究主题从以下三方面展开文献综述：非控股大股东参与治理的经济后果、股价信息含量的影响因素，以及非控股大股东参与治理与股价信息含量的关系，在借鉴既有文献资料，总结以往研究中可能存在的不足与局限的基础上，进一步提出本书的研究视角与研究内容。

第3章为非控股大股东参与治理影响股价信息含量的理论分析框架。首先，对2007—2020年中国上市公司代理问题的现状进行了分析，并具体探讨了中国上市公司中代理问题的具体表现，以及中国上市公司中控股股东代理问题的现状。其次，从参与治理的主体、参与治理的权力来源、参与治理权力的实现形式以及参与治理权力内容等方面，分析非控股大股东能够发挥治理效应的理论依据。再次，基于委托代理的视阈，分析了中国上市公司非控股大股东参与治理的主要动因，并基于利益博弈的视角，分析了非控股大股东参与公司治理的必要性。进一步地，详细地论证了非控股大股东参与治理影响股价信息含量的内在机理。最后，基于理论分析构建理论模型。

第4章中分析了非控股大股东参与治理对股价信息含量的直接影响作用，并提出研究假设。基于本书第3章的理论分析框架，在第4章中采用实证研究方法，分别从退出威胁与连锁持股的双视角，实证检验了非控股大股东参与治理对上市公司股价信息的影响效应。对于取得的初步实证结论，采用多种方法进行稳健性检验，并考虑内生性问题以确保本书研究结论的可靠性。

第5章中进一步探讨非控股大股东参与治理影响股价信息含量的具体作用机制与影响路径。基于退出威胁视角的检验发现，非控股大股东参与治理的作用机制在于影响控股股东财富，而连锁非控股大股东影响股价信息含量的作用机制，主要是连锁持股下所形成的"信息效应"。在此基础上，本书分别从企业信息惯性披露和信息不对称两个维度，探讨非控股大股东参与治理影响股价信息含量的作用路径，并采用中介效应检验模型对上述所提及的具体影响路径进行检验与分析，以便进一步明晰非控股大股东参与治理影响股价信息含量的具体作用渠道。

第 6 章中对控股股东股权质押、经济政策不确定对非控股大股东参与治理与股价信息含量关系的调节效应进行分析。控股股东股权质押与经济政策不确定，均是经济新发展阶段下的普遍现象，并会对企业具体的行为决策产生影响。基于以上考虑，本章考察控股股东股权质押、经济政策不确定对非控股大股东参与治理与股价信息含量关系的调节效应，以进一步探索不同场景下，非控股大股东参与治理影响股价信息含量的影响效应。

第 7 章是对研究结论的总结与讨论部分。首先，对本书所形成的主要研究结论进行相应的总结与梳理；其次，依据本书的内容，对研究中所可能具有的创新或边际贡献进行提炼；最后，结合研究过程中所存在的不足之处，对本研究的局限之处进行总结，并在此基础上对未来可能值得探究的相关问题进行展望。

1.4　研究方法与技术路线

本书在采用多种研究方法的基础上，对非控股大股东影响股价信息含量的直接效应及内在机理进行理论分析与实证检验，以保证所得出研究结论的可靠性。具体研究方法如下。

（1）文献资料法。针对研究内容，充分利用中英文文献资料数据库，仔细研读并梳理国际国内最新相关文献，主要包括非控股大股东参与治理的经济后果，股价信息含量的影响因素，以及非控股大股东参与治理影响股价信息含量的相关文献。总结既有文献中具体的研究脉络，分析主要的研究结论。以此为基础，分析现有文献中有待改进和创新之处，从而为确定研究思路以及视角的选取提供理论支撑与启示。

（2）定性分析与定量分析相结合。在第 3 章中采用了比较经济学中运用较多的比较分析、归纳演绎等分析方法，利用万德数据（Wind）和国泰安数据库（CSMAR）的上市公司数据，从股权结构现状、控制权与"现金流权"分离状况等方面进行定量分析，呈现上市公司企业股权结构的整体特征和趋势特征，进而归纳中国上市公司中代理问题的具体表现。以此为基础，通过对上市公司关联交易、控股股东占款，以及股份减持等利益侵占行为进行数据统计与描述，对中国上市公司中控股股东代理问题的现状进行分析。

（3）博弈模型分析法。非控股大股东与控股股东之间存在利益博弈，为了进一步考察双方的策略选择与博弈问题，本书尝试构建一个非控股大股东与控股股东的博弈模型。基于博弈模型的推导结果，进一步从博弈分析的角度，对非控股大股东参与公司治理的必要性进行论证。

（4）理论分析法。本研究主要探讨非控股大股东参与治理对股价信息含量的影响作用，一方面基于委托代理理论和控制权理论，分析了非控股大股东的制衡监督效应；另一方面，基于社会网络理论，分析了行业连锁持股所形成的所有权联结网络的"协同效应"与"信息效应"。基于此，从退出威胁与连锁持股的角度，阐述非控股大股东参与治理对股价信息含量发挥影响作用的内在机理。

（5）Python的数据挖掘技术。通过文本挖掘、转换，将文本分析结果呈现为数据，从复杂而巨大的文本中挖掘可用数据，使其可视化。在第6章中，采用Python的数据挖掘技术对中国各省级党报数据进行分析，使用词库确定分类关键词，数据挖掘技术检索关键词的方法，并根据相应规则构建经济政策不确定性指数。

（6）实证研究法。在理论分析的基础上提出研究假设，通过搜集相关数据，选择合适的研究样本，定义研究变量，建立实证检验的相关模型，利用回归分析对研究假设是否成立进行实证检验。在实证检验的基础上，对已被证实的研究假说进行分析与解读，而对于未被证实的研究假说，则需要进一步探究其内在原因，并给出符合理论和实践的解释。另外，出于保证研究结论可靠性的要求，本书对已证实的研究假设进行了多种方式的稳健性检验（更换变量衡量方式、改变样本检验区间、进一步加入控制变量等），并采用相关方法［固定效应模型、工具变量回归、赫克曼（Heckman）两阶段模型、变革（Change）模型等］缓解内生性给研究结论带来的影响。

本书的技术路线如图1-1所示。

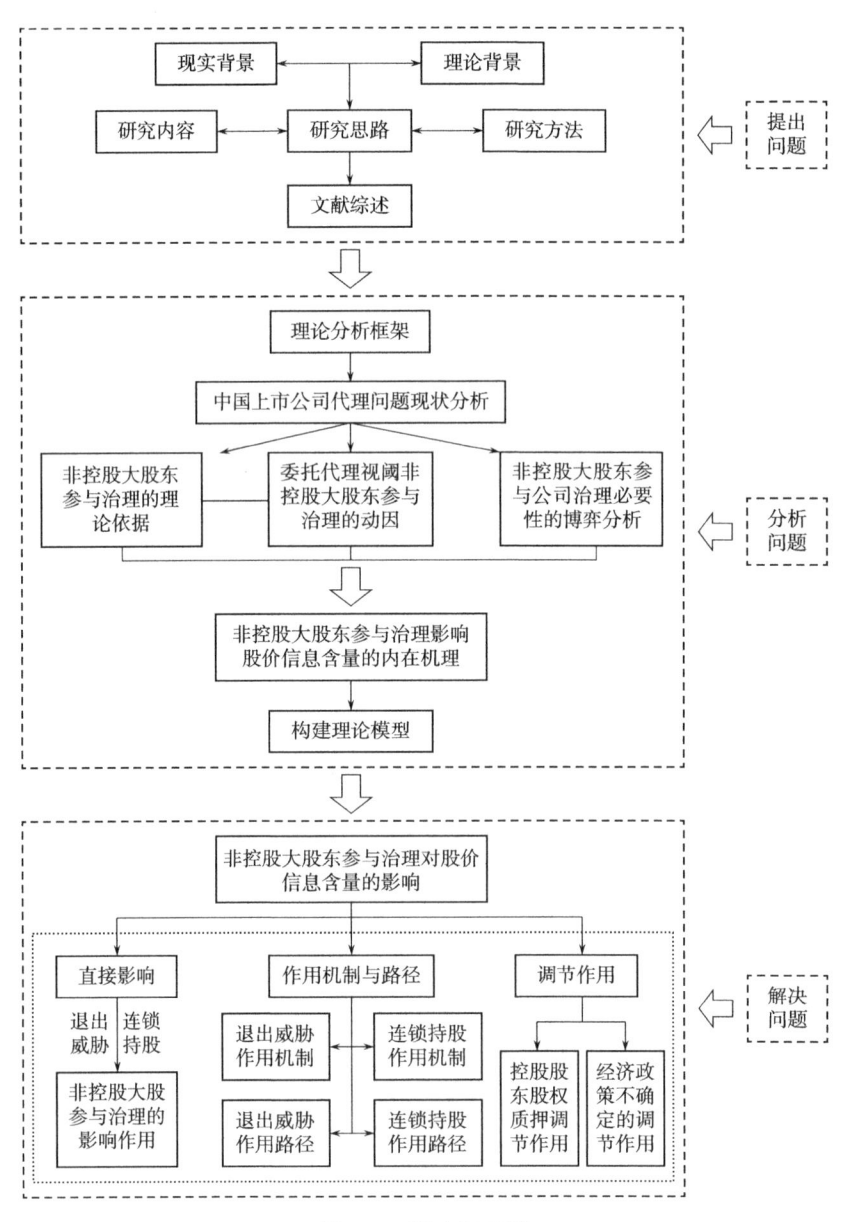

图 1-1 研究框架图

第 2 章

文献综述

在文献综述部分,对与本研究内容相关的文献进行梳理,包括非控股大股东参与公司治理的方式相关研究、股价信息含量的测度相关研究、非控股大股东参与治理的效果相关研究,以及股价信息含量的影响因素相关研究,在文献梳理中总结现有研究结论,并从中找出研究不足,挖掘尚存的研究空间。

2.1 大股东参与公司治理的相关研究

2.1.1 大股东参与公司治理的理论假说

作为公司重要的持股人以及剩余权益获得者,大股东对公司的管理和决策都有着重大的影响。然而在公司治理领域,在关于大股东治理作用的探究中,学者们所持的观点并非一致,并逐渐发展成为大股东的"监督无效"与"治理有效"两种截然不同的研究观点。

持有"监督无效"观点的学者认为,大股东在公司治理中的作用十分有限[40]。当公司内存在多个大股东时，源于差异性的持股动机，非控股大股东之间往往具有各自不同的利益偏好，从而增加了大股东的监督成本，降低了其监督的效率[41]。大股东的存在不但没有使公司价值得到提升[42]，而且相比于单一控股股东结构下的公司，存在股权制衡的公司的业绩显著较差[43]。控股股东在股权受到非控股大股东制衡的情形下，其通过占用上市公司资金的"掏空"行为没有得到有效抑制[44-45]。非但如此，具有短视目标的非控股大股东的存在，会使非控股股东联盟的稳定性下降，并导致技术创新等有利于企业长远发展的活动明显减少[7]。当与控股股东的持股比例相近时，出于实现自身利益最大化的目标，非控股大股东也有可能与控股股东合谋[46]，以掏空公司资源的方式，对中小股东利益进行侵占，从而使得企业中的第二类代理冲突加剧[47-48]。

相较于"监督无效"，大股东"治理有效"的观点则更为理论界所接受。"治理有效"假说认为，非控股大股东之所以有动力参与公司治理，是因为他们能从中获取更大的收益[49]，其在企业内所拥有的决策权以及私有产权的可转让性，是非控股大股东参与公司治理背后的推动力量[50]，从而在公司治理中能够有效地对企业内部相关利益主体的机会主义行为进行监督，并展现出积极的治理效应。相较于中小股东，非控股大股东持股比例往往较高，而依据股份持有所获取的决策权、财富分配权以及股权的可转让性，非控股大股东参与治理的收益要远高于治理成本。在成本-收益权衡的基础上，非控股大股东不存在所谓的"搭便车"行为，有强烈的动机和足够的能力对企业内的利益主体的机会主义行为实施监督，并积极地开展公司治理活动。

2.1.2 大股东参与公司治理的具体方式

作为重要利益主体，非控股大股东有充足的动机去参与公司治理活动，并依据持股获得公司内部决策权，进而保证其治理效力的有效发挥。由此可见，非控股大股东能够通过积极参与公司治理活动，对公司内部主体的机会主义行为进行有效监督[51-53]。在既有文献中，学者们主要是从股权与关系网络等两个维度出发，对非控股大股东的公司治理效应进行讨论与分析（图2-1）。

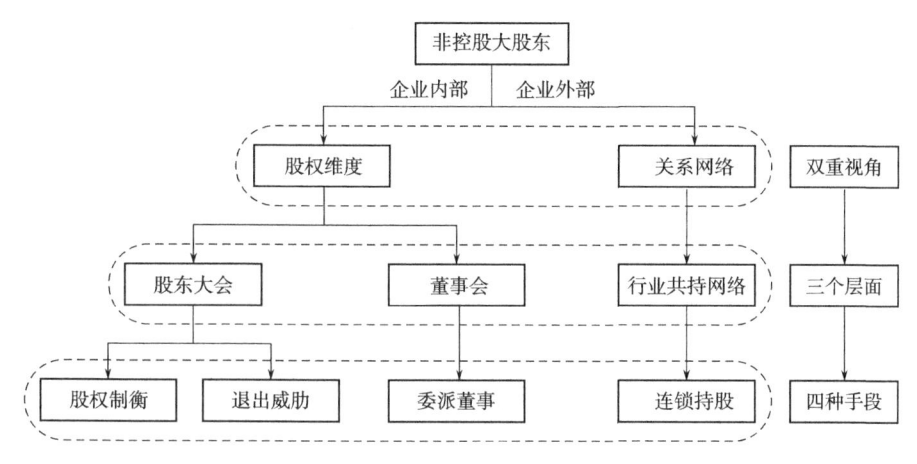

图 2-1 非控股大股东参与治理的方式

首先，从股权维度的视角。早期的相关研究指出，非控股大股东发挥治理效应的主要途径是基于自身的发声机制，即用手投票。相比于其他中小投资者，非控股大股东持有较高比例的公司股份，能够为其发声机制产生治理作用提供保证。非控股大股东凭借自身所持有公司的股份，一方面，可以通过直接提交议案的方式，在股东大会层面直接表达诉求或对公司决策提供建议[13]；另一方面，通过委派能够代表自身利益的人员到公司董事会，非控股股东能够在董事会层面，通过事前监督的方式减少管理层的机会主义行为，并且相较于独立董事，非控股股东董事往往能够起到更明显的监督治理作用[54]。

然而，当上市公司的股权结构比较集中时，依靠发声机制非控股大股东参与公司治理实践的效果往往无法达到预期。此时，依靠退出机制，即用脚投票的方式，则成为非控股大股东维护自身权益的现实选择。麦凯里（McCahery）等[55]指出，当公司业绩无法达到期望时，机构投资者会直接出售所持公司股份，而退出机制（用脚投票）也通常作为机构投资者首选的治理手段。非控股大股东的退出行为往往向市场传递负面信号，进而引发股票价格下跌。公司内部相关利益主体为了避免股价下跌而给自身财富造成损失和维护声誉的需要，会主动迎合非控股大股东并改变其行为策略，从而为退出机制的治理效应发挥提供了保证。但是，非控股大股东采用用脚投票的方式维护自身权益是一种无奈的选择，往往只能起到"杀敌一千，自损八百"的效果。

那么,在发声机制失效、用脚投票被迫离开之前,是否还存在其他更好的治理方式呢?作为具有潜在制衡能力的大股东,非控股大股东能够凭借自身专业能力与人才优势,掌握更多的公司层面私有信息,从而被视为具有信息优势的投资者。凭借信息优势,非控股大股东能够在资本市场中对公司股价产生重要影响。与退出机制发挥治理作用类似,非控股大股东潜在出售自身股票的行为有可能导致公司股价下跌,进而形成对管理层的事前"震慑效应",最终对其管理决策产生影响[56]。退出威胁所产生的治理作用又与公司中非控股大股东存在的数量与公司股票的流动性直接相关。由此可见,非控股大股东在股权维度形成了"直接监督(用手投票)→退出威胁(用嘴威胁)→退出(用脚投票)"的治理链条。

其次,基于关系网络维度。股权关联、商业合作、一致行动人等多种关系纽带的存在,使得上市公司的股东之间形成了繁杂的网络关系。同时持有两家及以上公司股权的投资者通常被称为连锁股东。由连锁股东形成的企业之间的经济关联,则普遍存在全球的各个经济体中。通过共同持股形成的产权关联关系是上市公司股东之间最正式,且最牢固的网络关系纽带[57]。因行业枢纽作用,依靠连锁持股形成的共同所有权,非控股大股东能够有效地促进企业间的信息传递,并借助参与不同企业经营所获取的投资、管理等方面的经验,更好地履行监督职能,在股东大会中对管理层提案持否定意见[58]、增强企业披露意愿[59]、减少盈余操纵[60]等方面均能发挥出积极的作用。

2.1.3 非控股大股东参与公司治理的经济后果

正如前文所提及的,非控股大股东既可以从"股权维度",通过直接监督、退出威胁、退出等方式参与公司治理,也能够凭借其在"关系网络"维度下的共同所有权(或称连锁持股),积极地履行监督职能。本部分则分别依据上述两个维度对非控股大股东在公司治理中所产生的经济后果进行回顾与梳理。

2.1.3.1 决策权视角下非控股大股东参与治理的经济后果

在转型经济国家,公司内部的代理问题更多体现为控股股东与非控股股东的利益冲突[48]。对于非控股大股东而言，参与公司治理主要通过参加股东大会和委派董事两条途径对相关利益主体的行为产生直接监督效应。

首先，基于股东会决策权的视角。相较于控股股东，非控股大股东属于竞争、制衡性股东，其制衡力度越大，则控股股东的自由裁量权越小，实施自利行为的成本越大[61]。当企业中存在非控股大股东时，往往能够达到大股东之间监督与约束效率的均衡状态[62-63]，进而降低了控股股东侵占动机与能力。以往的文献指出，存在多个非控股大股东的企业，其拥有更高的财务信息披露质量[64-65]，更完善的内部制度和公司治理机制，治理水平更高[66]。非但如此，非控股大股东的存在进一步缓解了企业的融资约束状况[5]。在此情形下，企业不但可以将更多的资源投入与技术创新相关的活动中[2]，其投资效率也得到了明显改善[3-4]。

其次，基于委派董事的视角。作为参与公司治理并产生直接监督效应的另一重要途径，持股比例较高的非控股股东向董事会提名董事，不但能够提议解聘由于实施机会主义行为而损害公司价值的管理层[13,67]，否决管理层出于自利动机下所制定的高管薪酬方案[68-69]，抑制管理层的盈余操纵行为[70]，有利于企业中"两类代理冲突"的缓解[54]，而且在提升公司投资效率和会计业绩等方面具有积极的促进作用[71-72]。

2.1.3.2 股权可转让视角下非控股大股东参与治理的经济后果

（1）退出威胁的治理作用及其经济后果。

退出威胁发挥治理效力的作用机制与"治理假说"的观点更契合。当非控股大股东通过私人信息的获取认定企业经理拥有不佳的表现时，会存在强烈的动机出售其所持有公司的股票，而预期的股票抛售则会导致公司股票价格大幅下跌，使得经理人面临较严重的财富损失，并且对于持有公司股份较多且对股价更敏感的经理人来说，退出威胁的治理方式往往更有效[73]，从而有效缓解了企业中的第一类代理冲突。面对企业中的"第二类代理"问题的治理，具有可置信退出威胁的非控股大股东同样可以发挥比较积极的治理作用。拥有可置信退出威胁的非控股大股东，对控股股东而言具有天然的事前"震慑效应"，从而能够减少其机会主义动机下的私利攫取行为[20]。由此可见，在"治理假说"的分析框架下，具有可置信退出威胁的非控股大股东能够显著降低企业中的两类代理成本，进而使公司治理环境得到改善[24]。以往的研究表明，具有可置信退出威胁的非控股大股东能够抑制企业主体出于自利动机下的盈余操纵行为[74]，进而提高公司财务报告质量[75]。除此以外，具有可置信退出威胁的非控股大股东，在完善公司股利政策[76]、提升企业投资效率[77] 等方面均能够发挥积极的作用。

（2）非控股大股东退出产生的经济后果。

非控股大股东退出产生的影响。退出是在上述两种治理手段失效的情形下，基于自身股权非控股大股东最后的治理手段（或方式）。一方面，与退出威胁的发挥治理作用的内在机理类似，通常而言，外部市场对大股东退出行为的解读往往是负面的，是将企业发展具有不确定性的负面信号传递到资本市场，往往会引发股票价格大幅下跌，从而造成控股股东持股市值缩水。基于上述考虑，控股股东在权衡成本和收益后，会将更多的精力用于企业的长远发展方面，从而主动减少攫取私利为目的的利益侵占行为[3]。另一方面，大股东的退出在一定程度上提升了高管被强制变更以及公司被并购的概率[78]，迫使经理人努力工作并减少机会主义行为[79]。股票高流动性则有利于大股东退出，能够为大股东发挥公司治理作用提供有利市场条件[62]。上述研究结论的取得，为退出机制发挥治理作用提供了直接的经验证据

（3）股东连锁持股所形成的经济后果。

连锁股东是资本市场自然发展的产物。连锁股东拥有更丰富的经验、信息和资源，并且具备整合效应、行业枢纽以及规模经济三方面的显著特征。越来越多的学者围绕以上三个方面的特征，对股东连锁持股给企业带来的影响进行比较全面的考察，但并未得出较一致的研究结论。

一部分学者认为，股东连锁持股存在合谋舞弊效应。非控股大股东连锁持股在追求组合价值最大化的目标下，可能凭借其连锁持股所形成的网络关系，促进同行业企业之间的串联与合谋，从而有助于提升在产品市场上的定价能力，不但会引发产品价格的明显上涨[80]，同时极大限度降低了同行持股企业的投资效率[81]。然而，持有治理协同观的相关学者强调，价格的上涨并不一定说明存在合谋舞弊，也有可能表现为治理的改善、产品质量的提升或更有效的定价[82]。作为连接不同企业的重要纽带，连锁股东可以为信息、资源的流动提供低成本渠道。以往的研究发现，连锁股东可

以缓解信息不对称,帮助企业建立更稳定的供应链关系[83],从而在降低融资成本[84]、提升并购绩效[85]等方面发挥积极作用,而且凭借其参与不同企业经营过程中积累的投资经验、行业专长和管理经验,也可以改善公司的治理环境。通过发挥自身的监督职能,连锁股东不仅可以抑制企业的财务信息操纵行为[86],而且能够对履职表现不佳的经理人进行更换[87]。

2.2 股价信息含量的相关理论与文献综述

2.2.1 股价信息含量经济含义的理论解释

作为引领证券市场效率研究基础理论,有效市场假说是金融领域最引人注目的研究成果。有效市场理论不仅为股票价格的形成机制和期望收益率变动搭建了一个规范、严密、科学的研究范式,也为探究股价信息含量对资本配置效率的作用机理提供了理论基础。自20世纪60年代中后期以来,有效市场理论历经众多学者的完善与发展,迄今已成为现代证券市场理论以及金融经济学发展的重要理论。有效市场假说(EMH)不仅为揭示股票价格形成机理提供理论依据,也是后续诸如资本资产定价模型(CAPM)、套利定价(APT)等金融资产定价理论的构建基础。

关于有效市场的概念最早是由法马(Fama)[27]提出的,市场有效性取决于在市场中的证券资产能否充分反映可获得的信息。杰森(Jensen)[88]则提出,若交易者依据给定信息集交易并不能带来利润时,则该市场有效。随后,在结合前两位学者观点的基础上,马尔基尔(Malkiel)[89]认为,确定证券价格时市场能够充分、准确反映所有相关信息,是界定有效市场的必要条件。不难发现的是,上述三位学者关于有效市场的观点有如下基本特征:首先,是将股价是否能够充分、迅速以及无偏地对所有可能影响其变动的信息作为判断市场有效的主要依据;其次,是确信在有效的资本市场中,股票的价格总能回归其真实的内在价值。可以确定的是,在EMH中,有效市场的主要作用在于构建良好的公平交易平台,任何基于此平台的交易行为都将无法获取超出平均水平的收益（超额收益）。

值得指出的是，有效市场假说可以被视为建立在完全理性假设基础之上的市场竞争模型，而有效市场假说的成立则取决于以下三个基本假设：①证券交易不存在任何成本，即股票市场属于完全竞争市场，任何投资者都可以被视为是价格的被动接受者；②信息的获取没有成本，市场中的任何交易者可以免费得到任何信息；③投资者具有完全理性，所有投资者以追求投资收益最大化为基本目标，能够相互独立地对股票进行价值判断，且对于价格的信息反映具有同质性。依托以上前定假设，法马[27]全面总结了罗伯茨[90]有关市场划分的观点，并根据股价反映的信息内容差异，将市场划分为"弱式有效""半强式有效"和"强式有效"三种不同类型。

在"弱式有效"市场中，证券价格变动服从随机游走态势，并仅反映历史信息。投资者利用此类信息展开交易，无法获取超额的投资回报[91]，无法利用技术分析手段进行投资。"弱式有效"市场也是有效市场的最低层次；在"半强式有效"市场中，历史信息和所有公开信息均能够包含在股票价格中，亦无法利用历史信息与市场公开信息获得超额投资收益。"半强式有效"假定认为，市场公开的所有信息将迅速融入股票价格中，证券基本面分析将失去指导投资的作用。"强式有效"假定则强调，股票价格能够反映所有的信息，包括历史、公开及所有内幕信息。在"强有效"市场中内幕信息交易者无法获得超额的回报。在"强式有效市场"中，市场已经可以达到理想的均衡状态，而信息具有完备性且不存在所谓的信息不对称。"强式有效市场"被认为是有效市场的最高层次。

显而易见的是，在现实中投资者既不可能做到完全理性，市场也很难达到完全竞争的状态，而对于现实中的投资活动而言，市场中的交易者在获取信息方面，亦将不可避免地产生相应的成本。首先，确定性是完全理性的前提。在证券市场中，证券价格除了受其基本价值的影响外，也同时会被市场交易情况所左右。市场中的交易者在信息、技术的非完备的情况下，由于情绪、心理、文化习俗和社会规范等因素的影响，往往只能表现为相对理性（或有限理性），导致其具体的交易行为出现明显的"异化"现象，最终导致投资收益的不确定。其次，从通常意义上来讲，散户投资者一般可以被视为价格的接受者。但与此相反的是，对于拥有资金、知识以及信息优势的机构投资者而言,其交易行为可能会导致股票价格与基本价值出现偏差。复杂性、混沌性、非线性和不确定性等特点决定了信息在市场中存在非对称性。在信息不对称下的交易行为,容易引发投资者的逆向选择与道德风险,从而使证券市场不可能达到完全竞争水平。再次,一般而言,试图获取反映公司投资项目未来收益能力的前瞻性的内幕信息,投资者往往需要付出较高昂的成本。投资者在分析能力、知识积累及信息渠道等方面存在的差异性,会导致其在搜集信息过程中面临不同的成本。正是认识到有效市场假说前定假设相悖于客观现实,后续学者通过放宽某些假设的研究,使有效市场理论得到了进一步的发展。例如,有研究者[92]指出,在获取信息需要付出成本时,股票价格只能体现部分知情者的私有信息,而无法涵盖其他方面的信息内容。与上述情况类似,另有研究者[93]的研究发现,当价格发现风险与交易成本并存时,所有相关信息同样无法融入股票价格中。

投资者依据股价波动所传递出的信息进行投资决策,是市场有效的关键所在。然而在现实中,股票价格的波动会受到纷杂因素的影响,并随之产生诸多"噪声",且在新兴市场的交易中表现尤甚[94]。随着行为金融学的发展,学者们逐渐开始认识到"噪声"也是引发股价波动的重要因素。既有研究结论指出,公司基本面变动无法解释过度波动现象,股价波动率很大一部分是由"噪声"引起的[95],诸如市场环境、投资者情绪、市场摩擦等因素都会对股票价格产生影响[96-98],并且股票价格的波动性与交易"噪声"之间往往呈现出线性[99]或者非线性[100]的关系。

从更现实的视角而言,信息与"噪声"相互交错,且在证券市场中并存。非理性的投资者在依据自身信息集进行交易时,有可能错误地将无价值信息看作有价值信息,从而作出错误的投资决策,而理性交易者则能够恰好利用非理性投资者的错误投资行为获利。然而,非理性投资者的"噪声交易"行为具有不可预知性,从而在一定程度上限制了理性交易者的套利行为。与此同时,基于风险与收益对等原则,"噪声交易"行为带来的边际收益,也能够在一定程度上抵消由于投资失败所带来了损失,从而使得依据"噪声"开展交易的非理性投资者在市场中拥有生存能力。"噪声"基础观的代表性学者,有学者[101]通过构建简化"两期代际"模型(DSSW模型),对

"噪声交易者"的特质及其影响股票价格的内在机理进行描述❶,并得出了如下主要结论:①市场中的"噪声交易者"的情绪会对证券价格产生影响,即证券价格在"噪声交易者"预期后市上涨时,随之上行;②所有"噪声交易者"的平均预期,能够反映证券价格与公司基本价值之所以存在的偏离程度;③证券价格在形成过程中会受到"噪声交易者"的信念及其不确定行为的影响。基于"噪声交易"理论,股价信息含量会受到"噪声"的影响。股价中包含过多与公司价值无关的"噪声",则无法真实反映公司价值,从而降低了股票价格中的信息含量。因此,基于"噪声交易"理论的分析框架,在有关股价信息含量的探讨中,不可避免地会涉及"噪声"可能产生的潜在影响。

在学术研究领域,学者们分别基于有效市场与"噪声交易"理论,对股价信息含量经济含义的进行解释,并形成了"信息效率"与"非理性行为"两种不同的观点。前者认为,股价中融入更多公司特质信息可以使公司价值得到更好体现,股价中所包含的特质性信息越多,资本市场定价效率越高;而后一种观点则强调,在新兴资本市场中,由于受到较多"噪声"的干扰,交易者误将"噪声"当作信息进行交易,导致更多的"噪声"而并非公司特质信息,在伴随着交易行为的发生而融入股票价格中。

对于中国资本市场而言,在经历了近30年的发展之后,无论从外在"体量",还是从内在"质量"而言,均无法再将其纳入"新兴资本市场"的范畴。从外在"体量"的视角来看,截至2018年年底,中国A股市场沪深两市的整体规模仅次于美国市场,居世界第二位。从内在"质量"的视角来看,一方面,1999年《中华人民共和国证券法》的颁布标志着中国资本市场进入法治化阶段;2005年"股权分置"改革、2010年融资融券与股指期货的推出,使得中国资本市场的交易制度更加完善。与此同时,中国资本市场坚定不移地对外开放,2014年沪港通与2016年深港通等互通机制的启动,在资本市场效率提升方面起到了关键的作用。另一方面,互联网产业在中国的飞速发展,信息的传播渠道与传播速度得到了大幅拓展与提

---

❶ De Long、Shleifer、Summers 和 Waldmann 四人于1990年共同完成了论文 *Noise Trader Risk in Financial Markets*,而在后续学者的研究中通常将四人构建的模型简称为 DSSW 模型。

升，外部投资者的信息收集成本逐步降低。中国的证券分析师队伍不断壮大，从业人员素质不断提升；资本市场连锁股东现象普遍，进而形成了上市公司的社会网络。处于网络中上市公司接触更频繁[102-103]，增加了企业私有特质信息的传播范围[104-105]。资本市场改革措施的出台和交易制度的逐步完善，使得中国资本市场的信息环境得到了净化、内在"质量"得到了进一步的提升。并且，近期有关股价同步性的中国本土研究结论也显示：相对于"非理性行为观"，"信息效率观"更加符合中国资本市场的现实[106-108]。

2.2.2 股价信息含量的度量

正如前文所述，股价中有关公司的特质信息含量，能够作为衡量市场的运行效率的重要依据。在持续的研究过程中，学者们试图通过对股票价格波动进行分解的方式，进而准确地度量股价中所包含的公司特质信息。迄今在相关的实证研究中已出现多种具有代表性的股价信息含量度量指标（方法）。

2.2.2.1 股票价格非同步性模型

在股票价格非同步性测度模型被提出之前，理论界就已经存在关于股票收益率与市场及行业收益率之间通常呈现同步性特征的观点。罗尔（Roll）[94]基于上述观点，构建了包括市场以及公司层面收益率的回归模型，探究市场层面收益率会对公司层面收益率产生何种影响，后经莫克（Morck）等[39]、杜尔涅夫（Durnev）等[109]等学者逐步完善发展，最终形成股票价格非同步性的测度模型。值得提及的是，利用股票价格非同步性指标作为衡量股价信息含量的代理指标，不仅具有较强的理论支撑，且经济含义清晰，而且在捕捉公司特质信息方面表现良好，尤其能够同时适用于宏观与微观层面研究的特点，使得股票价格非同步性，成为最具代表性、被认可程度最高的股价信息含量衡量指标，在学术界备受推崇。其具体的测度模型如下：

$$r_{i,j,t} = \beta_0 + \beta_1 r_{m,t} + \beta_2 r_{m,t-1} + \beta_3 r_{m,t-2} + \varepsilon_{i,j,t} \quad (2-1)$$

其中，$r_{i,j,t}$ 为公司 i 第 t 周的收益率；$r_{m,t}$ 为第 t 周加权平均的市场收益率，测度模型中加入了滞后 1 期和 2 期的市场收益率，用以控制潜收益率的自相关问题；$\varepsilon_{i,j,t}$ 为残差。对上述模型进行回归，可以得到反映模型解释能力的拟合优度指标 $R_{i,j}^2$，而计算 $1-R_{i,j}^2$ 就可以得到公司收益率无法被市场收益率解释部分的比例，即公司股价与市场收益的非同步程度。

2.2.2.2 未来获利反映系数

在众多能够反映公司特质信息的相关类型信息中，会计盈余信息最具有代表性。因此，有效识别股票收益反映未来会计盈余信息能力，便成为捕获股票价格中信息含量的关键。依据此种思想，柯林斯（Collins）等[31]首先提出，将公司未来获利反映系数作为股价信息含量的度量指标，并在后续的实证研究中得到了较广泛的应用[110-113]。未来获利反映系数（FERC）具体的测度方法如下，基于股票收益率往往受到股利直接影响的现实，通过假定预期股利的调整与预期盈余的调整存在高度相关，将股票收益率视为当期以及未来盈余的函数，具体的函数形式如下：

$$r_{i,t} = \alpha + \beta_0 \Delta E_{i,t} + \sum_{\tau} \beta_{\tau} \Delta E_{i,t+\tau} + \sum_{\tau} \lambda_{\tau} r_{i,t+\tau} + \theta_{i,t} \quad (2-2)$$

其中，$r_{i,t}$ 为股票 i 第 t 年的收益率；$\Delta E_{i,t}$ 为股票 i 第 t 年的每股收益变化与年初每股股价的比值；$\Delta E_{i,t+\tau}$ 为 τ 年后每股收益变化除以 t 年年初每股股价，τ 通常取值为3；$r_{i,t+\tau}$ 为 τ 年以后股票年度收益率。加入 $r_{i,t+\tau}$ 作为控制变量，能够有效避免股价收益反映未来获利能力信息指标的估计下偏。此外，用息税前收益作为衡量收益的指代变量，能够避免会计方法选择带来的影响。

对上述模型进行回归，得到可得到各 τ 年的系数 β。股票收益对未来获利反映系数（FERC）则可用各 τ 年 β 值之和表示，即

$$\text{FERC} = \sum_{\tau} \beta_{\tau} \quad (2-3)$$

上述模型回归求得的 R^2（可决系数），与仅包含当年每股收益回归模型所求得的 R^2（可决系数），两者之差能够反映模型解释力增量（FINC），亦可以用作度量股价信息含量。

$$\text{FINC} = R^2_{r_{i,t} = \alpha + \beta_0 \Delta E_{i,t} + \sum_{\tau} \beta_{\tau} \Delta E_{i,t+\tau} + \sum_{\tau} \lambda_{\tau} r_{i,t+\tau} + \theta_{i,t}} - R^2_{r_{i,t} = \kappa + \eta \Delta E_{i,t}} \quad (2-4)$$

2.2.2.3 私有信息交易量指标

收益自相关假说的提出，为学术界考察股票收益率的决定因素提供了全新的视角。根据收益自相关假说的描述，股票当期的收益率会受到以前

期间收益率的影响。依据自相关假说，洛伦特（Lorente）等[114]在考虑交易约束条件的基础上，通过数学推导得出关于股票收益率的动态拟合方程：

$$r_{i,t} = \alpha_i + \beta_i r_{i,t-1} + \gamma_i r_{i,t-1} V_{i,t-1} + \mu_{i,t} \qquad (2-5)$$

其中，r 为个股日（或周）收益率；V 为个股日（或周）交易量移动平均值（公司交易量 26 周数据的移动平均）的自然对数。根据洛伦特（Lorente）等[114]的建模思想，股票当期收益率除了会受到上一期自身收益率的影响外，上一期的股票交易量也是影响两者关系的重要因素。

实际上，依据是否掌握与公司价值相关的私有信息进行划分，市场中的交易者可大致分为两种类型，即不知情交易者与知情交易者。前者的交易行为多为符合分散风险原则的套期交易，而后者往往依靠所获取的与公司价值相关的私有信息进行。一般而言，知情交易者所掌握的私有信息会决定知情交易行为发生的频率与次数，进而对股票价格中的信息含量产生影响。依据此思想，相关学者借鉴洛伦特等的模型[114]，并将中 $r_{i,t-1} \times V_{i,t-1}$ 的系数 γ_i 作为股价信息含量的衡量指标，并认为 γ_i 越大，股价信息含量越高[115-116]。

2.2.2.4 证券分析师盈利预测误差或偏度指标

证券分析师作为重要的市场信息参与者，基于自身的专业知识、分析能力及经济资源等方面的优势，通常能够在企业盈利预测方面展现出较出色的能力。分析师对于企业盈余的精准预测，有可能使更多的公司层面特质信息融入股价，进而对股价信息含量产生影响。根据上述思想，相关学者提出可以用分析师盈余预测误差（或预测偏度）作为股价信息含量的衡量指标[117-118]。其中，对于盈利预测误差指标的计算则需要进行以下几个步骤：步骤一，求取每月所有证券分析师对下一年公司盈利预测值与实际值误差的绝对值；步骤二，将计算得到的月度误差绝对值在年度层面进行平均化，进而得到年度盈利预测误差值。每月所有证券分析师对下一年公司盈利预测值的标准差，并将月度的标准差在年度层面上进行算术平均，最终求得年度盈利预测偏度。显而易见的是，此种测度股价信息含量的方法，虽然考虑了影响股价信息含量的相关因素，但仍未涉及股价波动所产生的直接影响。可以认为，这种测度方法得到的是一种间接测度结果，并非股价信息含量的理想测度指标。

2.2.2.5 知情交易概率指标

知情交易概率（Probability of Informed Trading），是建立在微观市场结构模型基础上、反映知情者交易概率的指标，利用该指标可以对股价所包含的公司层面特质信息进行有效测度[119]。市场中的交易者可以按照其所拥有的信息特征，划分知情交易者和不知情交易者两种类型，是该指标构建的基本出发点。其中，知情交易者拥有非知情交易者所不具备的私有信息，而根据私有信息进行交易的投资者的交易行为被称为知情交易。实际上，知情交易指标衡量其本质上测算的是针对某项资产的所有交易中知情交易所占的比例。在指标构建过程中，首先将市场交易描述为经纪人与交易日在$1,\cdots,N$交易日之间的重复博弈，通过对消息发生的概率的定义，考察知情交易者和非知情者交易者对消息的反应，是否能够推动股价的变化。可以将交易过程可以用如下似然函数表示：

$$L(\theta|B,S) = (1-\alpha)e^{-\varepsilon_b}\frac{\varepsilon_b^B}{B!}e^{-\varepsilon_s}\frac{\varepsilon_s^s}{S!} + \alpha\delta e^{-\varepsilon_b}\frac{\varepsilon_b^B}{B!}e^{-(\mu+\varepsilon_s)}\frac{(\mu+\varepsilon_s)^S}{S!} +$$
$$\alpha(1-\delta)e^{-(\mu+cb)}\frac{(\mu+\varepsilon_b)^B}{B!}e^{-\varepsilon_s}\frac{\varepsilon_s^S}{S!} \quad (2-6)$$

其中，α为当日信息发生概率；δ为坏消息发生概率，而$1-\delta$为好消息发生概率；μ为知情者在信息发生日发出指令的概率；ε_b为不知情交易者发出买入和卖出指令的概率；ε_s为不知情者发出卖出指令的概率；在交易日中买入和卖出总量则分别用B、S表示。对于给定的交易天数N，可以得到以下似然函数：

$$V = (\theta|W) = \prod_{N=1}^{L} L(\theta|B_N, S_N) \quad (2-7)$$

其中，W为数据集。对给定的数据集W最大化似然函数进行求解，即可得到潜在的参数α、ε_b、ε_s、μ，进而对某一特定日的知情者交易概率指标（PIN）进行测算，具体的测算模型为

$$\text{PIN} = \frac{\alpha\mu}{\alpha\mu + \varepsilon_s + \varepsilon_b} \quad (2-8)$$

这种衡量股价信息含量的方法能够将交易对股价波动的影响过程清晰直观地予以呈现。但基于此种方法过于严格的前定假设，以及收集所需测

算数据较困难等因素,此种股价信息含量的测度方法难以在实践中被真正地推广应用。

2.2.3 股价信息含量影响因素的相关研究

莫克(Morck)等[39]基于投资者保护视角的跨国研究开创了理论界关于股价信息含量影响因素的先河。在此之后,众多学者围绕制度安排、信息披露、证券分析师等,以及如何影响股价信息含量,展开了一系列详尽的分析与探讨,并取得了丰硕的研究成果。

2.2.3.1 制度安排与股价信息含量

制度是"人为设计出来构建的政治的、经济的和社会的互动关系的约束",构成了政治与经济行为的激励机制。不同的制度安排会导致不同的市场交易成本,从而将对企业经营决策活动产生影响[120]。证券市场的参与者,在不同的司法体制、政治体制中具有差异化的动机,并可以通过具体的交易行为对股票价格吸收和反映各种信息的能力产生影响。基于此思想,学术界涌现出一系列探究制度安排与股价信息含量关系的研究文献。大量的研究证据表明,证券市场制度、相关法案、交易规则、开放程度,以及会计制度的设计与安排,均能够对股票价格的信息含量产生影响。

莫克等[39]基于国别差异的视角,发现股价信息含量会受到投资者保护程度的影响。与莫克等基于不同国家的横向比较不同,游家兴等[121]将研究视角聚焦于单一国家制度建设沿革过程的纵向考察,并发现随着证券市场制度建设的不断发展与完善,股票价格所反映出的公司特质信息越来越丰富。随着中国证券市场不断地完善与发展,市场联动性特征明显减弱,证券价格中的信息含量呈逐年递增的态势[122]。

福克斯(Fox)等[123]在对美国强化信息披露法案与股价信息含量的关系考察中发现,随着强化信息披露法案的颁布,公司自愿性信息披露意愿明显提升,进而增加了公司股票价格中的信息含量。除此以外,作为一项重要的安排,内幕交易法也是决定股价信息含量的重要因素。然而关于内幕交易如何影响股价信息含量,既有的研究文献存在两种相互矛盾的观点。一种观点认为,相较于外部投资者,公司内部人员通常具有明显的信息优势，内幕交易会促使公司特质信息及时进入股票价格[124-125]，内幕信息交易者与外部套利者的支付水平差距的增加有助于公司层面的信息融入股票价格[126]；而另一种观点则认为，内幕交易具有挤出效应，当外部投资者在得知内幕人员具有获得超额利润的信息优势时，会丧失搜集公司特质信息的动机，从而降低了股票中的信息含量[127]，内幕交易限制法案颁布与实施后，信息传递机制在行之有效的内幕交易规制环境中得以加强，并有助于提升股票价格中的信息含量[116]。

在证券市场中，除了信息披露与交易的相关法案外，具体的证券交易规则（或制度）、市场的开放程度，也会对股票价格中的信息含量产生影响。国外学者研究发现，基于具体证券交易规则的视角，当不存在股票短期销售限制的情形下，短期销售的套利行为，能够使公司特质信息迅速地融入股票价格中。限制股票的短期销售行为虽然能够在一定程度上缓解由于大量抛售所导致的市场恐慌，但与此同时会导致股价信息含量的下降，从而使得证券市场的处于低效率的运行状态[128-129]。同样地，2010年引入融资融券制度后，也引发了中国学者对于融资融券制度实施影响股价信息含量的探讨。钟凯等[130]认为，融资融券交易制度实施后，标的公司的股票回报能够反映更多公司未来盈利能力信息，股价信息含量显著提升。白俊和宫晓云[131]也得出了与钟凯等[130]相似的研究结论。

伴随着经济全球化浪潮的推进，自20世纪80年代以来，世界各国相继对外开放了本国资本市场。在早期的研究中，学者们将研究的重点置于资本开放给宏观经济发展带来的影响[132-133]。随着研究的逐步深入，越来越多的学者开始探究资本市场开放对企业的影响及其具体行为[134-138]。在影响股价信息含量方面，相关学者认为，资本市场对外开放后，伴随着具有知识优势、资源优势及信息获取、处理优势的境外成熟投资者参与市场交易程度的提升，资本市场的信息环境得到了有效的改善[139]，市场中的知情交易行为明显增多，从而促使公司层面的特质信息可以及时地反映到股票价格中，有利于增加股票价格中的信息含量，从而为资本市场通过股票价格引导资源实现优化配置作用的有效发挥提供了良好的基础[140]。此外，在会计准则影响股价信息含量的研究中，有学者[141]从会计准则差异的角度探讨了会计制度建设对股价信息含量的影响。通过比较30个不同国家会计准则（DAS）与国际会计准则（IAS）的差异后发现，随着两种会计准则中的条款差异程度的增加，上市公司的股价信息含量降低，从而证实了会计制度建设能够影响股价信息含量的观点。

2.2.3.2 信息披露与股价信息含量

公司的股票价格与其内在价值的严重偏离是资本市场资源配置功能难以有效发挥的根本原因，也是理论与实务界一直试图解决的现实难题。一部分学者认为，异质性特征下投资者的具体交易行为是导致股价偏离其内在价值的重要诱因[142-143]。根据 EMH 中关于有效市场的具体描述，市场是否有效的关键取决于信息，资本市场在本质上可被视为一个信息市场。因此，基于信息以及信息披露的视角去讨论降低市场估值偏误的可能，则为从理论层面探寻提升市场有效性的决定因素提供了新的方向。

从微观层面而言，作为衡量市场有效性的关键指标，股价信息含量会受到企业信息披露行为及信息披露质量影响的结论已经被诸多学者所证实。当公司所披露的信息中包含了更多关于企业未来发展前景的前瞻性信息时，其股票收益中未来盈余信息的含量明显增加[144]，而据此开展投资活动的交易者则能凭借其具体的交易行为将此类信息传递到资本市场，从而增加了公司股票价格中的信息含量；反之亦然，当公司所披露的信息并不能充分反映公司真实状况时，公司与外部投资者之间就会存在较严重的信息不对称状况。此时，外部投资者获取真实的公司层面信息的难度就会陡然上升，转而依据市场平均收益率来对公司进行价值判断并指导其具体的交易，公司特质信息纳入股票价格的程度将明显下降[145]。由此可见，基于公司信息披露的视角理论上存在：信息披露行为→信息披露质量（信息透明度）→股价信息含量的逻辑链条，而后续众多学者的相关研究所形成的结论则为上述理论逻辑链条提供了较充足的证据。哈格德（Haggard）等[146] 在关于企业自愿性信息披露的研究中发现，自愿性信息的披露能够明显缓解企业的信息不对称程度，从而有助于股价信息含量的提升。王艳艳等[147] 认为，相比强制性披露社会责任报告，首次自愿披露社会责任报告后，公司股票价格中的企业特质信息含量明显增多。方红星和楚有为[148] 则基于内部控制审计报告的视角，分别探讨了强制性与自愿性内部控制审计信息披露对股价信息含量的影响，并认为自愿披露信息能提供公司特质信息，从而提高了公司股价信息含量。在公司信息披露质量对股价信息含量的影响方面，多数研究结论表明,随着公司盈余信息操纵程度的提升,外部投资者将很难获得有关公司的真实信息,增加了企业的信息不对称程度,从而导致股票价格中公司特质信息含量的下降[149-152]。

2.2.3.3 证券分析师与股价信息含量

证券分析师凭借自身的专业技能,通过跟踪关注、实地调研等方式,对上市公司的相关信息进行挖掘,并在深入解读的基础上进行对外传播,在资本市场中扮演着重要的信息中介角色。然而关于证券分析师将如何影响股价信息含量,目前在学术研究领域并未得出较一致的结论。

一种观点认为,证券分析师在信息挖掘方面的作用十分有限,仅能提供行业、宏观层面等非公司特质信息,无法获取具有价值增量的公司特质信息[113,153]。冯旭南和李心愉[154]基于中国资本市场的研究发现,证券分析师跟进数量与股价波动同步性之间存在明显的正相关关系,从而支持了上述观点。另一种观点则强调,在信息挖掘与解读方面具有专业能力的证券分析师能够通过相关业务活动的开展,将股票价格相关的信息传递到资本市场,从而有效地降低了"噪声"对于股价波动的影响,缓解了公司的信息不对称程度,有利于股价信息含量的提升[155-156]。

随着研究的逐步深入,越来越多的学者发现,理论研究中对于证券分析师的异质性特征的忽视,是导致上述相互矛盾研究结论形成的主要原因,之后产生了大量从个人特征的视角出发,探寻证券分析师对于股价信息含量影响的研究。从已形成的研究结论来看,多数学者认为,能力出众的证券分析师,出于在激烈的竞争环境中脱颖而出的内在动机,拥有足够的动力对更具投资价值公司的特质信息进行挖掘[157],并且明星分析师、女性分析师等在提升股价信息含量方面的作用更明显[102-104]。非但如此,证券分析师在实地调研的过程中,可以与上市公司的管理层进行接触,从而能够获得额外的信息,并以此为基础对外发布预测准确性更高、更具有信息含量的研究报告[158-159],而外部投资者据此所进行的具体交易行为则使得公司特质信息更有效率地被股价所反映[105,160]。

2.2.3.4 公司治理与股价信息含量

从宏观制度安排的视角探究影响股价信息含量的决定因素无疑是重要的。然而真正洞悉同一市场内各公司股价信息含量差异的原因,则不可避免地需要从微观企业层面进行更深层次的因素挖掘[161]。如果说莫克等认为司法体系对投资者产权的保护更强调的是国家层面,那么对于微观企业而言,则可演化成公司治理机制对中小股东权益的保护,即抑制公司内部各利益主体的私利攫取行为。因此,作为莫克等关于产权保护解释的延伸,公司治理与股价信息含量之间理应存在关联,关于公司治理与股价信息含量关系的学术探讨也在理论界随即展开。在既有文献中,相关学者分别从公司内部与外部治理机制两个视角对公司治理与股价信息含量的关系进行探究。前者主要涉及公司董事会特征、股权结构等治理机制的设计与安排,而后者则重点关注外部审计、机构投资者持股的治理作用。

(1) 从内部治理的视角。

董事会作为联结股东和管理层的纽带,是公司治理的重要组成部分。首先,董事会独立性水平的高低,不仅关系能否有效监督企业内主体机会主义行为[162],也是影响企业业绩的重要因素[163]。非但如此,在资本市场中,外部投资者也通常将董事会独立性视为实施风险套利交易的重要参照依据[164]。董事会独立性的上升会引发更多的外部投资者更多的基于公司信息搜集的交易行为,促使更多的公司特质信息融入股票价格中[165]。其次,人员结构的合理性是决定董事会的运行效率的重要因素[166]。多元化的董事会结构通常被视为公司治理良好的表现[167]。董事年龄、性别的多元化,能够促进董事成员之间的交流、提升董事会的决策质量与监督效率、明显地改善企业的信息环境,进而有助于提升股票价格中的信息含量[168-171]。

股权结构决定了公司权力和利益的分配,是公司治理问题的逻辑起点[172]。因此,以股权结构为基本出发点,探究公司治理与股价信息含量的关系显得尤为必要。作为影响公司股权结构的重要主体,学术界对于大股东如何影响股价信息含量的观点并非统一。已有的研究认为,第一大股东持股比例与股价信息含量之间存在显著的非线性关系,其他大股东的持股比例的提升会显著增加股价中的信息含量[173]。关于大宗持股与股价信息含量呈显著正相关的研究结论恰好为李增泉的研究提供了部分佐证[174]。作为股权结构特征的重要外在表现,控制权与"现金流权"分离会导致股价信息含量的明显下降;而提升股权制衡度则有助于公司特质信息更多地融入股价[175]。

(2) 从外部治理的视角。

作为上市公司年报质量的把关者，外部审计能够影响股价信息含量的观点已被多数研究所证实。提升外部审计的质量，不仅可以洞悉公司内部的"坏消息"，而且能够对相关主体的私利行为产生震慑作用，促进真实的公司特质信息传递到资本市场，从而使得股价信息含量明显提升[176]。罗进辉等[177]基于空间位置的视角，检验了外部审计对股价信息含量的影响。他们发现，当审计师与被审计公司的地理位置越近时，审计的质量会明显下降，公司特质信息无法有效对外传递，进而导致被审计公司股价中信息含量显著下降。王木之和李丹[178]则基于2017年中国进行审计报告改革的现实，对改革前后的公司股价信息含量进行对比。研究结论显示，新审计报告的执行明显提升了公司股价信息含量，并且审计报告中描述的关键审计事项与股价信息含量显著正相关。此外，机构投资者作为资本市场的重要参与主体，基于自身对信息具有敏锐的洞察力，通过具体的交易行为，可以将其所挖掘到的公司特质信息传递到资本市场。国外有学者[113]在其关于企业的利益相关者与股价信息含量关系的研究中发现，机构投资者能够对股价信息含量产生积极影响。无独有偶，侯宇和叶冬艳[179]基于中国市场的检验也得出了相似的研究结果。与上述研究不同，饶育蕾等[180]将研究视角转向QFII投资者并认为基于价值投资理念的QFII投资者能够明显地改善企业信息环境，从而使得公司股票价格中包含更多的公司特质信息；与之相反，以短期套利为目的QFII持股行为，则会导致股价中信息含量的显著下降。

2.3 文献述评

本书在结合具体研究内容的基础上，分别从非控股大股东参与公司治理方式、非控股大股东参与公司治理的效果、股价信息含量的影响因素、股价信息含量的测度四个方面，对已有研究成果进行了梳理与回顾。在借鉴既有研究结论，并对其中不足进行总结的基础上，挖掘本书的研究空间。具体从以下四方面展开文献述评。

（1）非控股大股东参与公司治理的方式。延续既有文献的研究脉络可以发现，现有研究基于股权与关系网的"双维度"，将研究视角逐渐从股东大会深入到董事会，从公司内部拓展到行业股权共持，并借助委托代理理论、控制权理论以及社会网络理论，对非控股大股东通过股权制衡、退出威胁、委派董事及连锁持股四种具体参与公司治理的方式，进行了较详细、全面的阐述。这不仅可以作为非控股大股东参与公司治理方式选取的理论基础，也为后续探究非控股大股东在公司治理中的具体作用提供了全新的切入点，对于进一步完善企业治理结构具有借鉴意义。

（2）非控股大股东参与公司治理的效果方面，既有文献从治理效率、融资效率、信息披露等方面对非控股大股东参与公司治理的有效性予以证实。可以发现，以往的研究更多是将研究视角聚焦于企业及企业具体行为。然而，根据EMH对于有效市场的描述，信息是引发股票价格波动的最主要因素，企业所披露的特质信息关系到股票价格中的信息含量。作为公司内部重要的利益主体，非控股大股东参与公司治理可能会通过影响企业信息披露及具体披露行为，进而改变股票价格中的信息含量。因此，在学术研究领域，将视角从影响微观企业具体行为层面拓展到外部资本市场，进一步考察非控股大股东参与公司治理与股价信息含量之间的关系，显得尤为必要。

（3）在探寻股价信息含量的影响因素方面，现有研究基于有效市场假说的理论框架，以宏观制度安排为研究逻辑起点，逐步深入企业微观的公司治理、信息透明度层面，这为本书以公司治理为研究视角，深入探究非控股大股东参与治理对上市公司股价信息含量的影响提供了理论基础。然而，纵观以股权结构为基本出发点，探究公司治理与股价信息含量关系的文献，学者多是基于"股权制衡"的视角，去探寻非控股大股东与股价信息含量的关系，且得出的研究结论并非一致。对于非控股大股东"退出威胁"、连锁持股等参与治理的方式（或手段），是否会影响股价信息含量却鲜有关注，从而为本研究提供了空间。

（4）在既有的对于股权结构与股价信息含量关系的探讨中，学者们提供了非控股大股东持股与股价信息含量的相关证据，但得出的研究结论仅仅停留在两者之间直接影响关系的实证检验，并未深入剖析导致两者直接影响关系形成的内在机理与具体的作用路径。严格意义上来说，在不同的治理方式（或手段）下，非控股大股东影响股价信息含量的内在机理存在显著差异。"退出威胁"的治理手段主要针对的是企业内部相关利益主体的侵占行为，更强调事前震慑效应；而连锁持股则是以行业间的信息共享、传递为治理依据，实则是在关注信息透明度。有鉴于此，本书建立在参与治理的以上两种方式（或手段）的基础之上，分析非控股大股东影响股价信息含量的内在机理，并从实证的角度检验其内在的影响机制和具体的作用路径。

第 3 章

非控股大股东参与治理影响上市公司股价信息含量的理论框架

基于第 2 章文献综述的内容，本章主要针对中国上市公司非控股大股东参与公司治理的内在动因与必要性，以及非控股大股东参与治理影响股价信息含量的作用机理等，展开进一步的讨论。主要包括如下具体内容：①中国上市公司代理问题的现状。在此部分中，对中国上市公司委托代理问题的主要表现进行了探讨与分析。②基于委托代理的视角，从治理的动机、能力等方面着手，论述了上市公司中非控股大股东参与公司治理的动机。③结合控制权与社会网络理论，对非控股大股东参与治理的理论依据进行阐述。④在明晰非控股大股东参与治理动因和治理依据的基础上，进一步通过构建博弈模型，从利益博弈的视角分析了非控股大股东参与公司治理的必要性。⑤剖析了非控股大股东参与治理影响上市公司股价信息含量的内在机理，并以此为基础，通过梳理各部分理论分析之间的逻辑并构建理论模型，以期更清晰地呈现本书所涉及相关研究内容之间的内在勾稽关系。

3.1 中国上市公司代理问题的现状分析

从更现实的个体理性视角，非控股大股东是否参与公司治理具有"择时需求"。当控股股东利益与企业高度趋同时，企业内部的代理问题主要表现为经理人与全体股东之间的利益冲突，即"第一类代理"冲突。此时，出于自身利益的实现与维护，控股股东会肩负起监督经理人机会主义行为的责任，并承担全部的监督成本，而利用"搭便车"的方式享受企业价值增长带来的收益，则是非控股大股东最优的选择。然而，随着控股股东的私利攫取行为的增多，企业中"第二类代理"冲突逐步加剧。出于自身利益的维护与获取，非控股大股东就具有了参与公司治理的内在动机。因此，在分析非控股大股东参与公司治理影响股价信息含量的作用机理之前，对中国上市公司中非控股大股东参与公司治理的必要性进行分析显得尤为重要。

3.1.1 中国上市公司代理问题的具体表现

股权结构是公司治理的逻辑起点。不同股权结构的上市公司所面临的代理问题具有差异性。在分散的股权结构下，上市公司的代理问题主要体现为全体股东与经理人之间的利益冲突，即"第一类代理"冲突。在所有权集中的股权结构下，控股股东与其他股东之间的利益冲突，即控股股东代理问题则是公司治理关注的主要方面。

LLSV[181]通过建立数理模型，对投资者保护程度、控股股东两权分离程度与控股股东的"掏空"行为进行证明。在 LLSV 所建立的模型中，存在一个没有任何经营成本的公司，在该公司中企业家扮演着控股股东与职业经理人的双重角色，并拥有公司的固定"现金流权"比例为 λ（20% $\leqslant \lambda \leqslant$ 100%）。假设该公司拥有一个投资额为 θ，收益率为 π 的投资项目。因此，在完成该投资项目后，公司将会产生 $\pi\theta$ 的利润。由于实际掌握着公司的投票决策权，控股股东将决定利润（$\pi\theta$）的分配。假设控股股东决定利用自身的控制权将投资项目利润的一部分先转移到自己手中，然后按照所持股份比例对剩余部分在所有股东间进行平均分配。控股股东转移利润的比例为 α，则转移的利润额可以表示为 $\alpha(\pi\theta)$。由于受到法律的限制，控股股东在转移公司利润时，需要花费一定的成本 κ，并且受到转移利润的比例（α）和投资者法律保护（ρ）两个因素的影响。控股股东利润转移成本的函数可以表示为 $\kappa(\alpha,\rho)$。在现实中，控股股东转移利润的成本会随着投资者保护机制的完善、转移利润的比例的增加而显著提升。因此，κ 是 α、ρ 的增函数，并且有 $\kappa_\alpha > 0, \kappa_\rho > 0, \kappa_{\alpha\alpha} > 0, \kappa_{\rho\alpha} > 0$。此时，控股股东转移利润所得到的净收益可表示为

$$\pi\theta \times [\lambda(1-\alpha) + \alpha - \kappa(\alpha,\rho)] = \pi\theta \times \lambda(1-\alpha) + \pi\theta \times \alpha - \pi\theta \times \kappa(\alpha,\rho) \tag{3-1}$$

其中，$\pi\theta \times \lambda(1-\alpha)$ 为控股股东利润转移后，按其所持股份比率应分享的收益；$\pi\theta \times \alpha$ 为控股股东利用非法途径转移的投资利润；而 $\pi\theta \times \kappa(\alpha,\rho)$ 为控股股东为转移利润所付出的成本。当控股股东转移利润的比例 α 与投资所获利润 $\pi\theta$ 相互独立时，表示控股股东的效用函数 U 则可以有如下形式：

$$U = \lambda(1-\alpha) + \alpha - \kappa(\alpha,\rho) \tag{3-2}$$

在理性人假设下，如果对上述目标效用函数 U 对转移利润的比例 α，求一阶偏导数则可以得到

$$\kappa(\alpha,\rho) = 1 - \lambda \tag{3-3}$$

计算投资者保护程度 λ 的一阶偏导数，则可以得到

$$-\frac{1}{\kappa_{\alpha\alpha}(\alpha,\rho)} = \frac{\partial \alpha^*}{\partial \lambda} < 0 \tag{3-4}$$

控股大股东的"现金流权"比例与控股大股东的利益侵占负相关，即在投资者保护水平 ρ 一定的情况下，随着"现金流权"的增加，控股股东通过转移利润的形式侵占中小股东利益的可能性就越低。换言之，提升控股股东所持公司股份的比例有助于降低控股大股东的侵占可能性。

基于"理性人"假说，控股股东的具体行为总是符合最大化自身收益的原则。在公司内部，控股股东往往会凭借控制权的优势，实现自身利益的最大化。控股股东通过行使自身表决权所获得的利得，包括共享收益和私有收益两部分，且均属于控制权收益的范畴[182]。一般而言，控制权共享收益，由公司全体股东共同分享，一旦公司陷入财务困境，控股的利益将

会严重受损，而着眼于长远利益的获取，控股股东会对上市公司进行"输血"，用以改善上市公司的财务状况。虽然控股股东的存在使得持股比例相对较低的其他股东缺乏监督管理活动的积极性，并普遍存在公司治理活动的"搭便车"心理，但由于持有较多的上市公司股份，控股股东具有充足的能力对管理层进行监督。值得强调的是，虽然控股股东在整个监督过程中会付出相应的监督成本，但在收益权与控制权相匹配的情形下，监督成本往往能够被监督活动所产生的收益所弥补。控股股东则会将更多的精力投入对管理层的监督活动中，进而改善公司的治理状况，促进企业的健康稳定发展。

与之相反，当控制权与收益权不相匹配时，控股股东利用自身的控制权优势，采用公开或非公开的手段，通过关联交易、过度使用公司投资机会等方式，以牺牲其他股东的利益为代价所获取的经济利益，则属于控制权私有收益的范畴。在学术研究领域，通常将此类控股股东出于机会主义动机下的利益攫取行为，称为控股股东"掏空"[47]，或冠以控股股东"自我交易"之名[183]，其本质是"控股股东—其他股东"之间的利益冲突所致，属于企业内部典型的"第二类代理"问题。特别是在相对控股的上市公司中，控股股东一方面能够对上市公司进行有效控制，而另一方面却只能按低于控制权的"现金流权"比例与其他股东进行收益共享。此时，控股股东则产生了基于上市公司股东大会与董事会的控制权，实施机会主义行为的动机[184]，而金字塔股权结构、交叉持股等模式使控股股东的控制权得到进一步增强，其"现金流权"则会明显降低，从而加剧了控制权与"现金流权"的分离程度。此时，控股股东攫取个人私利的动机会更加强烈[185]，企业内部的"第二类代理"问题则会表现得更突出。

进一步地，计算投资者保护程度 ρ 的一阶偏导数，则可以得到

$$\kappa_{\rho\alpha}(\alpha,\rho) + \kappa_{\alpha\alpha}(\alpha,\rho)\frac{\partial \alpha^*}{\partial \rho} = 0 \qquad (3-5)$$

继续变换可以得到

$$\frac{\partial \alpha^*}{\partial \rho} = -\frac{\kappa_{\rho\alpha}(\alpha,\rho)}{\kappa_{\alpha\alpha}(\alpha,\rho)} < 0 \qquad (3-6)$$

可得到结论：投资者保护水平与控股大股东的掏空程度负相关。由此可见，企业内外部治理机制的健全与完善，也能够对企业内部相关利益主

体攫取个人私利的机会主义行为，产生明显的抑制作用。企业外部治理机制主要是指法律对投资者利益的保护，能够对控股股东行为取向产生重要影响[186]。特别是在投资者保护不足环境下，控股股东实施掏空行为的难度相对较低，且通常不必为其所实施的掏空行为"买单"。在完善的投资者保护制度下，一旦掏空行为被发现，控股股东的则面临较高的处罚成本。在衡量成本与收益的基础之上，控股股东实施掏空行为的概率较低。

继 La-Porta. R、F. LoPez-de-Silanes 和 A. Schleifer 三位学者联袂发表 *Corporate Ownership Around the World* 一文之后，学术界掀起了一股探究控股股东代理问题的研究热潮。如何缓解控股股东与其他股东之间的利益冲突也成为理论界所关注的重点。在 La-Porta 等人的研究中，除所有权高度集中外，投资者保护水平较低、控股股东的控制权与"现金流权"分离等也是引发控股股东代理问题的根源。因此，从投资者保护、上市公司股权结构以及控股股东两权分离等方面展开分析，对于明晰中国上市公司中代理问题的类型则具有必要性。

首先，从投资者保护的视角。源于不同法源结构，各个国家的法律对于投资者的保护程度存在显著差别。一般而言，英美法系国家的法官通常拥有更大的权力，能够以事实判断为基础，对法律法规没有禁止的行为作出判决，从而能够更好地为保护投资者权益提供支持。与之相反的是，在大陆法系的国家中，法官无法进行主观判断，只能依照现有的法律法规条款作出判决。这恰恰为公司的管理层和控股股东利用法律条款的漏洞侵占其他投资者利益提供了空间。可以发现的是，较之大陆法系的国家，法律上拥有更多自由裁量权的英美法系国家，通常能够给予投资者更多的保护。相较于英美法系的国家，中国作为大陆法系的国家，投资者保护的相关法律体制建立时间晚，而发展与完善又需要经历一个较漫长的阶段。因此，就目前中国资本市场而言，投资者保护水平相对较低是一个不争的事实。

其次，从上市公司股权结构的视角。除了极少数股东权益保护机制健全的国家，世界上大部分国家的上市公司均呈现出所有权集中的股权结构特征[15]。即使在股东权益保护水平较高的美国，股权结构相对集中的公司也极为常见[187]。一般而言，根据某一股东所持股份占比，可以将上市公司划分控股股东绝对控制、控股股东相对控制和分散持股三种类型（图3-1）。处于绝对控制的上市公司，第一大股东的持股数量一般要达到或超过上市公司总股份的50%，从而自然地成为控股股东，可以实现对公司的完全控制，容易在各项公司重大决策中形成"一言堂"的局面。在相对控制的上市公司中，第一大股东持股数量占公司股本总额的比例为20%~50%，但所享有的表决权已足以对股东会、股东大会的决议产生重大影响，其仍可以被视为控股股东。在此种类型的上市公司中，虽然控股股东持股比例高于其他非控股大股东，但由于所享有的表决权无法达到完全控制的程度，其行为会受到其他非控股大股东的制约。当所有股东的持股比例都较低（理论上的阈值为20%以下），上市公司并未处于某一股东完全控制或相对完全控制状态。一般认为此类上市公司拥有分散的股权结构。

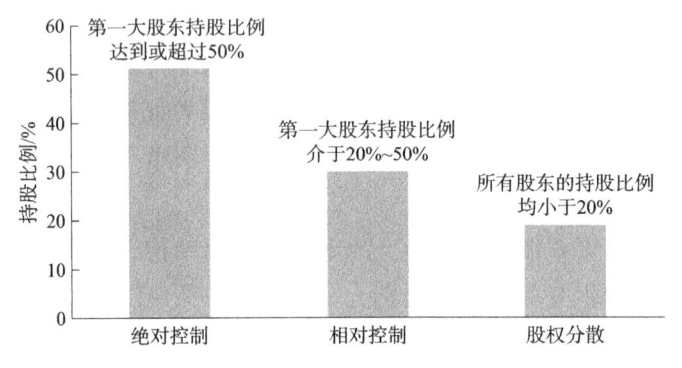

图 3-1　股权结构示意图

自20世纪90年代初资本市场建立以来，中国上市公司所有权高度集中的股权结构特征一直没有得到很好的解决。即便到2007年年底，股权分置改革基本完成后，所有权高度集中的持股模式依然受到大多数A股市场上市公司的追捧。本书对2007—2020年以来中国A股上市公司的股权集中度进行了初步的统计，具体见表3-1。

表 3-1　中国A股上市公司股权集中度（2007—2020年）　　　单位：%

年度	平均持股占比		上市公司数量占比	
	（1）	（2）	（3）	（4）
	Top1	Top5	Top1≥50%	Top5≥50%
2007	35.882	52.072	20.2	56.5
2008	36.229	52.040	21.3	55.4

续表

年度	平均持股占比		上市公司数量占比	
	(1)	(2)	(3)	(4)
	Top1	Top5	Top1≥50%	Top5≥50%
2009	36.149	52.068	21.3	54.8
2010	36.210	53.525	21.1	59.1
2011	36.105	54.242	20.5	61.2
2012	36.328	54.434	21.1	61.3
2013	35.998	53.658	20.7	59.5
2014	35.291	52.754	18.7	56.8
2015	34.351	52.901	16.3	57.7
2016	33.599	53.329	14.9	58.9
2017	33.626	54.432	14.6	61.9
2018	33.425	54.312	14.5	60.9
2019	32.919	53.864	14.2	58.6
2020	32.540	53.529	13.9	57.2
2007—2020	34.903	53.369	18.1	58.6

注：表中数据来源于国泰安（CSMAR）数据库，并经过加工整理得到。

表3-1的第（1）、（2）列中，Top1表示各年第一大股东平均持股占比；Top5为各年前五大股东持股总和平均占比。可以看出，2007—2020年Top1的平均值为34.903%，而Top5的平均值为53.369%，意味着在上述时间段内，中国A股上市公司总体上一直延续着所有权集中持股模式。表3-1的第（3）、（4）列中则分别列示了2007—2020年，第一大股东持股比例超过50%的公司数量占比（Top1≥50%）以及前五大股东持股总和比例超过50%的公司数量占比（Top5≥50%）情况。从第（3）、（4）列的数据可以看出，即便在2007年年底股权分置改革基本完成后，仍有56.5%的A股上市公司，前5大股东持股总和平均占比超过50%，而与此同时，第一大股东持股比例超过50%的上市公司占A股上市公司数量的20.2%。统计数据结果表明，中国上市公司股权集中较高的现象，并没有因股权分置改革而得到彻底扭转。

以上是基于平均持股比例以及达到某一持股比例阈值公司数量占比的

角度，对中国 A 股上市公司的股权集中度进行数据描述。从发展趋势上来看，Top5≥50% 上市公司数量占比一直保持在 55% 左右，而 Top1≥50% 的上市公司数量占比则从 2007 年的 20.2% 下降到了 2020 年的 13.9%。然而，占比的下降并不意味着绝对数量的下滑，因此本书依据 2007—2020 各年度 Top1≥50% 以及 Top5≥50% 的上市公司数量的数据，进一步绘制了反映中国 A 股市场所有权集中上市公司的绝对数量时间趋势图（图 3-2）。由图 3-2 可知，三种类型的上市公司的绝对数量呈现逐年攀升的态势。由此可见，在中国资本市场中，上市公司普遍采用所有权高度集中的股权结构。

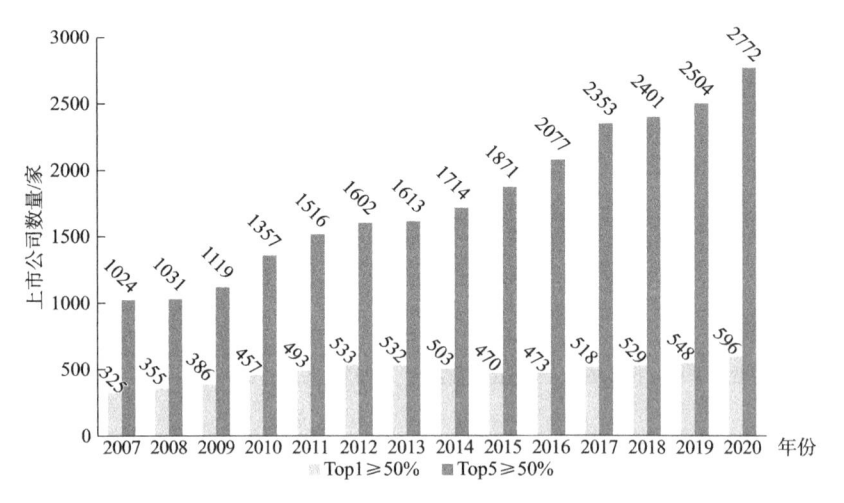

图 3-2　中国 A 股市场所有权集中上市公司的绝对数量（2007—2020 年）

最后，中国上市公司控股股东及其两权分离情况。在现实中，控股股东的存在具有普遍性。在欧洲各国上市公司中，普遍存在一个控股股东或者由几个联系相当紧密的股东所组成的股东集团，上市公司的经营决策实质上由控股股东或股东集团所作出[188]。法西奥（Faccio）等[16]发现，除英国和爱尔兰公众持有公司股权并占主导外，欧洲其他国家均表现出股权高度集中，且大部分公司都存在控股股东。大部分上市公司受到控股股东控制的情况，也同样在意大利和瑞典等国家被发现[64]。除此以外，新兴市场所有权集中的特点则更明显。克莱森斯（Claessens）等[189]以东亚 9 个国家（或地区）2980 家上市公司为研究样本，发现 58% 的上市公司股权高度集中，且均存在终极控股股东。❶ 在中国资本市场中，控股股东更是普遍地存在于各个上市公司中。本书根据上市公司披露的年报，对2007—2020年A股市场中上市公司直接控股股东、实际控制人的总体情况进行了逐年统计，具体见表3-2。

在表3-2中，列示了2007—2020年中国A股上市公司年报中披露的，有关直接控股股东的情况。可以看出，2007年在1565家A股上市企业中，仅有19家企业在公司年报中声明无直接控股股东，仅占所有上市公司总数的1.21%。截至2020年年底，在沪深A股上市的企业达到了4127家，而其中也只有138家上市企业在公司年报中明确表示不存在直接控股股东，占所有上市公司总数的3.34%。可以看出，控股股东作为上市公司中重要利益主体，广泛地存在于中国A股市场中。

表3-2 中国A股上市公司直接控股股东情况（2007—2020）

年度	全部A股 上市公司数量/家	无直接控股股东 上市公司数量/家	无直接控股股东 上市公司占比/%
2007	1565	19	1.21
2008	1618	19	1.17
2009	1764	43	2.44
2010	2114	57	2.70
2011	2349	57	2.43
2012	2457	59	2.40
2013	2494	66	2.65
2014	2603	70	2.69
2015	2780	68	2.45
2016	3059	81	2.65
2017	3434	96	2.80
2018	3515	97	2.76
2019	3695	115	3.11
2020	4127	138	3.34

注：表中数据来源于国泰安（CSMAR）数据库，并经过加工整理得到。

---

❶ 9个国家(或地区)包括：印度尼西亚、马来西亚、新加坡、泰国、菲律宾、日本、韩国、中国香港、中国台湾。

一般而言，控股股东依据其所有权对企业形成绝对控制时，持股比例的增加，会明显提升控股股东的侵占成本。此时，控股股东的控制效应主要体现为"增值效应"。当控股股东的控制权与"现金流权"产生分离时，控股股东的侵占动机明显增强，其控制效应则更多地体现为"侵占效应"。可以说，控股股东的控制权与"现金流权"的分离，是催生控股股东利益侵占动机的关键因素。

在学术研究领域，一般认为与控制权相对应的是公司内重大事项的决策权，多以表决权来衡量；而"现金流权"则代表股东直接或间接持有的公司股份。在具体关于控制权与"现金流权"的度量方面，有学者（La Porta et al.）[15]将直接控制链条的所有权与间接控制链条不同层级上的所有权最小值之和作为衡量控制权的代理指标。"现金流权"则用直接控制链的所有权与间接控制链的不同层级之间所有权的乘积之和进行度量，而两权分离度则用控制权与"现金流权"之差进行指代。随着控制权与"现金流权"分离程度的逐步加大，控股股东往往无法在股权层面达到对上市公司的绝对控制，然而实现对上市公司的控制，又会受到持股比例的影响。利用交叉持股、金字塔股权结构等控制权增强机制，则能够使终极控股股东的控制权远大于其"现金流权"，从而为其攫取私利提供空间。显而易见的是，控制权增强机制的使用往往意味着直接控股股东在持股比例方面无法呈现出相对控制的持股模式，即直接控股股东的持股比例一般为20%~50%。

本书对2007—2020年上市公司整体两权分离，以及处于相对控股状态中国A上市公司的情况进行统计。首先，La-Porta等追溯公司终极控制权方法，逐年计算了2007—2020年A股上市公司整体两权分离程度；其次，依据第一大股东持股比例为20%~50%，即20%≤Top1<50%的标准，对上述期间中国A股市场中处于相对控股状态的上市公司情况进行统计，具体见表3-3。

非控股大股东参与治理影响上市公司股价信息含量的理论框架 第 3 章

表 3-3 中国 A 股上市公司相对控股与两权分离情况（2007—2020）

年度	Panel A: 2007—2020 年处于相对控制状态上市公司情况			Panel B: 2007—2020 年上市公司两权分离度情况			
	全部 A 股	处于相对控制（20%≤Top1<50%）上市公司情况		全样本		10%临界点	
	上市公司数量（A股）/家	上市公司数量/家	上市公司占比/%	公司数量/家	全部 A 股占比/%	公司数量/家	全样本占比/%
2007	1488	887	65.60	759	51.00	478	63.00
2008	1539	900	63.90	797	51.80	488	61.20
2009	1672	972	63.40	833	49.80	505	60.60
2010	2027	1258	64.00	986	48.60	603	61.20
2011	2271	1447	64.40	1116	49.10	653	58.50
2012	2389	1528	64.50	1180	49.40	686	58.10
2013	2412	1507	63.80	1204	49.90	701	58.20
2014	2517	1506	64.80	1268	50.40	719	56.70
2015	2725	1641	66.00	1386	50.90	770	55.60
2016	2999	1848	66.30	1533	51.10	808	52.70
2017	3400	2173	67.00	1785	52.50	913	51.10
2018	3467	2198	66.60	1867	53.90	921	49.30
2019	3640	2235	65.70	2034	55.90	970	47.70
2020	4082	2240	65.00	2414	59.10	1075	44.50

注：表中数据来源于国泰安（CSMAR）数据库，并经过加工整理得到。

在表3-3的Panel A部分中，列示了2007—2020年处于相对控制状态上市公司情况。可以看出，2007—2020年中国A股市场中第一大股东持股比例介于20%~50%，即（20%≤Top1<50%）的上市公司数量占比一直保持在65%左右，并且从绝对数量来看，从2007年年底的887家（公司占比65.6%），一直增加到2020年的2240家（公司占比65.7%），呈现出逐年攀升的态势，这说明相对控制是控股股东控制A股上市公司的主流模式。表3-3的Panel B部分则列示了2007—2020年中国A股上市公司两权分离情况。首先，从两权分离度的均值来看，2007—2020年，中国A股市场中上市公司两权分离度的公司数量占比从2007年的51%逐步攀升到2020年的59.10%，并且两权分离度的年度均值均在5%以上；并且从出现两权分离情况的上市公司绝对数量来看，2007年年底出现两权分离的上市公司数量为759家，而到了2020年年底，出现两权分离的上市公司数量则直接增加到了2414家，从而呈现了比例与绝对数量的双增长态势。非但如此，两权分离度超过10%临界点的公司的绝对数量，也在此期间内持续增加。

值得注意的是，由于交叉持股、金字塔持股结构等间接持股方式的存在，掌握公司终极控制权的并非总是那些表面上持股比例最高的控股股东。换言之，掌握公司终极控制权的实际控制人往往会隐藏在控股股东背后，并在实质上决定着公司的各项决策。在理论研究中，公司契约主体间的利益冲突可以通过明确利益主体各自的权利和义务，以平衡利益不一致所引起的矛盾，保证契约顺利执行。但在现实中，契约具有非完备性特征。在契约之外往往存在许多无法预计的事后事项，以及由此可能带来的其他未来利益冲突，这就需要授权给公司实际控制人进行处理。在表3-4中，列示了2007—2020年中国A股上市公司年报中披露的关于实际控制人的情况。可以发现，2007年在1565家A股上市企业中，仅有5家企业在公司年报中声明不存在实际控制人，仅占所有上市公司总数的0.32%。到2020年年底，只有78家上市企业在公司年报中明确表示不存在实际控制人，仅占当年在沪深A股上市企业总数（4127家）的1.89%。从以上数据可以看出，在中国A股市场中，实际控制人往往会隐藏在控股股东身后，并最终对上市公司的各项决策产生影响。

表 3-4　中国 A 股上市公司实际控制人情况（2007—2020）

年度	全部 A 股 上市公司数量/家	无实际控制人 上市公司数量/家	无实际控制人 上市公司占比/%
2007	1565	5	0.32
2008	1618	4	0.25
2009	1764	18	1.02
2010	2114	20	0.95
2011	2349	22	0.94
2012	2457	32	1.30
2013	2494	33	1.32
2014	2603	34	1.31
2015	2780	28	1.01
2016	3059	38	1.24
2017	3434	45	1.31
2018	3515	46	1.31
2019	3695	54	1.46
2020	4127	78	1.89

注：表中数据来源于国泰安（CSMAR）数据库，并经过加工整理得到。

正如阿吉翁（Aghion）等[190]所指出的，在组织中权力除了制度安排下的正式权力，还存在真实权力。在现实中，实际控制人的控制权能够得到诸如"股东关系"等隐性社会资本的权利加成。除了能够依照正式制度安排行使表决权外，实际控制人的影响力还能基于自属关系及连带关系，在股东大会、董事会与企业经营等层面逐步扩散与增强，从而获取更多的公司控制权。高闯等[191]运用组织惯例演化方法，系统还原了终极股东基于"股权"及"社会资本"控制上市公司的全过程，为后续追溯识别实际控制人及衡量终极控制权提供了理论依据。为此，我们分别按照上述"股权控制链"与"社会资本控制链"对图 3-3 案例的实际控制人及其控制权进行分析，旨在还原中国 A 股上市公司两权分离的真实面貌。

图 3-3 所呈现的是 2018 年度东旭光电科技股份有限公司（以下简称"东旭光电"）的控制权结构。首先从股权控制链的分析范式可以看出，东旭光电的实际控制人为自然人李兆廷。从图 3-3 可知，李兆廷作为东旭光电投资有限公司的绝对控股股东（持股比例为 51.17%），间接持有东旭集

团有限公司 51.46% 的股份，并作为北京东旭投资管理有限公司的绝对控股股东（持股比例 90%），间接持有东旭集团有限公司 25.38% 的股份，从而成为该集团公司的实际控制人。进一步地，东旭集团有限公司通过完全控股东旭科技集团有限公司，间接持有东旭光电 0.08% 的股份，通过直接持有石家庄宝石电子集团有限公司 70% 的股份，以及通过完全控股东旭峰隽（北京）科技有限公司，持有石家庄宝石电子集团有限公司 30% 的股权，成为石家庄宝石电子集团有限公司的绝对控股股东，而石家庄宝石电子集团有限公司直接持有东旭光电 5.80% 的股份，成为东旭集团有限公司对于东旭光电的间接持股份额。东旭集团有限公司凭借直接与间接持有的 21.85% 的股份比例，成为东旭光电的控股股东。以上分析清晰地呈现出李兆廷→东旭集团有限公司→东旭光电的股权控制链条。根据股权控制链的分析范式，李兆廷对于东旭光电的最终投票表决权为 21.85%（0.08% + 15.97% + 5.80%），"现金流权"为控制链条持股比例的乘积 10.725%，两权分离度为 11.125%。然而，从股权控制链分析得出的控制权与"现金流权"以及两者之间的分离，并未将实际控制人的"关系股东"和一致行动人以及两者所给实际控制人控制权带来的影响纳入分析框架。

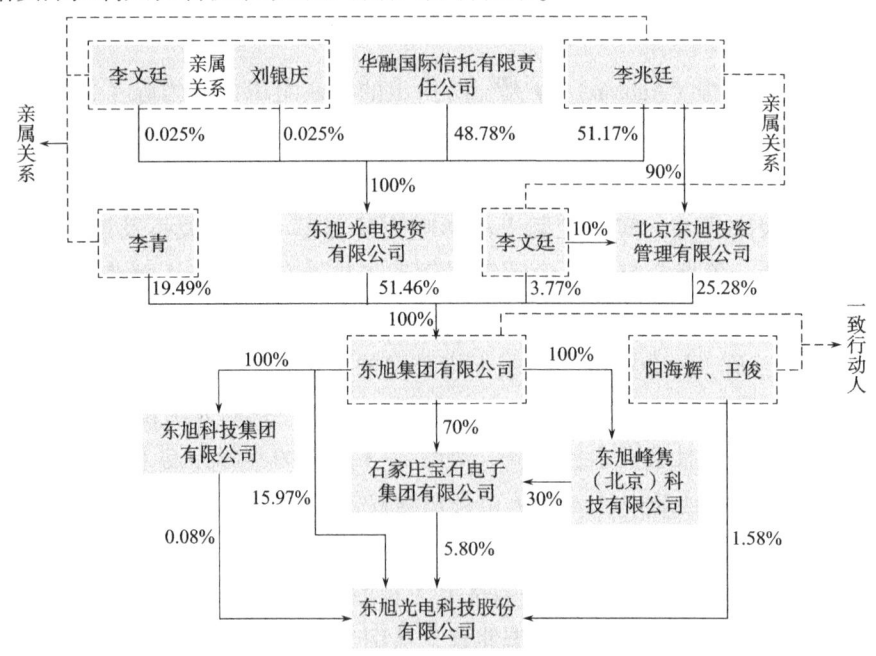

图 3-3　2018 年度东旭光电科技股份有限公司的控制权结构

根据2018年东旭光电权益变动报告所披露的信息，李兆廷持有东旭投资51.17%的股权，持有东旭投资管理90.00%的股权，为东旭集团的实际控制人，东旭集团的大股东李青（持股比例为19.49%）与李兆廷是夫妻关系，东旭集团的另一个股东李文廷（直接持股比例3.77%）与李兆廷是兄妹关系，而阳海辉、王俊直接持有东旭光电1.58%的股份，并与东旭集团存在一致行动人关系。不难看出，当实际控制人的控制地位与关系网络之间存在资源互补时，在契约非完备的条件下，契约权力得到了更多非契约权力的支持与补充，通过关系股东网络、向董事会委派董事、提名经理等手段实现对三层权力机构的控制，最终使得实际控制人的控制地位在关系资源的加持下得以加强，控制权与"现金流权"的实际分离情况则更严重。

诚然，当投资者法律保护不健全时，经营者侵犯股东利益的情况时有发生，为减小交易成本和保护产权，公司往往采用集中的股权结构缓解股权高度分散所引发的股东与经营者之间的代理问题[192]。然而，相对集中的股权结构也往往使控股股东具有的实施攫取个人私利的动机愈发强烈，由此促生了企业中股东与股东之间的第二类代理冲突，即控股股东代理问题。因此，结合前文的分析结果可以得出，在中国上市公司中，代理问题的主要表现形式是：控股股东与其他股东的利益冲突。

3.1.2 中国上市公司控股股东代理问题的现状

控股大股东机会主义动机下的利益侵占行为，不仅使得公司内其他股东的利益蒙受损失，并且对于参与市场交易的外部参与者而言，其投资信心也会在该问题的持续发酵与扩散中受到较严重的打击，不利于资本市场的功能发挥与持续健康发展。在现实中，根据面临的不同制度基础，控股股东在攫取私利过程中的具体行为方式也会有所差异。在中国A股市场中，随着所面临的制度基础的变化❶，上市公司控股股东会对其具体的利益侵占行为进行调整，从直接占用上市公司资金、与上市公司发生关联交易等直接利益输送模式，逐渐转向更隐蔽的诸如利用"择机"减持、定向增发、

---

❶ 此处所强调的制度基础包括，诸如中国资本市场的股权分置改革、会计制度改革，以及证券监管部门出台的相关指导意见、政策法规等。

股权质押等方式，在资本利得与直接利益输送之间进行权衡，继续对上市公司进行"掏空"。

控股股东直接占用上市公司资金。作为众多利益侵占行为中最直接与粗暴的方式，控股股东占用资金，不仅会导致上市公司"现金流"紧张与流动性不足，同时是加剧上市公司财务风险的关键诱因。占用上市公司资金，是指控股股东通过各种手段无偿占用、拖欠上市公司款项等，主要包括"财务存款"占款和其他应收款占款[193]。其他应收款占款是指大股东通过直接借入的方式占用上市公司资金[253]，而"财务存款"占款是控股股东通过集团财务公司占用上市公司资金[194]。2005年10月，中国证监会在《关于提高上市公司质量的意见》（下文简称《意见》）中明确指出，控股股东（或实际控制人）限期内未全部偿清或出现新增侵占上市公司资金问题，将对其融资活动依法进行必要限制。2006年11月，在《关于进一步做好清理大股东占用上市公司资金工作的通知》（下文简称《通知》）中再次强调，要从全局和战略的高度充分认识清欠工作的重要性和紧迫性，加快推进清欠工作进度，确保在2006年内完成清欠任务，并进一步加大执法力度，严格追究相关人员的责任，对限期内未完成清欠的上市公司进行立案稽查。由图3-4可以发现，中国证监会关于规范控股股东占用上市公司资金的《意见》与《通知》的相继出台，明显抑制了控股股东占用上市公司资金的行为。财务存款占款与其他应收款占款比例呈现逐年持续下降的基本态势，控股股东占用上市公司资金的情况得到了扭转。

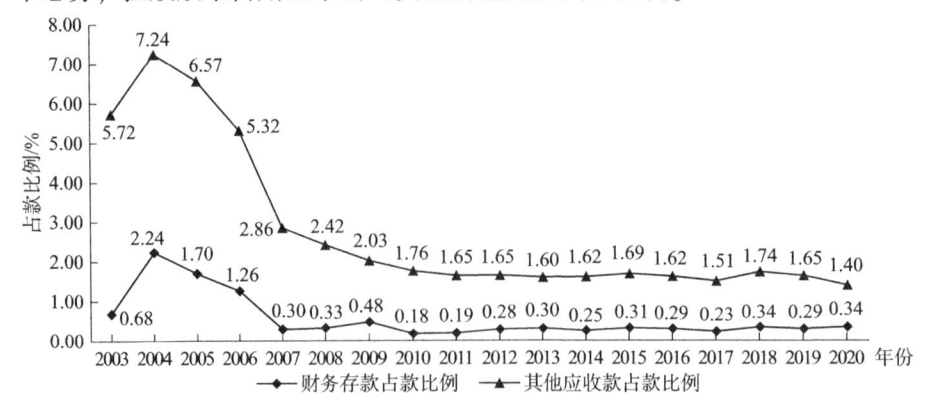

图3-4 2003—2020年中国A股上市公司控股股东占用上市公司情况

关联交易视角下的控股股东掏空行为。具有密切经济联系或者其他关系的主体之间所发生的交易被称为关联交易。与普通的市场交易行为不同，在关联交易中，标的物价格通常由交易双方协商达成，属于转移定价的范畴。上市公司与关联方之间的交易行为不仅能够为企业发展提供所需的资源支持[195]，而且可以在降低企业交易成本方面发挥积极的作用[196]。与之相反，当企业面临较严重的"第二类代理"冲突时，关联交易则可能沦为具有掏空动机利益主体"暗度陈仓"攫取上市公司利益的手段[197-198]，进而导致上市公司价值的损失[199-200]。在中国A股市场中，控股股东与上市公司的关联交易行为具有普遍性[201]。然而，基于中国A股市场上市公司所有权高度集中、治理机制尚不完善的客观现实，监管部门一直对控股股东与上市公司的关联交易行为保持较谨慎的态度，且发现了大量关于控股股东利用与上市公司的关联交易行为攫取个人私利的相关证据[202-203]。

图3-5对2003—2020年中国A股市场控股股东与上市公司之间发生的关联交易进行了统计。由图3-5可知，控股股东与上市公司发生关联交易的上市公司的数量从2003年的627家一直攀升到2020年的1829家，并呈现逐年持续上涨的态势，而关联交易的发生金额在总体上一直呈现上涨的态势。这也恰恰说明了控股股东与上市公司的关联交易行为是上市公司具体交易行为的重要组成部分。值得注意的是，2007年与2011年控股股东与上市公司的关联交易金额分别达到2003—2020年时间段内的两个峰值之后，出现了快速回落的现象。深究导致上述现象发生的主要原因在于：①2007年新企业会计准则在中国全面实施，对关联交易的具体会计准则进行修订，在更具体的业务核算中规定，企业在进行合并报表编制过程中，需要对处于"同一控制"下企业间的关联交易进行抵消；②而2011年则是上海证券交易所出台了上市公司关联交易的实施指引，对上市公司的关联交易行为进行规范，这恰恰在一定程度上能够表明，控股股东利用关联交易攫取私利的行为也会随着制度基础的改变，进而作出相应的调整。

一般而言，当所持的股份无法上市流通时，由于自身财富不会受到股价波动的影响，更关注账面净资产变化的控股股东，更加偏爱基于占用上市公司资金、关联交易等直接掏空上市公司资源的非理性利益侵占行为，为自身进行利益输送。然而，随着所持的股份在市场上能够逐步流通，控股股东在获取股价上涨所产生收益的同时，也必须承受股价下跌所带来的损失。一方面，非理性的利益侵占行为会使得上市公司的经营业绩下滑，进而导致公司股票市场价格大幅下跌，控股股东出于避免股价下跌所产生的利益损失；另一方面，随着市场的逐步完善与发展，证券监管部门越来越意识到投资者利益保护的重要性，并相继出台了相关的政策与法规，二者在极大程度上抑制了控股股东采用直接掏空上市公司资源的方式的个人私利攫取行为。然而，股权的上市流通与投资者保护程度的逐步上升，并不意味着控股股东的利益侵占问题会得到根本性的解决。在股权上市流通后，控股股东在上市公司中较之其他股东而言，其极为不对称的控制地位并未受到实质性的影响。在投资者利益保护机制非健全、完善的前提下，控股大股东对于其他股东的利益侵占事件依旧屡现不止，仅仅是具体的侵占方式与路径较之以往则存在差别。

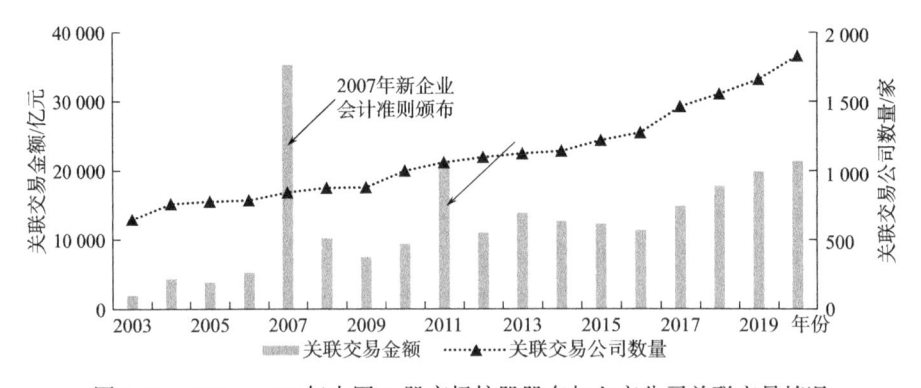

图 3-5 2003—2020 年中国 A 股市场控股股东与上市公司关联交易情况

控股股东"择机"减持套利。2007 年股权分置改革的基本完成，消除了中国资本市场中股权的"二元"结构状态。在"掏空"获利的制度基础发生变化的前提下，控股股东的具体侵占行为随之发生改变，掏空手段变得更隐蔽，并逐渐摆脱了之前的单一的利益输送模式，进而转向综合考虑资本利得与利益输送两方面的权衡模式。在此之后，控股股东利用财务造假等手段成功上市的事件，而且在上市之后控股股东还通过"择机"减持、定向增发、股权质押等手段，进而实现个人私利攫取的利益侵占事件依旧频频发生。

作为后股权分置时代的重大事件，公司内部相关利益主体的股份"减持"行为备受市场参与者与监管部门的关注。特别是当作为公司内部最重要利益主体的控股股东减持自身的股份时,市场往往将其视为公司估值偏高或未来盈利前景不明确的信号[204],不仅会打击外部投资者的信心,也使得企业在获取未来经营发展所需资源的难度明显上升[205]。非但如此,控股股东的股份减持行为往往具有明显的"择时"特征。出于谋求私利的内在需求,控股股东会授意管理层进行选择性的信息披露,以便配合其减持股份的行为实施,并从中获得更高的减持收益[206]。然而,当出于套利动机的控股股东在完成股份减持之后,公司股价会出现大幅下跌,最终损害公司内其他股东利益。在理论研究中,大量的学者也发现,在股份"全流通"的现实背景下,控股股东减持股份的比例与其控制权私利显著正相关,并通常将出于套利动机下的股份减持行为视作控股股东侵占其他股东利益的重要手段之一。

表 3-5 对 2003—2020 年中国 A 股市场控股股东股份减持的情况进行了统计。由表 3-5 可知,从 2007 年股权分置改革基本完成的当年,中国 A 股市场中出现控股股东股份减持的公司有 17 家,当年的减持约为 28.62 亿元,并从 2007 年开始直到 2015 年年底,总体上呈现出减持的公司数量与减持的金额双双攀升的态势。特别是到 2015 年控股股东股份减持的公司数量达到了 176 家,而减持的金额则高达 4808.45 亿元,并引发了证券市场的非理性下跌。为了维护资本市场稳定,切实维护投资者合法权益,促进证券市场长期稳定健康发展,中国证监会于 2015 年 7 月 8 日发布了证监会公告〔2015〕18 号,用以规范上市公司控股股东和持股 5% 以上股东及董事、监事、高级管理人员减持股份行为。在公告中明确规定,自 2015 年 7 月 8 日起 6 个月内,上市公司控股股东和持股 5% 以上股东(以下并称大股东)及董事、监事、高级管理人员不得通过二级市场减持本公司股份。进一步地,在 2016 年 1 月 7 日,中国证监会废止了〔2015〕18 号公告,同时发布了《上市公司大股东、董监高减持股份的若干规定》(〔2016〕1 号),并于 2016 年 1 月 9 日开始实施。由表 3-5 可知,在《上市公司大股东、董监高减持股份的若干规定》(〔2016〕1 号)发布后,在 2017—2018 年时间段内,中国 A 股上市公司控股股东减持股份的行为得到了明显的抑制,出现控股股东股份减持的上市数量与减持的总金额都出现了大幅回落。虽然 2019 年与 2020 年控股股东减持股份的上市公司数量与总金额较 2017 年与 2018 年有所上升,但明显低于 2015 年并与 2016 年的水平基本持平。从上述关于控股

股东股份减持的数据可以看出，在股份"全流通"背景下，中国 A 股市场控股股东股份减持的行为是客观存在的，并会受到制度基础的影响。

表 3-5 2003—2020 年中国 A 股市场控股股东减持股份的情况[1]

年份	减持金额/亿元	减持公司数量/家	年份	减持金额/亿元	减持公司数量/家
2007	28.62	17	2014	424.49	160
2008	4.68	10	2015	4808.45	176
2009	32.74	26	2016	382.21	119
2010	47.70	46	2017	232.30	89
2011	89.80	51	2018	62.06	89
2012	45.56	37	2019	392.42	179
2013	171.28	91	2020	410.38	217

控股股东通过折价"定向增发"的利益输送行为。上市公司通过向场外特定对象非公开发行股票的融资行为被称为"定向增发"（Equity Private Placement）。随着资本市场的发展，在股权再融资方面，中国上市公司已由配股、公开增发等逐步转变为以"定向增发"为主的方式。根据 Wind 数据库的统计，中国 A 股上市公司 2007—2020 年通过定向增发实现股权再融资的上市公司有 2369 家，定向增发累计募资总额高达 107 708.84 亿元。证监会 2006 年所颁布的《上市公司证券发行管理办法》（以下简称《管理办法》），是中国 A 股上市公司采用"定向增发"方式进行股权再融资的政策依据。实际上，在《管理办法》颁布实施前，中国 A 股上市公司"定向增发"融资处于萌芽阶段。《管理办法》的实施标志着中国资本市场进入了一个全新的发展阶段，股权再融资的相关政策也日趋完善。由图 3-6 可以看出，截至 2011 年年底，A 股上市公司实施定向增发进行融资的公司数量已经达到 173 家，而利用非定向增发进行股权再融资的上市公司数量则由 2007 年的 38 家下降至 2011 年的 22 家。此外，从图 3-6 中还可以看出，从 2012 年至 2016 年，在中国 A 股市场中，利用"定向增发"进行股权再融资的上市公司数量呈现出逐年连续稳步递增的态势，从而进入了一个快速的

---

[1] 在统计控股股东减持股份的情况时，并未包含由于减持股份而导致控股股东地位发生变化的样本。

发展阶段。其主要原因在于，在此期间，出于支持上市公司产业升级与转型的考虑，证监会通过完善定向增发的相关法规为上市公司拓宽融资渠道、帮助企业通过股权再融资的方式，募集产业升级以及产业转型所需的资金。加之，2015年中国A股市场IPO的暂停也给上市公司"定向增发"的发展带来更多的机遇，并使之成为股权再融资的主要手段。在此时间段内，通过"定向增发"进行股权再融资的上市公司由2012年的151家上升至2016年的665家。然而，在此之后，证监会对再融资的相关规定作出了调整，修改了定向增发实施细则的相关法规，定向增发需满足的条件逐步增多，从而使得上市公司"定向增发"的股权再融资方式受到了限制，从而导致在随后的2017—2019年呈现明显的下降态势。

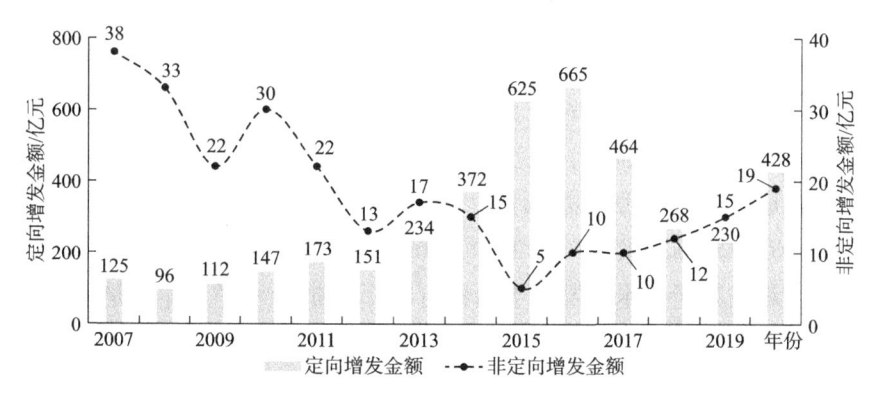

图3-6 2007—2020年中国A股市场"定向增发"股权再融资的上市公司情况

众所周知的是，"定价发行"是"定向增发"股权再融资的核心，而发行的价格又与公司内部股东的切身利益息息相关。在中国A股上市公司中，以折价的方式进行"定向增发"的股权再融资是较普遍的现象[207]，折价均值高达20%~50%。一般而言，参与"定向增发"的认购者获取上市公司股权的单位成本与定向增发价格直接相关。在较低的定向增发价格下，认购者获取上市公司股权的成本就越低，并且在募集资金规模不变的前提下，随着认购股份的增多，未来不仅会享有更多的公司收益索取权，并且认购者还可以选择在解禁期前卖出参与"定向增发"获取的股份，或解禁期后对该部分股权进行减持，进而获取高额回报。作为公司内部最重要的利益主体，囿于在董事会和股东大会层面的主导地位，控股股东有能力决定上市公司"定向增发"的定价方式下的再融资股份的发行价格。当具有"掏空"动机的控股股东参与到上市公司"定向增发"再融资活动中时，定价发行方式下会出现发行价格较高最终折价的现象[208-209]。

图 3-7 列示了 2013—2020 年控股股东参与上市公司定向增发的折价情况。从图 3-7 中可以发现，在定向增发快速发展阶段，2013—2015 年控股股东参与的"定向增发"股权再融资的平均折价水平呈现出逐年递增的态势，折价率从 2013 年的 14.55% 一直攀升到 2015 年的 26.58%。与此同时，还可以清晰地发现，在 2013—2016 年间，定价方式下控股股东参与"定向增发"的平均折价水平，要明显高于询价方式下的折价水平。但是在 2017 年 2 月 15 日，证监会颁布了关于修改《上市公司非公开发行股票的实施细则》的决定，即证监会公告〔2017〕5 号，修改了定向增发实施细则的相关法规，并于 2017 年 5 月 26 日进一步规范了解禁期已满的"定向增发"认购股份的减持行为。从图 3-7 可以看到，2017—2019 年控股股东参与"定向增发"的折价水平较 2016 年要明显偏低。非但如此，由于证监会公告〔2017〕5 号对定价基准日，以及再融资股份定价的标准进行了严格的限制，从而较好地抑制了控股股东利用"定向增发"折价谋取私利的行为。从图 3-7 中可以清晰地发现，在 2017—2020 年内控股股东参与的定价方式下的"定向增发"折价水平要低于询价方式下的折价水平。即便是在询价方式下，总体而言此期间的折价水平也明显低于 2016 年。

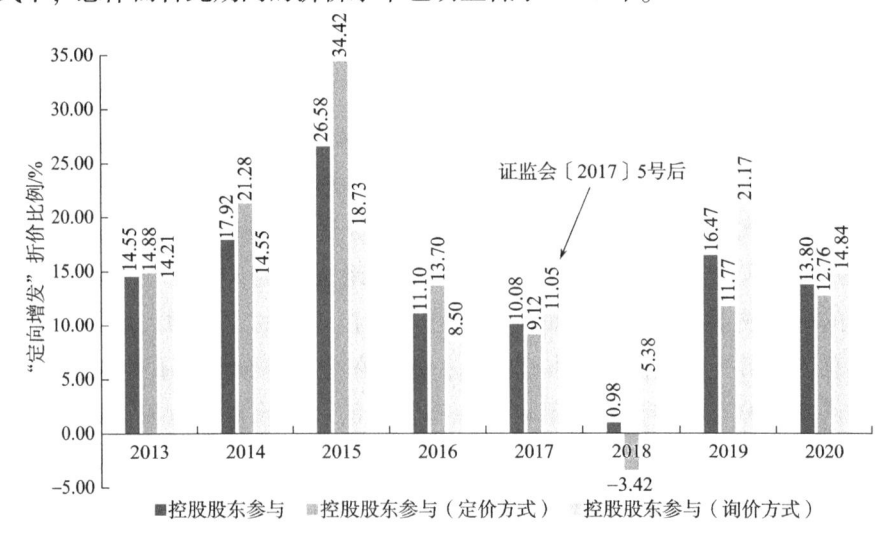

图 3-7　2013—2020 年中国 A 股市场上市公司控股股东参与"定向增发"的折价情况

3.2 委托代理视阈下非控股大股东参与治理的动机

委托代理理论源于现代企业的"所有权与控制权分离"。社会分工的发展和企业规模的扩大、分工与技术的日趋复杂使企业需要较之以往更多且更多样化的生产要素投入。有限"人力资产"的企业所有者发现，自身无法胜任"纷杂繁复"的企业管理工作，而通过聘请以职业经理人为代表的管理团队负责企业的经营与管理则成为众多企业的必然选择。然而，企业所有者将经营管理权进行让渡伊始，就意味着企业已经脱离了其原有意义上的"掌控"。实际上，在现代公司制度的逐步演进中，股东作为企业所有者的地位在法律层面上十分明晰。但由于不直接参与日常的经营管理，现实中负责企业的各项经营决策与方向的主体本质上已成为股东受托责任方的经理人。这种客观现实现象的大规模存在使企业实质上处于经理人的掌控之中。不难理解的是，当分工涉及企业管理领域时，企业的所有权与控制权在本质上已经发生了分离。根据"理性人"假说，企业所有者（股东）与经理人的目标效用函数并非完全一致，在两者追求各自利益最大化的过程中，则会不可避免地出现利益冲突。在学术研究领域，通常将这种利益冲突描述为典型的所有者与管理者之间的代理问题或第一类代理问题[10]。以此基础上发展形成的经典委托代理理论则适用于分析分散股权结构下的公司治理问题。并且股权同质，即所有股东利益目标一致是上述理论成立的一个重要前提。

不可否认的是，股东之间的行为能力及利益诉求同样具有明显的差异，股东异质性假说亦应运而生。显而易见的是，在现实中股东异质性更符合公司治理实践。虽然在股权适度集中的上市公司中，大股东出于维护自身利益最大化，有动机对经理人的机会主义行为进行监督，能够降低企业内的第一类代理成本，从而有助于公司治理水平的提升[13]。但是公司的股权结构选择并非唯一，在世界范围内，以集中持股为主要特征的股权结构广泛存在。股权的过度集中会使公司的控制权被控股股东完全掌控。控股股东出于自利动机，可能会利用自身的控制权实施对其他股东的利益侵占行为[11]。控股股东利益侵占行为的发生不仅导致了其他股东的利益损失，也引发了学术界对于股东与股东之间利益冲突，即第二类代理问题的关注[12,15]。

实际上，在以股权集中为特征的公司中，企业通常不得不同时面对两类代理问题，理论界将此称为双重委托代理[210]。在双重代理关系的公司治理问题的分析框架下，对于股东与管理层之间的第一重委托代理关系而言，关注的焦点在于股东与经理人之间的利益冲突。由于持有较多股份，企业治理状况的好坏会直接影响到非控股大股东的利益。对于管理层实施有效的监督，不仅有助于非控股大股东在公司价值提升中获取利益，同时能弥补其监督行为所产生的成本。对于股东与股东之间第二重委托代理关系而言，重点考察的是控股股东与其他股东的利益冲突，并强调如何有效抑制控股股东运用各种手段对上市公司资源进行"掏空"的私利攫取行为。控股股东的"掏空"行为侵害了公司其他股东的合法权益，而出于自身权益的维护，作为"制衡性大股东"的非控股大股东有动机与能力通过参与公司治理抑制控股股东的机会主义行为。

3.3 非控股大股东参与公司治理的理论依据

3.3.1 非控股大股东参与治理的控制权依据

从表面来看，企业中不同主体之间的利益冲突是代理理论所关注的重点。然而，引发不同主体间利益冲突的根源在于非对称信息下的控制权相对强度以及私利攫取所引发的机会主义行为。实际上，拥有企业实际控制权的主体均存在机会主义动机进而获取私利。可以说，不同主体所掌握企业控制权的大小成为其攫取私利的先决条件。深刻地认识企业中的代理问题，必然要建立在对企业控制权明晰的基础上。

相比较而言，控制权是一个难以清晰界定并准确把握的概念。非但如此，控制权还往往与所有权（Ownership）、决策权（Decision）、经营管理权

（Management）、剩余控制权（Residual Rights of Control）等概念交织纠缠。早期的研究由于受到市场和技术、社会、历史条件等客观因素的制约，诸如企业性质、交易成本、契约及制度安排等方面的问题，尚未被纳入企业问题的分析框架。虽然在具体的研究中已认识到控制权客观存在的事实，但这种认知也仅限于对相关经济现象与行为的观察。在有关企业控制权问题研究的朦胧摸索阶段，既未触及企业控制权的本质，也缺乏系统的理论探索。直到科斯（Coase）[211]提出"权威关系"的概念，才真正将身着"神秘外纱"的"企业控制权"推上了历史舞台。科斯在其著作《企业的本质》中指出，企业存在的根本原因在于其能够有效地降低交易成本，而企业内"权威关系"则是取代价格机制与市场，并最终使交易成本下降的关键。对企业的本质认识在于是否能够正确解读企业内"权威关系"，并对企业这种生产组织节省交易费用的根本原因进行探究。

在科斯之后，企业理论沿着两条主线发展，即以委托代理理论为主体的完全契约理论（Complete Contracting Theory），以及以交易费用理论和控制权理论为代表的非完全契约理论（Incomplete Contracting Theory）。作为分析企业问题的代表性理论观点，在经典委托代理理论中，委托人（股东）作为"完全理性"的契约缔造方，拥有制定契约及监督契约执行的权力，能够充分预见未来与或然事件，从而依据自身的预见对契约进行恰当的安排，并兑现承诺。其中最具代表性的学者首推延森和梅克林（Jensen 和 Meckling，以下简称 JM）。受到科斯的启发，JM 重新引入了个人主义方法论，基于管理者的效用函数对企业问题进行分析。JM 开创了通过融资契约安排来降低企业家代理成本的研究思路，后续学者在试图将 JM 的思想模型化的过程中，逐渐形成了融资契约理论[212]。

显而易见的是，契约的完备性假设在现实中并不适用。正如科斯所指出的那样，"自然人"作为"有限理性"的个体，其所作出的预测是模糊并具有不确定性的。从现实的角度来讲，物品或劳务供给的契约期限越长，契约在未来实现的可能性就越小。委托方（买方）在契约中详尽规定受托方（卖方）义务的可能性就越低。或许是认识到完全契约理论与现实相背离的客观事实，20世纪六七十年代，学者转向在契约非完备性的分析框架下讨论与分析企业问题。其中最具代表性的学者非威廉姆森（Williamson）和克莱因（Klein）莫属，他们在完全继承科斯的企业契约非完备性的思想以及关于企业本质的主要观点的基础上，将"有限理性""机会主义"和"资产专用性"等重要概念同时纳入企业问题的分析框架，并最终发展成为众所周知的交易费用理论。虽然在交易费用理论中，并未包括关于针对企业控制权的具体论述，但其中所提及的关于规模扩张引发的企业科层增加所导致的控制损耗（Control Loss）问题，不仅与科斯所主张的企业应存在边界的观点不谋而合，而且可以作为对企业控制权范围的解读。此外，交易费用理论特别强调事后激励，也对控制权在解决企业内敲竹杠问题时所起到的关键作用进行了诠释。

如果说交易费用理论是从侧面涉及企业的控制权问题。那么，格罗斯曼和哈特（Grossman 和 Hart）[213]、哈特和摩尔（Hart 和 Moore）[214-215] 以及哈特（Hart）[212]（以下简称 GHM）的研究则在真正意义上将"控制权"的概念引入企业理论的分析框架，并借此分析契约非完备条件下的企业问题。GHM 继承了交易费用理论中关于"有限理性""交易费用""专用性投资"等基本假定，并引入特定控制权和剩余控制权的概念。依据 GHM 三位学者的观点，"剩余控制权"主要体现为"资产"拥有方对于资产的使用权力，而拥有资产私有所有权的主体才是企业真正意义上的控制者。他们强调，在契约非完备的情形下，契约主体之间的关系往往是动态变化的，而当契约规定之外的或然事件（意外事件）发生时，关键性的决策与处理应对的实际方案应该由掌握"剩余控制权"的企业内部主体作出。受到 GHM 思想的启发，同期学者，如阿吉翁（Aghion）[216]、德桑（Dessein）[217] 等也分别针对企业控制权问题展开了深入的讨论与分析。

值得注意的是，科斯所指的"权威关系"，其本质上与企业家（管理者）控制权是对进入企业内部的生产要素的管理与协调相关。正如科斯在 1990 年的斯德哥尔摩会议上所再次强调的那样：在一定范围内，雇主在企业协调生产要素的行动中，要将要素引入管理结构中。因此，与科斯所提出的权威关系相对应的是管理结构（Management Structure）或组织科层。与科斯一脉相承，威廉姆森所提及的权威关系（控制权）则形成于公司投资过程，主要涉及企业家与被纳入管理结构中的生产要素（人力资产和非人力资产）之间的权利义务关系。JM 改变了科斯对企业家管理控制权和管理结构的关注，转而关注企业家与投资者之间的控制权安排。JM 思想模型化形成的融资契约理论（Financial Contracting Theory）的核心在于，如何保证公司管理者能够可靠地向投资者支付回报从而吸引外部融资。在 JM 之后，GHM 所开创的不完全契约理论掀起了另一场革命，将抑制代理行为的监督努力转向了控制权配置，不仅极大程度上推动了企业控制权理论的发展，也完善了非完全契约理论。JM、GHM 所提及的企业控制权形成于企业融资过程，主要涉及企业家与投资者（股东和债权人）之间的权利义务关系，其重点在于探究股东大会、董事会等监督机构治理效用发挥的内在作用机制以及何种控制权配置机制对于企业中的代理冲突能够起到有效的治理作用，现今此类研究被统一称为公司治理。

从上述学者对于企业控制权的不同描述中，我们不难发现，科斯与威廉姆森所提及的控制权可称为管理控制权，与管理结构相关；而 JM、GHM 所提及的控制权可以称为治理控制权，与公司治理相对应[218]。由此可见，出于无法直接参与企业的经营活动的缘故，非控股大股东影响企业内部主体行为的逻辑起点为公司治理活动，与企业内部的治理结构相关，应归属于治理控制权的范畴，主要分布在股东大会（投票权）与董事会（董事会席位）两个层面。

3.3.2 非控股大股东连锁持股的"弱联结"优势

随着经济的发展，企业之间通过多种方式和渠道建立起了日益紧密的网络联结关系。处于网络联结中的企业，其行为和绩效也会受到关系网络的影响[219]。

在现实中，投资者同时拥有两家及以上同行业公司股权的经济现象，通常被称为连锁持股[220]。在全球资本市场中，借由连锁持股所形成的企业之间的所有权关联关系不仅十分普遍[221]，并与由"交叉持股"等所形成的公司间所有权联结关系相比，则具有网络的特征。因此，从社会网络理论出发，分析非控股大股东连锁持股给企业带来的影响具有必要性。

20 世纪 40 年代，英国人类学家布朗（R. Brown）在关于人类群体行为的研究中，最早提出了"社会网络"（Social Network）的概念，而将"网络"概念运用到社会人类学的研究则可以追溯到 20 世纪 50 年代。正如社会学家格拉诺维特（Granovetter）[222]指出的那样，人类大多数行为都紧密镶嵌在社会网络之中。随着研究的持续深入，社会网络相关的研究理论不断丰富，分析技术也随之逐步完善，已成为社会学领域的主要研究内容。20世纪90年代后，由于蕴含的潜在资源被逐步发掘的缘故，社会网络理论已经广泛地应用到诸如经济学、管理学、政治学研究领域，成为一种适用于多领域的分析与解释问题的重要理论工具，在社会网络理论持续发展的进程中，学者们提出了多种具有代表性的理论观点。

作为社会网络理论中具有代表性的观点，"弱关系"理论在"董事网络""股东网络"等问题的研究中展现出较强的解释能力。格拉诺维特[223]使用"关系力量"的概念对不同个体、不同群体（组织）以及不同个体与群体（组织）之间，在不断地交流、接触中形成的连带关系进行解释，进而从交易互惠、亲密程度、情感强度、互动频次四个维度，将"关系力量"划分为"强关系"与"弱关系"。"弱关系"主要指代了个体与个体之间、个体和群体（组织）以及群体（组织）与群体（组织）之间的联结功能。Granovetter认为"弱关系"连带的信息"桥"可以提供超越个体社会网络的信息和资源；并认为人类经济活动作为一种社会现象，能够以"信任"为关键的作用机制，"嵌入"到社会网络为核心的社会结构中。不同个体（或群体）之间"信任"的取得和维系，依赖于处于同一（或不同）网络中成员之间交流时间、频数等方面的累积，而"嵌入性"则更多地强调了同一（或不同）网络成员之间关系强度的重要性。实际上，在更广泛关系的背景下，经济活动能够嵌入到社会网络（社会）中或非正规的社会（人际）关系之中[224]。有研究者进一步指出，不同个体特征的网络成员的联结所形成的"弱关系"亦能够用以获取网络主体的资源（权力、财富、威信和声望等)[223]。

然而"弱关系"优势理论的观点并未取得部分实证研究的支持。例如，伯特（Burt）等[225]的实证结论表明，在社会网络关系中，弱连带与第三方的信任程度显著负相关。有研究者在针对"弱关系"优势理论的批判性分析中指出，"弱关系"连带缺乏相互信任、义务、互惠等"强关系"特征，而"强关系"连带在社会网络中充当信息"桥"的角色，必然获取相应的影响力[226]。非但如此，边燕杰和张文宏[227]基于中国社会背景，探究了求职者在求职过程中"强弱关系"的作用。研究结论表明，毫无关系的个人社会网络会因"强关系"而相互联结，求职者依靠这种"联结"能够在求职过程中获取更多资源支持与便利。

虽然，在信息传递、资源获取、机会共享等方面，"强关系"联结可能占据优势。但不可否认的是，处于"强关系"联结下的网络主体给企业带来重复、冗余的信息和资源。网络主体（个体或群体）的"强关系"连带一般无法将不同的个体特征的网络成员连接起来。相较而言，网络主体（个体或群体）间的"弱关系"连带在获得蕴含在网络主体资源的过程中要优于"强关系"连带。换言之，处于"强关系"联结下的网络主体无法为企业提供更多的增量信息与资源。与之相反，"弱关系"下的网络联结则在充当企业间交流沟通的桥梁方面更加具备优势。在具有相关性但相似性低的主体间形成的"弱关系"网络联结分布范围更广泛，且容易接触丰富性、多元化、异质性的信息。因此，企业间的信息资源桥梁一定是基于"弱关系"所形成的网络联结[222]，具有获取多元异质性信息资源的能力优势，能够带来更多企业所需要的增量信息与资源。由此可见，"弱关系"优势理论在揭示了个体之间、群体（组织）之间以及个体与群体（组织）之间关系存在的差异性作用机理方面更具有优势。

在现实中，连锁股东之间的联系仅局限于股东大会，不存在"强关系"网络中个体之间相互紧密的联结程度，属于"弱关系"网络联结的范畴。此种"弱关系"网络联结模式不仅使处于网络中的主体往往具有"信息优势"，而且在企业层面信息通过网络进行相互传递方面具有积极的作用。就理论而言，基于"弱关系"视角下的"信息优势"，非控股大股东连锁持股不仅能够依靠持股联结所建立的信息"桥"将公司特质信息进行有效对外传递，也可以将大量丰富、多元化外部异质性信息输入到企业中。除此以外，凭借信息关系嵌入和结构嵌入效应所积累的管理知识和治理经验，非控股大股东对企业相关利益主体具体行为背后的真实经济含义与潜在风险具有更强的解读和鉴别能力，从而能够及时识别与约束企业内部相关利益主体机会主义动机下的自利行为，在监督治理方面展现出良好的作用[228]。

3.4 非控股大股东参与治理必要性的博弈分析

基于前文中国上市公司代理问题的现状分析可知，控股股东利用控制权优势，运用多种方式"掏空"上市公司，进而攫取控制权私利的现象在中国 A 股市场中普遍存在。相较于侵占其他中小股东利益，如何保全自身权益才是上市公司中不具备控制权优势的非控股大股东更现实的考虑。换言之，非控股大股东所面临的是，是否通过积极参与公司治理，对控股股东的利益侵占进行监督的行为决策。倘若非控股大股东忽视了对于控股股东的监督，其自身利益也可能被控股股东侵占。非但如此，非控股大股东监督的失位，将加剧企业中的第二类代理冲突。最终在迫于无奈下，非控股大股东大概率会采用"用脚投票"行为方式退出。非控股大股东的退出行为，往往会被市场进行负面的解读，股价大幅下跌，从而可能形成"杀敌一千，自损八百"的局面。

与之相反，如果通过参与公司治理对控股股东的利益侵占行为进行监督，非控股大股东虽然需要承担相应的监督成本，但是可以最大限度减少损失。换言之，非控股大股东可以与控股股东展开博弈，并以控股股东的行为作为决策依据，制定应对控股股东行为的相关策略。然而，在竞争博弈的过程中，无论是控股股东实施利益侵占行为，还是非控股大股东的监督行为，都需要承担一定的制衡成本，从而导致双方陷入"囚徒困境"。那么，非控股大股东参与公司治理活动是否具有必要性？为了进一步深化非控股大股东参与公司治理股价信息含量的作用机理分析，本书在参考拉波尔塔（Laporta）等[181]、郝云宏等[229]研究成果的基础上，通过构建非控股大股东与控股股东的博弈模型，对非控股大股东与控股股东之间的博弈关系进行分析。

为了方便讨论，本书进行如下假定：

（1）假设市场上某个公司中，有一个控股股东（S_1），其持股比例为λ_1。在控股股东以外，还存在一个或若干个非控股大股东（S_2）。这些股东单个或联合持有公司股份比例为λ_2（$\lambda_2 < \lambda_1$），且$\lambda_2 = 1 - \lambda_1$。$\lambda_1$、$\lambda_2$均是企业制度背景、公司成长阶段等外生因素。

(2) 控股股东（S_1）具体的行为策略是否实施利益侵占行为；与之相对应，非控股大股东则有监督、不监督两种具体的行为决策。

(3) 该公司拥有一个投资额为 θ，收益率为 π 的投资项目。在完成该投资项目后，公司将会产生 r 的利润。因此，控股股东、非控股大股东将按照其持有公司所有权比例分享投资项目所带来的收益，分别为 $\lambda_1 r$、$\lambda_2 r$。

(4) 假设控股股东实施利益侵占行为，会将投资项目利润的一部分先转移到自己手中，然后按照所持股份比例对剩余部分在所有股东间进行分配。假设控股股东在侵占中转移项目利润的比例为 α，则利益侵占所获取的收益为 $r\alpha$，记为 b；而控股股东实施侵占行为获得的收益可表示为 $\lambda_1(r-b)+b$，记为 B；而非控股大股东只能按照所持股份比例，以项目剩余部分利润为基础分享收益，可表示为 $r\lambda_2(1-\alpha)$。

(5) 控股股东实施利益侵占的概率为 P_1，并需要承担实施侵占行为中搜寻项目信息与转移利润的成本 C_1，且 $C_1 < \lambda_1 r$。除此以外，控股股东的利益侵占行为被发现，除了退还转移的利润外，其还需承担惩罚成本 τ。非控股大股东进行监督的概率为 P_2，非控股大股东进行监督，则需要付出了解项目信息与监督控股股东的成本 C_2。

由此构建控股股东与非控股大股东博弈的收益矩阵，见表3-6。

表3-6 控股股东与非控股大股东博弈的收益矩阵

		控股股东	
		侵占	不侵占
非控股大股东	监督	$\lambda_1(r-b)+b-C_1-\tau, \lambda_2 r - C_2$	$0, -C_2$
	不监督	$\lambda_1(r-b)+b-C_1, 0$	$0, 0$

从表3-6中可以看出，在上述收益矩阵中，控股股东在博弈中具有"侵占"与"不侵占"两种行为选择，非控股大股东则存在"监督"与"不监督"两种应对策略。存在如下情景：①控股股东侵占，非控股大股东不监督。控股股东在侵占行为实施后所获得的收益是 $\lambda_1(r-b)+b-C_1$，非控股大股东的监督收益为0。②控股股东侵占，非控股大股东监督。侵占行为被发现，控股股东不仅需退还之前所转移的利润，还要承担相应的惩罚成本 τ。控股股东的侵占收益可表示为 $\lambda_1(r-b)+b-C_1-\tau$，非控股大股

东的收益为 $\lambda_2 r - C_2$。③控股股东不侵占，非控股大股东不监督，控股股东与非控股大股东的收益分别为 0、0。④控股股东不侵占，非控股大股东监督，控股股东收益为 0，而非控股大股东的收益为 $-C_2$。

对于非控股大股东而言，在控股股东实施侵占行为时，取得的收益为 $\lambda_2 r - C_2$，非控股大股东会选择监督，而倘若非控股大股东不监督，其收益为 $-C_2$。因此，在"两害相权取其轻"的原则下，在控股股东实施利益侵占的前提下，非控股大股东积极参与公司治理，选择监督控股股东的行为具有必要性。

进一步分析，给定控股股东的侵占概率 P_1 不变，则非控股大股东监督（P_2）和不监督（$1-P_2$）的期望收益分别为

$$U_2(P_2, P_1) = (\lambda_2 r - C_2) P_2 + (-C_2)(1 - P_2) \quad (3-7)$$

$$U_2(1 - P_2, P_1) = 0 \quad (3-8)$$

当监督与否不存在差异时，可得到 $U_2(P_2, P_1) = U_2(1-P_2, P_1)$，得到 $P_1 = C_2/\lambda_2 r$。由此可以得到，在给定投资项目利润的基础上，控股股东侵占的概率与非控股大股东持股比例负相关，即随着非控股大股东参与治理监督控股股东行为的概率随其持股比例的增加而提升，而非控股大股东监督成本的下降，则能够提升其参与公司治理监督控股股东行为的积极性。

给定非控股大股东的监督概率 P_2 不变，则控股股东侵占（P_1）和不侵占（$1-P_1$）的期望收益分别为

$$U_2(P_1, P_2) = [\lambda_1(r-b) + b - C_1 - \tau] P_1 + [\lambda_1(r-b) + b - C_1](1 - P_1) \quad (3-9)$$

$$U_2(1 - P_1, P_2) = 0 \quad (3-10)$$

当侵占与否不存在差异时，可得到 $U_2(P_1, P_2) = U_2(1-P_1, P_2)$，得到 $P_2 = (B - C_1)/\tau$。由此可以得到，在侵占收益逐步增大的情况下，非控股大股东通过参与公司治理对控股股东的利益侵占行为进行监督的可能性也在增大，而非控股股东参与治理的概率与控股股东利益侵占的成本（侵占成本 C_1、处罚成本 τ）负相关。

由此可见，非控股大股东的股权比例、实施监督的成本，控股股东侵占成本、侵占收益会对博弈双方未来的行为决策产生影响。根据双方博弈过程中所取得收益对比的分析，当控股股东实施侵占行为，非控股大股东

势必会选择监督策略。控股股东谋取的侵占收益越大,非控股大股东实施监督行为的可能性越高。非控股大股东选择放弃监督的行为策略不仅会助长控股股东的利益侵占行为,其自身利益也会遭受更严重的损失。因此,非控股大股东选择积极参与公司治理不仅能够在根源上降低控股股东利益侵占行为发生的概率,有利于自身的利益保护,而且能够在极大程度上促使控股股东将更多的精力投入增加企业价值的相关活动中,并由此分享企业价值增值带来的收益。

在博弈分析中,股权比例越大,非控股大股东发挥治理效应的可能性越高的结论,为后文进一步分析非控股大股东参与公司治理影响股价信息含量的机理奠定了理论基础。对于非控股大股东而言,自身所持公司股份比例的大小不仅是其获取公司利润多少的参照标准,同时是参与公司治理的重要权力的基础,并在极大程度上影响其对于控股股东的监督效果。虽然,上述博弈模型的分析说明,非控股大股东具有积极参与公司治理的必要性,但对于非控股大股东依托自身股权参与治理与股价信息含量之间的内在作用联系,还需从理论上进一步剖析。下文将对非控股大股东参与公司治理影响股价信息含量的内在机理进行详细的理论分析。

3.5 非控股大股东参与治理影响上市公司股价信息含量的机理分析

基于前文对非控股大股东治理的控制权依据、关系网络视角下非控股大股东的治理效应、非控股大股东参与治理的动因分析、中国上市公司非控股大股东参与治理的必要性分析以及股价信息含量经济含义的理论解释,本节进一步对非控股大股东参与公司治理影响股价信息含量的作用机理进行深入的剖析。具体地,分别从退出威胁、连锁持股等视角,对非控股大股东参与公司治理影响股价信息含量的作用机理展开分析与论证。

3.5.1 非控股大股东参与治理影响股价信息含量的作用机制

3.5.1.1 退出威胁视角下非控股大股东影响股价信息含量的作用机制

正如前文所分析的那样，非控股大股东参与公司治理的控制权依据主要集中在股东大会与董事会两个层面。基于控制权视角，本书主要从非控股大股东退出威胁，对非控股大股东参与公司治理影响股价信息含量的作用机制进行论述。

与分散的股权结构不同，在所有权较集中的上市公司中，代理问题更多地体现为控股股东与非控股股东的利益冲突。由于实际上控制了董事会与管理层，控股股东往往无须通过财务报告了解公司的真实状况，但其具体行为却会对上市公司信息披露质量产生不可忽视的影响[230]。特别是在控制权与"现金流权"逐步分离的情形下，控股股东基于控制权优势，通过"掏空"上市公司资源，进而攫取个人私利的动机会愈发强烈。显而易见的是，一旦"掏空"上市公司的行为被发现，控股股东则会面临高昂的"处罚成本"和严重的声誉损失。出于声誉维护或逃避外部监管的需要，控股股东往往会基于会计准则赋予的会计政策选择权，以提前确认收益和延迟确认损失等盈余平滑手段对财务报告进行操控以掩盖其机会主义动机下的利益侵占行为，导致公司特质信息无法有效对外传递并融入股价[192,231]。

在现实中，具有非控股大股东的股权结构广泛地存在于世界各个经济体中。特别是在股权集中的大陆法系国家，非控股大股东的存在则更具普遍性。以东亚国家为例，有32%的公司至少存在2个持股比例超过5%的非控股大股东[189]。在中国上市公司中，截至2016年第三季度末，持股超过5%的大股东占比达到了66.63%，而存在3个或以上非控股大股东的上市公司占比则达到了33.79%[24]。由于持股比例较大，控股股东"掏空"上市公司资源的行为对非控股大股东的利益会产生更严重的损害。为了避免自身财富的损失，持有公司较多股份的非控股大股东有动机与和能力通过参与公司治理约束控股股东的利益侵占行为[13]。相比于其他中小股东，非控股大股东在信息获取方面存在明显的优势。依靠自身信息获取方面的能力，非控股大股东能够获悉更多的关于公司层面的私有信息。非控股大股东凭借所掌握的公司层面的私有信息,不仅能够更全面地了解到公司的实际运营状况,而且可以对控股股东的行为决策进行判断,一旦意识到控股股东相关行为决策会对自身利益产生侵害,则会采取相关措施进行反制。

但值得注意的是,由于投票权在现实中的"非完备性"特征,往往会使非控股大股东陷入权力争斗的旋涡[42],并导致其"用手投票"的直接监督难以发挥出有效的作用[232]。虽然,与控股股东相比,非控股大股东持股比例相对较低,但是,相对较低的持股比例却为非控股大股东的退出提供了便利[233]。在资本市场层面,非知情交易者往往对非控股大股东的异常退出行为进行负面解读,并以此为基础有计划地针对相关公司的股票实施卖空策略。在股权集中的情况下,虽然卖空行为所导致的股价下跌难以在真正意义上撼动控股股东对于公司的实际控制权[234],但是卖空行为所引发的公司股票市值缩水会导致控股股东财富的直接损失[235]。换言之,非控股大股东可以凭借可置信"退出威胁"所产生的"震慑效应",通过"财富"影响效应对控股股东以及经理人的机会主义动机下的私利攫取行为产生抑制作用,进而促进更多公司特质信息的对外传递,最终使公司股价的信息含量显著提升。

3.5.1.2 连锁持股视角下非控股大股东影响股价信息含量的作用机制

就本质而言,非控股大股东连锁持股形成的企业所有权网络联结属于"弱关系"联结的范畴。社会网络理论认为,"强关系"通常会形成"资源效应",而"弱关系"则更强调"信息优势"[236]。同时持有某一行业内多家公司所有权的投资者拥有两方面显著特征:①协同效应。在组合价值最大化的投资目标驱使下,连锁股东会整合和协调组合内同行业企业行动的行为。②信息效应。连锁股东能够在同行业传递信息、积累经验、学习决策中拥有更丰富的行业经验和信息资源。股价信息含量反映的是股票价格中公司特质信息的融入程度,与企业信息披露息息相关。从"弱关系"优势理论出发,并结合连锁持股下的投资者特征,本书认为非控股大股东连锁持股影响股价信息含量的作用机理可能有如下体现。

首先,从"协同效应"的视角。与投资单一公司的股东不同,实现投资组合价值最大化是非控股大股东连锁持股所追求的终极目标。投资组合内企业专有信息的隐藏行为,将会在整体上降低连锁非控股大股东投资组合的回报[220]。出于追求投资组合的价值最大化，连锁非控股大股东则有动机抑制组合内同行业企业源于行业竞争而实施的信息操纵行为等不利于企业价值实现的行为，最终实现各方共赢[84]。

其次，从"信息效应"的视角。连锁持股的非控股大股东作为行业间不同企业的信息连接点，其长期参与同行业公司的生产经营的丰富经历，能够获取所持股企业丰富且多元的异质性信息[58,237]。凭借连锁持股所形成的企业间的所有权关系网络，非控股大股东对于有价值私有信息和资源的获取与控制能力得到进一步提升，且能够在所有权网络联结中发挥信息"桥"的作用，将在"局部桥"中所获取丰富且多元的持股企业的异质性信息传递给投资组合中的其他企业，从而展现出连锁持股的"信息效应"。容易理解的是，凭借连锁持股，非控股大股东能够建立各方关于私有信息的共享机制[238]。将上述企业层面特质信息在共持企业间进行传递，则能够实现信息在所持有投资组合企业之间的共享，从而有助于企业信息透明度的进一步提升。

控股股东私利行为具有高度隐蔽特征，对监督者提出了较高的信息要求。出于强化监督的考虑，作为控股股东利益侵占的对象，非控股大股东有动力搜集关于控股股东私利行为的信息。连锁持股所形成的股东与股东之间的"网络纽带"可以作为非控股大股东信息沟通的渠道。借助该信息沟通渠道，非控股大股东能够以更低的成本搜集控股股东私利行为相关的信息，且同时强化非控股大股东的信息资源基础，能够弥补非控股大股东在博弈过程中的信息劣势，有助于抑制控股股东私利攫取行为，缓解企业中的第二类代理冲突，并将控股股东关注的重点转向如何促进企业长远发展，通过主动披露更多企业层面信息，吸引外部投资者进而获取企业发展所需要的资金。由此可见，非控股大股东能够基于连锁持股的"协同效应"和"信息效应"在影响上市公司股价信息含量方面发挥积极作用。

3.5.2 非控股大股东参与治理影响股价信息含量的作用路径

不可否认的是，有效市场假说的提出，为信息决定股价提供了理论基础。根据该假说的描述，在有效市场这个公平的交易环境中，股票价格能够迅速、无偏地反映所有可能影响其变动的信息，并促使其回归公司的真实价值。但需要指出的是，作为有效市场假说提出的重要先定假设之一，信息充分并非与客观现实相符。事实上，资本市场中的参与者所获取的信息不但难以达到充分，并且在不同交易主体之间的分布还具有非对称性特征。1970年阿克洛夫（Akerlof）最早提出了信息不对称的概念，并指出由于信息分布具有非对称性，在市场经济活动中，具备信息优势的交易方往往能够获取更多的利得，从而引导更多的市场参与者投入更多的时间、精力与成本，去获取与交易有关的信息。值得强调的是，信息不对称理论的提出，不仅否定了有效市场理论中投资者能够无成本获取信息的前定假设，也为探究股票价格形成机理提供了新的视角。

事实上，在不同的时间维度，由信息不对称所引致的问题会存在差异。在契约签订之前，交易双方存在信息的不对称，容易产生"逆向选择"问题；而若信息不对称产生于交易双方协议签订之后，则容易引发"道德风险"问题。逆向选择主要强调信息优势方利用信息不对称对信息劣势方利益的损害。道德风险多是指代由于交易双方无法有效地进行相互监督而产生的风险。在现实中，股票价格的最终形成取决于拥有不同信息的投资者的共同交易，然而，信息获取成本的存在导致股票价格更多反映的是具有信息优势交易方的私有信息。通过进一步增加公司特质信息的可获得性，降低上市公司信息不对称程度，不但能够使投资者的信息获取成本显著下降，而且有助于提升公司特质信息融入股票价格的程度[92,146]。

当公司信息不对称程度较高时，会显著提升处于信息劣势外部投资者私有信息的收集成本。信息搜集成本与交易所获取收益不匹配程度的加剧，则会引发外部投资者的"逆向选择"行为，并由此导致外部投资者，不再花费精力与成本去搜集公司基本面信息，而是将市场中的所有公司混同对待，并依据市场平均质量对单个公司进行价值判断。最终呈现的结果则是整个市场信息的变化及其引发的投资者共同行动，成为决定股票价格的最主要因素，而与公司基本价值相关的特质信息则不会引起股价的波动。更严重的是，公司内部人的"掏空"行为会受到外部投资者对公司价值感知，即公司信息不对称程度的影响[145]，较高的公司信息不对称程度为内部人基于私有信息谋取私利（道德风险）提供了空间。出于掩盖机会主义动机下私利攫取行为的动机，公司内部的利益主体会实施更多的信息操纵行为，从而进一步加剧了公司信息不对称程度。如此循环往复，公司层面的特质信息无法有效融入股价，股价信息含量显著降低。由此可见，基于公司内部的视角，如何有效缓解公司的信息不对称程度，并对外传递出更多关于公司层面的特质信息是提高股价信息含量的关键。

企业高质量的信息披露不仅能够降低企业内外部的信息不对称程度，而且有利于信息使用者深入了解公司的现状和未来发展状况，并据此进行投资决策的制定。那么非控股大股东参与治理影响上市公司股价信息含量的具体作用途径（渠道）又是什么？对于这一问题本书从以下两个方面展开论述：①从退出威胁的视角分析。文本信息的惯性披露更多地体现的是公司内部相关主体自利动机和不作为，是导致公司特质信息无法对外有效传递的主要诱因，并最终使上市公司股价信息含量显著下降。具有"可置信"退出威胁的非控股大股东潜在的退出行为，会对企业内部主体的自利行为和"不作为"产生"事前震慑"的作用。在非控股大股东退出威胁震慑下，企业内部相关利益主体的自利行为会有所收敛，并且会将精力投入企业经营活动中，企业信息惯性披露行为将明显减少，从而有助于上市公司股价信息含量的提升。②从连锁持股的视角来看，通过连锁持股，非控股大股东的信息获取成本更低，并拥有更广泛与迅速的信息获取渠道与能力。凭借其长期参与同行业公司的生产经营，连锁持股的非控股大股东能够为企业带来丰富且多元的异质性信息[237]，从而为管理层因提供经营决策中所需要关键信息，有助于企业风险承担水平提升[239]、创新活动的开展[240]。特别是通过连锁持股所形成的所有权网络联结，非控股大股东可以作为行业间不同企业的信息连接点，并发挥"信息桥"的作用，实现投资组合内同行业内企业之间的信息共享，不仅有利于识别彼此间的合作机会，而且极大程度上促进了企业间信息的相互传递，缓解了企业信息不对称程度，从而有助于上市公司股价信息含量的提升。

因此，关于非控股大股东参与治理对于股价信息含量的影响，应遵循如下逻辑：控股大股东通过参与公司治理，抑制了公司内部主体的私利攫取行为，降低了公司信息不对称程度，最终使得股价信息含量得以提升，即呈现出：控股大股东退出威胁→信息惯性披露→股价信息含量；非控股大股东连锁持股→信息不对称→股价信息含量的作用路径。

3.5.3 非控股大股东参与治理影响股价信息含量的调节因素

在结合中国资本市场现实与宏观政策的基础上，本书从企业内部主体行为与经济政策的视角，选择了控股股东股权质押与经济政策不确定性等，两个直接影响公司内部主体治理行为和效应的因素作为调节变量，从而能够进一步深化非控股大股东参与治理影响上市公司股价信息含量的作用机理。

3.5.3.1 控股股东股权质押对非控股大股东退出威胁与股价信息含量关系的影响

已往的研究表明，控股股东股权质押会阻碍公司特质信息的对外传递，从而明显降低上市公司的信息披露质量[241-242]。此外，在中国上市公司中，公司内部的利益冲突通常是由第二类代理冲突所导致的，控股股东的行为决策与公司内部的治理环境息息相关。近年来，在中国上市公司中，控股股东出质股权获取银行贷款的现象极为普遍。控股股东质押股权融资不仅是出于缓解自身财务约束的需要，也会对上市公司的经营决策产生影响。因此，在考察非控股大股东参与治理对上市公司股价信息含量的影响时，不能忽视控股股东股权质押对两者关系的影响。基于更现实的视角，当公司股价跌至质押平仓线时，控股股东可能面临质押股份被强行交割的风险，从而失去对上市公司的绝对掌控[65]。就目前中国资本市场而言，上市公司的控制权仍然是一种具备"稀缺性"特征的资源[243]。上市公司控制权的丧失往往会给控股股东的利益带来较严重的损失，因此，在股权完成质押之后，如何有效地规避与降低自身控制权转移的风险通常是上市公司控股股东需要关注的首要问题。

正如前文所述，非控股大股东退出行为往往会导致上市公司的股票价格下跌，从而造成控股股东的财富损失。非但如此，当控股股东质押自身股权时，公司股票价格的下跌也会使控股股东股权质押的风险敞口明显增大。特别是在较高的股权质押比例下，一旦股价触及平仓线，出质的股权可能会被质权人强行平仓，不仅会导致控股股东维护自身控制权的难度陡增，而且极大程度上提升了其对于丧失具有稀缺性的上市公司"壳"资源的可能性。由此可见，在控股股东进行股权质押后，凭借影响财富和提升控制权转移风险等两种作用机制，具有可置信"脱出威胁"的非控股大股东在公司治理活动中的"话语权"会进一步增大，其显示出的具体的治理作用也会得到明显的改善。因此，在上市公司控股股东股权质押的场景下，非控股大股东退出威胁对上市公司股价信息含量的影响可能存在差异。

3.5.3.2 经济政策不确定对非控股大股东连锁持股与股价信息含量的关系的影响

布卢姆（Bloom）[244]将"不确定性"定义为，在事件发生的方向、结果的多种可能情况下，波动性加剧所导致的预测性下降现象。经济政策不确定性是指，经济活动参与者对一定时期内经济政策的发生与否或发生后所引起的改变程度的不确定[245]。当市场参与者在进行投资决策时，需要花费一定的精力用以分析、处理所获取的信息。不难理解的是，基于"有限关注"的分析框架，投资者精力的有限性决定了其不可能对所有获取的信息都进行详细的分析，而只能将有限的精力投入需要格外关注的信息分析与处理工作中。在经济政策不确定性提升的情形下，投资者对市场层面信息的不确定性提升，此时投资者基于优化原则会将信息关注的重点从企业个体层面转移到整体层面[246]。既有研究指出，经济政策不确定会对企业行为以及资本市场产生影响[247-250]。在影响企业信息披露方面，近期的研究也指出，经济政策不确定性的上升会导致公司管理层选择性地披露关于企业发展风险预期的信息[251]。因此，在考察非控股大股东参与治理对上市公司股价信息含量的影响时，不能忽视经济政策不确定性这一关键因素。具体到经济政策不确定对非控股大股东连锁持股与股价信息含量的关系的影响，则主要体现在以下两方面。

一方面，经济政策不确定性的上升会显著降低企业未来的收益稳定性[252]。在整体经营环境波动的现实条件下，经理人即使努力工作也可能无法提升企业业绩[253]。连锁持股的非控股大股东对于经理人的监督成本会明显上升，从而弱化了非控股大股东的监督动机，也使得企业真实经营信息无法有效对外传递。

另一方面，在较高的经济政策不确定环境中，行业信息的不确定性程度也会随之提升。行业信息的不确定会导致连锁持股的非控股大股东为企业带来多元异质性信息能力的下降；诚然，连锁持股的非控股大股东可以在所有权形成联结网络中发挥"信息桥"的作用，在投资组合内企业之间传递信息。由于行业信息的不确定的提升，连锁持股的非控股大股东在"局部桥"所获取的私有信息也可能是无法反映企业的真实经营状况的无效信息，而非企业真实的特质信息。因此，非控股大股东连锁持股对上市公司股价信息含量的影响，会随着经济政策不确定的变化而变化。

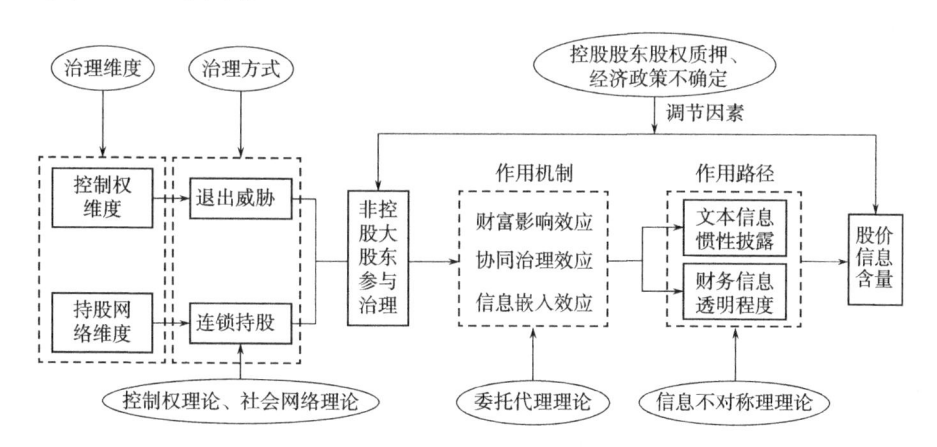

3.5.4 非控股大股东参与治理影响股价信息含量的理论模型

结合非控股大股东参与治理的理论依据，非控股大股东参与治理对股价信息含量的直接影响效应、内在作用机制、具体的作用路径以及调节因素的分析，本书构建了非控股大股东参与治理影响股价信息含量的理论模型，如图3-8所示。

图3-8 非控股大股东参与治理影响股价信息含量的理论模型

如图3-8所示，一方面，非控股大股东参与治理可以直接影响股价信息含量，并且这种直接影响会受到控股股东股权质押、经济环境不确定的调节；另一方面，从控制权与持股网络等维度下，财富影响效应、协同效应及信息效应等作用机制可能通过企业信息惯性披露、企业信息非对称的中介路径，对股价信息含量产生间接影响，即非控股大股东参与治理→企业文本信息惯性披露→股价信息含量；非控股大股东参与治理→企业财务信息非对称→股价信息含量的作用路径。由此形成了一个比较完整的分析过程，以及多视角下非控股大股东参与治理影响股价信息含量的作用机理。

图 3-8 中，左边列示了非控股大股东参与治理的依据，包括退出威胁、委派董事及连锁持股等。控制权理论、委托代理理论、社会网络理论以及信息不对称理论，则为非控股大股东参与公司治理对股价信息含量的影响机理以及作用路径的分析提供了相应的理论基础。根据非控股大股东参与治理影响股价信息含量的理论分析框架，确定之后的研究内容。

（1）非控股大股东参与治理对股价信息含量的直接影响效应。

（2）从理论上分析非控股大股东参与治理的不同方式对于股价信息含量影响的具体作用机制，并进行实证检验；探究公司财务信息透明度和文本信息惯性披露，在非控股大股东参与治理影响股价信息含量的中介传导作用，检验其影响路径，揭示非控股大股东参与治理影响股价信息含量的作用路径。

（3）在之前研究的基础上，依据企业所面临的内外部环境差异，考虑控股股东股权质押、经济政策不确定对直接影响效应的调节作用。

3.6 本章小结

本章主要涉及以下几方面的内容：首先，探讨非控股大股东参与公司治理的理论依据，揭示了非控股大股东基于控制权与持股网络下，退出威胁、委派董事以及连锁持股等具体的治理手段。为了探究非控股大股东参与公司治理对股价信息含量的影响，本章结合控制权理论，从控制权维度——非控股大股东"退出威胁"、社会网络理论，从持股网络维度——非控股大股东连锁持股"信息嵌入"等，对非控股参与治理影响股价信息含量的具体作用机制进行了论证。其次，依据信息不对称理论，并结合股价信息含量的"信息效率"观，探讨非控股大股东参与治理影响股价信息含量的可能路径，将公司信息披露质量（文本信息惯性披露与财务信息透明程度）视为非控股大股东参与治理影响股价信息含量的主要路径。再次，将控股股东股权质押、经济政策不确定为非控股大股东参与治理影响股价信息含量的调节变量。最后，结合两者之间影响的理论依据、影响机制、作用路径和情景性因素,构建非控股大股东参与治理影响股价信息含量的理论模型。

本章作为全书理论分析的关键核心章节,不仅能够为后续研究的开展奠定良好的理论基础和支撑,同时给本书后续研究内容的安排指明了方向。依据本章的理论分析框架,围绕非控股大股东如何影响股价信息含量的研究主题,在后续章节中展开理论分析和实证检验。

第 4 章

非控股大股东参与治理对上市公司股价信息含量的影响

根据第 3 章的理论分析,在退出威胁视角下,非控股大股东参与治理的依据源于财务资源投入取得的公司股权相对应的"治理控制权";非控股大股东连锁持股之所以能够发挥治理作用,则依靠的是行业间持股所形成的所有权网络联结权力。对上述非控股大股东参与治理的依据展开分析,有助于深化非控股大股东参与治理对股价信息含量的影响作用分析。本章分别从退出威胁和连锁持股的视角分析非控股大股东参与治理对股价信息含量的影响作用。

4.1 假设提出

自改革开放以来,资本市场的繁荣与稳定在促进中国经济高速增长方面起到了至关重要的作用,且对于实体经济健康发展不可或缺。特别是在经济进入"高质量发展"与"转型升级"以来,继续在发挥"枢纽作用"的航道上砥砺前行,已成为社会各界寄予资本市场的新期许。实际上,资本市场枢纽作用能否有效发挥的关键在于，是否能够合理地进行社会资源配置。在信息高度依赖特征下，资本市场中的证券价格能够充分反映公司的特质信息，是实现资源的合理配置功能并服务于实体经济的基本前提。作为衡量资本市场运行效率的重要指标，股价信息含量反映了公司特质信息融入股价程度，而关注资本市场信息传递效率、探究如何进一步提升股价信息含量，不仅是中国金融领域研究的当务之急，也是以"增强金融服务实体经济能力"为目标的新一轮金融改革中亟待解决的现实问题。

4.1.1 基于退出威胁视阈下的影响效应

缓解企业内不同层次的委托代理冲突是公司治理的本质[254]。在委托代理的分析框架下，对于持股结构较分散的企业，公司治理重点讨论如何缓解在企业所有权与经营权产生分离的情形下，股东与管理者之间的代理问题[10]。对于所有权较集中的公司，学者们则更多地关注控股股东与其他股东之间的利益冲突[47]。在理论界，学者们对于控股股东在公司治理实践中的角色定位持有如下两种观点：一种观点认为，当自身利益与企业高度趋同时，作为公司实际控制主体的控股股东，能够通过持股比例、派驻董事等在股东会和董事会取得的决策与监督方面的权利，有效地约束经理人机会主义动机下的私利行为[255-256]，从而在公司治理中展现出强"监督效应"；另一种观点则指出，在控制权与"现金流"权出现分离的情形下，出于实现自身利益最大化的目标，控股股东有足够的动机和能力"掏空"上市公司的资源，进而呈现出对于其他股东利益的"侵占效应"[48,194]。

从中国资本市场的现实出发，所有权相对集中的持股特征使得控股股东掌握着上市公司的绝对或相对控制权[235]，并拥有通过占用非经营性资金[184]、关联交易[196-197,257]、定向增发[258]等方式侵占其他股东的权益，进而攫取控制权私利的动机与能力。为了避免"掏空"行为的败露，控股股东往往会以信息操纵的方式对其机会主义动机下的利益侵占行为进行掩盖，从而加剧公司信息不对称程度，导致公司真实的特质信息无法有效对外传递，最终使得股价中的信息含量显著下降。显而易见的是，控股股东的私利攫取行为会加剧企业中的"第二类代理"冲突。出于自身利益的维护与获取，作为上市公司中重要利益主体的非控股大股东，具有参与公司治理活动并抑制企业内部相关主体攫取控制权私利行为的动机。

既有的研究认为，非控股大股东能够发挥公司治理效应的内在作用机理，主要体现为如下两个方面：①"发声机制"下的直接监督。非控股大股东持有较高比例股权，能够通过"发声机制"直接监督，有效地约束经理人与控股股东的机会主义行为，从而缓解企业中代理冲突。首先，非控股大股东在监督经理人中不存在"搭便车"行为[259]，可以凭借自身持有的公司股权，在董事会中获取董事席位[260]，直接向董事会提交议案[30]，并否决高管出于自利动机的薪酬方案[54]，并提议更换履职不力的经理人[13] 等方式，从而能够对经理人实施有效的监督，约束其机会主义行为，有助于企业中的"第一类代理"冲突的降低。其次，相较于其他股东而言，非控股大股东是具有谈判能力制衡性股东。随着非控股大股东制衡能力的提升，控股股东在公司中的自由裁量权会逐渐减小，并使其实施自利行为的成本明显增加[36]。并且在多个大股东并存的情形下，大股东之间（控股股东与非控股大股东）监督与约束效率能够达到一个均衡状态[37]，从而削弱了控股股东利用自身控制权实施利益侵占行为的动机与能力[38]。②退出威胁下的"事前震慑"。虽然相较于其他中小股东而言，上市公司中的非控股大股东拥有更高的持股比例；但是在上市公司中，非控股大股东凭借持股的"发声机制"的治理成本往往较高，而且并不一定有效。特别是在企业内部的代理冲突主要表现为控股股东与其他股东之间的矛盾的新兴市场中，非控股大股东利用常规治理方式（"发声机制"）往往无法很好地约束控股股东的利益侵占行为。当"发声机制"无效时，非控股大股东采取其他措施来维护自身利益。在"用脚投票"之前，非控股大股东往往会先释放"退出威胁"，作为与控股股东进行"讨价还价"的筹码，从而在公司治理实践中发挥积极作用。非控股大股东利用"退出威胁"具有公司治理效应的主要作用机制在于，其潜在退出行为对管理层、控股股东财富的影响，进而展现出退出行为的"事前震慑"效应[75]。

自20世纪90年代初建立，中国资本市场在经历30多年的建设与发展中已日趋成熟。特别是伴随着2007年股权分置改革、2010年融资融券等制度的相继完成与推出，中国上市公司股票的流动性得到了大幅提升，非控股大股东退出不仅成为可能，而且其退出行为所能够发挥的"震慑效应"也逐渐凸显。基于中国本土的研究结论也显示，利用自身可置信的"退出威胁"，非控股大股东不仅能够有效地抑制控股股东的私利行为，而且在提升企业投资效率[77]、促进企业创新[261-262]、减少制控股股东质押下的私利捐赠[263]，以及引导企业适度金融化[264] 等方面均能发挥出较积极的作用。

作为内幕消息知情者，当非控股大股东意识到管理层或控股股东所实施的相关行为决策是出于其自身的机会主义动机，并很可能会对企业未来主业发展不利，进而影响企业价值的实现时，非控股大股东则可能选择抛售上市公司股权的退出行为。非控股大股东的退出行为往往被市场解读为企业内部负面信息的释放，提升了其他中小股东出售所持上市公司股票的可能性，进而形成"羊群效应"。在融资融券制度推出之后，伴随着非控股大股东的退出，非知情投资者会通过卖空上市公司股票获利，并导致公司股票价格的大幅下跌。对于上市公司的控股股东而言，由于持有上市公司较大比例的股份，股票价格的大幅下跌不仅会造成控股股东持股市值缩水，直接导致其自身财富的巨大损失，也会影响到其利用自身股权的质押融资行为[24]。出于对非控股大股东退出行为所导致的公司股价下跌的忌惮，控股股东掏空上市公司的利益侵占行为将会有所收敛[265]。对于上市公司的管理层，股权激励作为缓解企业委托代理问题的一种重要手段已在中国上市公司中广泛推广，高管的财富与公司股价紧密联系在一起。非但如此，股价崩盘事件往往会使得高管遭受较严厉的处罚[266]。与以往相比，企业高管更加在乎公司的股价。非控股大股东的退出行为可能会向市场传递"不称职"的信号，进而导致公司高管丧失既有职位[260]，这一现象在中国民营上市公司中并不罕见。在国有企业中，市值管理已经逐渐成为国有企业日常管理的一项重要工作。以市值管理为导向，创造股东价值，才能真正实现中国资本市场的财富效应。在此背景下，出于维护公司的市值和个人的职业发展前景，国企高管对股价亦十分敏感。因此，出于自身利益实现的动机，管理层会避免非控股大股东退出事件的发生。由此可见，在公司治理活动中，非控股大股东能够凭借可置信"退出威胁"下形成的"事前震慑"效应，有效地抑制管理层和控股股东的机会主义行为，而容易理解的是，在此种"事前震慑"效应下，控股股东与管理层的利益攫取行为明显减少，极大程度降低了通过实施信息操纵掩盖机会主义行为的内在需求，从而有助于反映企业真实经营情况信息的对外传递，提升了公司股价信息含量。

基于以上分析提出研究假设 H_1：

H_1：基于可置信"退出威胁"的视角，非控股大股东参与治理能够有效提升上市公司的股价信息含量。

4.1.2 基于连锁持股视阈下的影响效应

在学术研究领域，同时持有两家及以上公司股权的投资者，通常被称为连锁股东[220]，由连锁股东形成的企业之间的经济关联普遍存在于全球的各个经济体中[16,221,267]。截至 2016 年年底，在中国资本市场中，有超过 28% 的上市企业通过共同的十大股东形成关联[81]。作为资本市场中十分常见的经济现象，虽然学术界很早就开始关注连锁股东可能给企业带来的经济影响，但迄今并未得到较一致的研究结论，并逐渐发展形成"竞争合谋"与"治理协同"两种不同的观点。"竞争合谋"观认为，同时持有多家企业股份的连锁股东，不单纯追求单个持股企业的高额投资回报，而是将投资组合价值最大化作为终极的经济目标[268]。连锁股东在实现其终极目标的驱使下，有动机通过推动其所持股企业之间的"合谋"，提升在市场上主导产品定价能力，进而获取价格垄断优势下形成的利润[269]；与之相反，持有"治理协同"观点的学者则更强调连锁股东在公司治理方面所展现出的优势。他们认为，作为联结企业的重要纽带，连锁股东能够有效地促进企业间的信息传递，从而在缓解企业的信息不对称、维系供应链关系、降低融资成本、提升并购绩效等方面均可以展现出良好的作用[83-85]。非但如此，凭借参与不同企业经营所获取的投资、管理等方面的经验，连锁股东还能够有效抑制经理人的信息操纵行为，甚至罢免能力不足的经理人，从而在提升公司治理效率方面产生积极的影响[58,87]。

在信息披露方面，当有更多获取企业私有信息的渠道和获利机会时，企业特质信息的有效传递降低了外部投资者利用信息优势获利的能力[59]，其更倾向于促使企业披露低质量会计信息[270]。同样的，倘若通过连锁持股，能够利用信息优势获利时，非控股大股东为维持信息优势获得超额收益，有足够的动机，促使同行业投资组合内的企业通过隐藏专有信息，干扰其他投资者的交易策略，阻碍企业特质信息的对外传递，进而导致股价信息含量的下降[60]。反观中国资本市场，连锁持股形成的行业枢纽特征，能够使得非控股大股东可以借助信息优势进行更有效的投资决策，并获取远超普通投资群体的收益。但是，源于企业内部较严重的"第二类代理"冲突，作为重要的内部治理力量，非控股大股东则会凭借连锁持股所形成的"信息优势"用于改善企业治理环境，进而实现自身利益的维护与获取。

首先，从连锁持股的"协同效应"出发。企业高质量的信息披露，将会对同行业其他企业资本成本产生溢出效应[271]；与之相反，将会扭曲同行业其他企业的投资决策，降低同行业公司价值[272]。既有研究指出，在竞争较激烈的行业中，同行业企业会采用隐藏专有信息的方式来误导竞争对手，进而实现个体价值最大化的目标[220]。与投资单一公司的股东不同，实现投资组合价值最大化是非控股大股东连锁持股所追求的终极目标。容易理解的是，投资组合内企业专有信息的隐藏行为将会在整体上降低连锁非控股大股东投资组合的回报。出于追求投资组合的价值最大化，连锁非控股大股东则有动机抑制组合内同行业企业源于行业竞争而实施的信息操纵行为，并通过建立各方关于私有信息的共享机制[238]，促进私有信息在连锁持股企业之间的有效传递，进而缓解组合内企业间的利益冲突，最终实现各方共赢[84]。

其次，从连锁持股的"信息效应"出发。在连锁持股下，非控股大股东可以通过嵌入网络，并利用信息共享所产生的规模效应[273]对公司内部利益主体的行为实施更有效的监督[87]。非控股大股东连锁持股影响股价信息含量影响的"信息效应"作用机制，主要有如下体现：①在连锁持股下，非控股大股东可以在更大的范围内快速地捕获有价值的信息，信息搜寻的边界也会随市场资本运作经验的增多而逐渐扩大。②借助连锁持股下公司所有权联结形成的网络结构优势，非控股大股东还可以将获取的私有信息进行快速传递，并根据反馈情况评判信息的有效性，降低了对于信息搜寻的依赖程度，信息传播强度及传递效果均能够得到提升[274]。通过嵌入连锁持股下的企业所有权关系网络，非控股大股东的信息搜集和处理能力亦能够得到进一步提升[58]，能够对企业对外披露的信息进行准确的解读和鉴别，且更有可能发现公司内部利益主体自利动机下的信息操纵行为，有助于企业真实特质信息的对外传递。③由连锁持股所形成的同行业公司之间的"网络纽带"，也能够作为非控股大股东信息沟通的渠道。借助该信息沟通渠道，非控股大股东能够以更低的成本、搜集控股股东私利行为相关的信息，极大程度上弥补了非控股大股东与控股股东在博弈过程中的信息劣势，不仅能够缓解企业中股东之间的利益冲突，也可以将控股股东关注点转移至如何促进企业长远发展，并通过主动披露更多企业层面信息吸引外部投资者，进而获取企业发展所需要的资金，有助于公司股价信息含量的提升。

最后，相较于其他类型的股东，连锁非控股大股东在获取关于行业发展机会信息方面更具优势，进而帮助管理者进行经营决策优化。管理者可以结合行业发展机会方面的信息对过去的工作进行总结，提出相应符合行业发展趋势的工作展望，并作为"管理层讨论与分析"的内容进行对外披露，从而有助于促进公司层面信息的对外传递，提升股价中的信息含量。基于以上分析，本书提出假设 H_2：

H_2：基于连锁持股的视角，非控股大股东参与治理能够有效提升上市公司的股价信息含量。

4.2　实证研究设计

4.2.1　样本选择与数据来源

考虑到从 2007 年中国开始实施新的《企业会计准则》，本研究将 2007 年作为样本选取的起始年份。将 2007—2020 年沪、深 A 股上市公司作为初始研究样本，并进行了如下几个方面的处理：①剔除金融与保险行业样本；②剔除财务数据缺失的样本；③剔除 ST、*ST 类样本；④删除上市年限低于一年的样本；⑤对所有连续变量进行上下 1% 缩尾处理。经过上述处理后，最终样本中的上市公司数量为 2845 家，共 18 368 家公司作为年度样本观察值。股东持股数量、持股比率等数据来自国泰安（CSMAR）数据库，并与万德（Wind）中国金融数据库、色诺芬（CCER）数据库中披露的数据进行了比对，其他财务数据均来自国泰安（CSMAR）数据库。

4.2.2 变量定义

4.2.2.1 股价信息含量（PI）

依据有效市场假说（EMH），股票价格的波动（或收益）会受到市场、公司层面信息的影响。罗尔（Roll）[94]认为，资本资产定价模型（CAPM）的拟合系数 R^2 可以用来反映个股收益受市场层面信息影响程度，（$1-R^2$）则代表公司层面信息影响个股收益的程度。莫克（Morck）等[39]在考察个股价格波动与市场整体价格波动关系的研究中发现，当个股价格波动与市场整体价格波动具有较高的一致性时，资本资产定价模型（CAPM）的拟合系数 R^2 较大；而当个股价格波动与市场整体价格波动呈现出较大的差异时，资本资产定价模型（CAPM）的拟合系数 R^2 反而较小。据此，他们提出了股价同步性的概念，并利用资本资产定价模型的拟合系数 R^2，构建了衡量股价同步性的测度指标。在此之后，杜尔涅夫（Durnev）等[109]基于行业匹配样本的跨行业对比的研究结论显示，当公司的股价同步性较低时，其股票收益能够更好地预测企业未来的财务盈余，股价波动非同步性指标与公司未来收益显著正相关。较高的股价非同步性代表着资产定价中纳入了较多的公司特质信息，预示着较高的股价信息含量[275]。在沿用并改进杜尔涅夫等[109]方法的基础上，袁知柱和鞠晓峰[164]对中国上市公司股价信息含量的有效性的实证检验中发现，公司层面的特质信息对股价波动的非同步性具有决定性的影响，从而证实了股票价格的非同步性指标可以作为衡量中国上市公司股价信息含量的替代指标。截至目前，利用股票价格的非同步性指标衡量股价信息含量已经得到了国内外主流理论和权威期刊的认可。

综上，本书沿用既有文献以"股价非同步性"指标衡量股价信息含量的做法，在参照莫克（Morck）等[39]、古尔等[176]、徐寿福和姚禹同等[276]的基础之上，首先构建修正的资本资产定价模型（4-1），具体如下。

首先对股票 i 的周收益数据进行回归：

$$R_{i,t} = \beta_0 + \beta_1 R_{m,w,t} + \beta_2 R_{j,w,t} + \varepsilon_{i,w,t} \qquad (4-1)$$

其中，$R_{i,t}$ 为股票 i 在第 t 年第 w 周的收益率；$R_{m,w,t}$ 为行业 m 第 t 年第

w 周市场收益率；$R_{j,w,t}$ 为行业 j 在第 t 年第 w 周剔除股票 i 后，其他股票流通市值加权平均收益率（依据证监会 2012 年的分类标准）；经计算得到 R^2。进而依据模型（4-2）对 R^2 进行对数化处理，得到 $\text{PI}_{i,t}$ 为股票 i 在第 t 年股价信息含量指标：

$$\text{PI}_{i,t} = \ln\left(\frac{1-R_{i,t}^2}{R_{i,t}^2}\right) \quad (4-2)$$

此外，为克服采用周收益率估计市场模型所产生的潜在的非同步性交易偏误[277]，在模型（4-1）的基础之上，加入 $w-1$ 个交易周的市场收益率和行业收益率[104,160]，构建模型（4-3）对股票 i 的周收益数据进行回归，计算得到 R^2，并将其代入模型（4-2），重新计算得到股价信息含量的指标 $\text{PI}_{1i,t}$，用于后续的稳健性检验：

$$R_{i,t} = \alpha_0 + \alpha_1 R_{m,w,t} + \alpha_2 R_{m,w-1,t} + \alpha_3 R_{j,w,t} + \alpha_4 R_{j,w-1,t} + \zeta_{i,w,t} \quad (4-3)$$

4.2.2.2 非控股大股东退出威胁

在大股东退出威胁的衡量方面，早期的实证检验中，相关学者要么以上市公司是否完成股权分置改革作为大股东退出威胁的代理指标[233]，要么直接采用双重差分模型来检验大股东退出威胁的作用[265]。但在中国资本市场中，大部分上市公司已于 2006 年底基本完成股权分置改革，从而导致所有上市公司大股东的退出威胁不存在差异，并无法针对 2007 年以后的样本展开单独的分析。采用双重差分模型虽能在一定程度上缓解内生性给研究结论带来的影响，但依然无法有效地捕捉非控股大股东的变化对退出威胁产生的影响。杜（Dou）等[75]认为，外部大股东的退出威胁主要与公司股票的流动性以及大股东之间的竞争程度相关。他们在检验外部大股东退出威胁对财务报告质量影响的研究中，将公司股票流动性与大股东竞争两者的交乘项作为衡量外部大股东退出威胁的代理变量。换言之，股票流动性越强，大股东之间的竞争程度越高时，大股东退出所带来的威胁越大。陈克兢[24]在杜（Dou）等衡量方法的基础上进行了改良，最终提出了更符合中国资本市场情景的非控股大股东退出威胁的衡量指标[75]。本书参考杜（Dou）等[75]做法，采用公司股票的流动性（$\text{LIQ}_{i,t}$）和非控股大股东竞争程度（$\text{BHC}_{i,t}$）的交互项作为衡量非控股大股东的退出威胁（$\text{NET}_{i,t}$）的代理指标。其中，以流通股日均股票换手率衡量公司股票的流动性（$\text{LIQ}_{i,t}$）；

而对于非控股大股东竞争程度（$BHC_{i,t}$），本书借鉴陈克兢[24]的做法，通过构建模型（4-4）对非控股大股东竞争程度进行测算。

$$BHC_{i,t} = \sum_{k=1}^{n} \left(\frac{NCH_{k,i,t}}{TSBH_{i,t}}\right)^2 \quad (4-4)$$

其中，$BHC_{i,t}$为公司i第t年非控股大股东之间的竞争程度；$NCH_{k,i,t}$为公司i第t年中第k个非控股大股东的持股比例；$TSBH_{i,t}$为公司i第t年所有大股东总持股占比。在此基础上，通过构建模型（4-5）对每个公司的非控股大股东退出威胁进行估算：

$$NET_{i,t} = LIQ_{i,t} \times BHC_{i,t} \quad (4-5)$$

其中，$NET_{i,t}$为公司i第t年非控股大股东之间的退出威胁；$LIQ_{i,t}$为公司i第t年中的股票日均换手率。与杜（Dou）等[75]、陈克兢[24]的研究保持一致，在具体的实证检验中，将$BHC_{i,t}$、$LIQ_{i,t}$以及两者的交互项$NET_{i,t}$同时引入待检验模型。

4.2.2.3 非控股大股东连锁持股

借鉴何（He）等[220]、潘越等[81]的做法，构建非控股大股东连锁持股指标（Ncrosshld），具体的步骤构如下：首先，保留季度层面持股比例不低于5%的非控股股东；其次，在季度层面，逐一计算每家上市公司非控股大股东在同行业其他公司也是大股东的数量；最后，计算上述季度层面连锁非控股大股东的数量、年度层面的均值，并加1之后取对数。同时，上市公司每一年度是否存在连锁持股的非控股大股东，设置反映非控股大股东连锁持股的虚拟变量（Ncrossdum），如果上市公司在某一年度存在连锁持股的非控股大股东，Ncrossdum取值为1，否则为0。此外，借鉴部分研究者[84]的做法，采用10%的持股比例标准，依照上述步骤构建非控股大股东连锁持股指标$Ncrosshld_1$、$Ncrossdum_1$，用于稳健性检验。

4.2.2.5 控制变量

根据已有的研究成果[104]，在探讨非控股大股东参与公司治理对股价信息含量的影响时，对股票流动性（SL）、企业规模（Size）、资产负债率（Lever）、总资产收益率（ROA）、成长机会（Growth）、上市时间（Lstage）、股权集中度（Top1）、审计质量（Big4）、股权性质（SOE）、国有持股比例（Govh）、机构持股比例（Insth）等变量以及年度和行业固定效应进行了控制。

其中，行业按照证监会 2012 标准进行分类，并且将制造业细分到二级代码，非制造业企业细分到一级代码。除此以外，在探讨非控股大股东威胁对股价信息含量的影响时，参照陈克兢的做法，对非控股大股东间竞争程度（BHC）进行了控制。具体的变量定义详见表 4-1。

表 4-1 主要变量定义表

变量类型	变量名称	变量符号	变量测度
因变量	股价信息含量	PI	由模型（4-1）、模型（4-2）计算而得
		PI_1	由模型（4-3）、模型（4-2）计算而得
自变量	非控股大股东竞争程度	BHC	由模型（4-4）式计算得到
	股票流动性	SL	上市公司流通股日均换手率
	非控股大股东退出威胁	NET	由模型（4-5）式计算得到
	非控股大股东连锁持股	Ncrosshld	详细计算过程见上文
		Ncrossdum	
	公司规模	Size	企业总资产的自然对数
	资产负债率	Lever	企业总负债除以总资产
	净资产收益率	ROA	企业净利润除以总资产
	主营业务增长率	Growth	当年与上一年度主营业务收入之差/上一年度主营业务收入
	股权集中度	Top1	第一大股东持股比例
控制变量	机构持股比例	Insth	机构持股数量/上市公司总股数
	产权性质	SOE	国有企业取值为 1，否则为 0
	国有股比例	Govh	国有持股数量/上市公司总股数
	审计质量	Big4	审计师事务所为国际"四大"取值为 1，否则为 0
	年份	Year	年度虚拟变量
	行业	Ind	行业虚拟变量

4.2.3 实证模型

为了验证假设 H_1，本书通过构建模型（4-6），对非控股大股东退出威胁与股价信息含量之间的关系进行实证检验。具体模型如下：

$$PI_{i,t} = \eta_0 + \eta_1 NET_{i,t} + \eta_1 SL_{i,t} + \eta_1 BHC_{i,t} + \lambda Controls_{i,t} + Year_t + Industry_{i,t} + \pi_{i,t} \quad (4-6)$$

其中，$PI_{i,t}$为因变量，代表上市公司i在第t年的股价信息含量；$NET_{i,t}$为自变量，代表公司i在第t年的非控股大股东退出威胁；$Controls_{i,t}$代表一系列控制变量；$Year_t$和$Industry_{i,t}$分别代表年度和行业固定效应。若假设H_1成立，非控股大股东退出威胁（$NET_{i,t}$）的系数应该显著为正，说明具有可置信退出威胁的非控股大股东能够明显地促进上市公司的股价信息含量。

为了验证假设H_2，本书通过构建模型（4-7），对非控股大股东连锁持股与股价信息含量之间的关系进行实证检验。具体模型如下：

$$PI_{i,t} = \beta_0 + \beta_1 Ncross_{i,t} + \rho Controls_{i,t} + Year_t + Industry_{i,t} + \psi_{i,t} \quad (4-7)$$

其中，$Ncross_{i,t}$为自变量，包含$Ncrosshold_{i,t}$与$Ncrossdum_{i,t}$两个用于代表非控股大股东连锁持股的指标。同样地，在上述模型中，$Controls_{i,t}$代表一系列在检验股价信息含量影响因素实证研究中所包含的主要控制变量，在模型中同样对年度与行业固定效应进行了控制。若假设H_2成立，非控股大股东连锁持股（Ncrosshld、Ncrossdum）的系数应该显著为正，说明同行业中连锁持股的非控股大股东在促进上市公司股价信息含量提升方面具有积极作用。

4.3 实证检验与结果分析

4.3.1 退出威胁视阈下影响效应的实证检验

4.3.1.1 描述性统计

在表4-2中，Panel A部分列示了本节的主要变量描述性统计结果。由表4-2可知，衡量股价信息含量的指标，PI的均值、最大值和最小值分别为 0.118、2.389 和-1.611，PI_1 的均值、最大值和最小值分别为 0.289、3.044 和-1.514，与以往研究基本保持一致[276-277]，PI 和 PI_1 的标准差分别为 0.825 和 0.908，这说明在不同公司之间，股价信息含量具有较明显的差异。非控股大股东退出威胁（NET）的均值为 0.002，最大值为 0.024，最小值为 0.000，这与陈克兢[74]的观点基本一致。从主要控制变量的统计结果来看，SOE 的均值为 0.450，说明在总体的样本中，国有企业的占比达到 45%，而其他控制变量与以往的文献差异不大。

表4-2 描述性统计

Panel A

变量	样本量/个	均值	标准差	最小值	中位数	最大值
PI	18 365	0.118	0.825	-1.611	0.068	2.389
PI_1	18 365	0.289	0.908	-1.514	0.203	3.044
NET	18 365	0.002	0.003	0.000	0.001	0.024
BHC	18 365	0.090	0.107	0.000	0.037	0.401
SL	18 365	2.244	1.898	0.001	1.763	8.898
Size	18 365	22.25	1.260	19.961	22.071	26.07
Lever	18 365	0.447	0.201	0.059	0.448	0.870
ROA	18 365	0.039	0.053	-0.170	0.035	0.193
Growth	18 365	0.418	1.165	-0.664	0.136	8.588
Lstage	18 365	1.158	0.223	0.527	1.223	1.440
Top1	18 365	35.742	14.95	9.326	33.962	75.10
Big4	18 365	0.064	0.244	0.000	0.000	1.000
Govh	18 365	0.054	0.139	0.000	0.000	0.650
Insth	18 365	0.071	0.077	0.000	0.045	0.363
SOE	18 365	0.450	0.497	0.000	0.000	1.000

Panel B

变量	NET_exist=0 (N=6 209 个)		NET_exist=1 (N=12 156 个)		T 检验	Wilcoxon Z
	均值	中位数	均值	中位数		
PI	0.051	-0.000	0.152	0.097	-0.101***	-0.095***

续表

Panel B

变量	NET_high=0 (N=12 069 个)		NET_high=1 (N=6 296 个)		T 检验	Wilcoxon Z
	均值	中位数	均值	中位数		
PI	0.087	0.037	0.177	0.126	-0.090***	-0.089***

注：***代表在1%的水平上显著。

在表 4-2 的 PanelB 的部分，列示了本书采用单变量分析，对不同退出威胁样本组之间的股价信息含量差异的检验结果。首先，依据非控股大股东退出威胁 NET 是否为 0，将样本分成非控股大股东是否存在退出威胁的两组（NET_exist=0、NET_exist=1），并分别采用 T 检验、秩和检验的方法，对两组中股价信息含量的均值、中位数的差异进行分析。检验结果显示，有退出威胁样本组（NET_exist=1）股价信息含量的均值或中位数，均高于无退出威胁样本组（NET_exist=0），并在 1% 的水平上通过了显著性检验。其次，以非控股大股东退出威胁 NET 的平均值为标准，将样本分为退出威胁高、低两组（NET_high=0、NET_high=1），检验结果显示，有退出威胁较高样本组（NET_high=1）股价信息含量的均值或中位数，均高于退出威胁较低样本组（NET_high=0），并在 1% 的水平上通过了显著性检验。上述单变量分析的结果初步验证了假设 H_1。

4.3.1.2 相关性分析

表 4-3 列示了本节所涉及主要变量的相关性检验结果。在表 4-3 中，左下三角部分为 Pearson 相关性检验结果，而右上三角部分为 Spearman 相关性检验结果。由表 4-3 中所呈现的结果可知，无论是 Pearson 相关性检验，还是 Spearman 相关性检验，主要的控制变量与核心的解释变量（NET）之间的相关系数均未超过 0.5，结合模型总体方差膨胀因子（VIF=1.65）的检验结果，可以看出本书所设定的计量模型（4-6），不存在严重的多重共线性问题。此外，对于本书重点关注的解释变量（NET）与被解释变量（PI）的相关系数，在不同检验方法下分别为 0.04（Pearson）、0.07（Spearman），并均在 5% 以上的水平显著正相关，这说明在不控制其他变量的情况下，非控股大股东退出威胁与上市公司股价信息含量之间存在显著的正相关关系，但关于两者之间是否存在因果关系，仍需要进一步的实证检验。具体的结果见表 4-3。

表 4-3 相关系数矩阵

	PI	NET	BHC	SL	Size	Lever	ROA	Growth	Lstage	Top1	Big4	Govh	Insth	SOE
PI		0.07*	0.05*	-0.01	-0.16*	-0.06*	0.04*	0.02*	-0.08*	-0.03*	-0.05*	-0.08*	-0.01	-0.16*
NET	0.04*		0.93*	0.11*	-0.10*	-0.05*	-0.01	-0.01	-0.06*	-0.18*	-0.05*	-0.04*	-0.01	-0.13*
BHC	0.04*	0.75*		-0.10*	0.00	-0.03*	0.01	-0.02*	0.01	-0.13*	0.00	-0.05*	0.01	-0.09*
SL	-0.00	0.27*	-0.11*		-0.34*	-0.06*	-0.07*	0.05*	-0.21*	-0.14*	-0.15*	0.11*	-0.03*	-0.09*
Size	-0.16*	-0.12*	0.02*	-0.33*		0.50*	-0.05*	-0.02*	0.37*	0.22*	0.29*	0.16*	0.24*	0.30*
Lever	-0.06*	-0.04*	0.00	-0.07*	0.50*		-0.40*	0.03*	0.31*	0.09*	0.10*	0.15*	0.04*	0.29*
ROA	0.02*	-0.06*	-0.02*	-0.07*	-0.01	-0.36*		-0.03*	-0.19*	0.10*	0.04*	-0.03*	0.28*	-0.13*
Growth	0.02*	0.01	-0.00	0.04*	0.01	0.08*	-0.02*		0.00	-0.03*	-0.05*	-0.02*	0.02*	-0.03*
Lstage	-0.10*	-0.00	0.09*	-0.21*	0.34*	0.32*	-0.16*	0.06*		-0.04*	0.07*	0.11*	0.02*	0.42*
Top1	-0.03*	-0.17*	-0.11*	-0.12*	0.26*	0.09*	0.11*	0.01	-0.05*		0.15*	0.12*	-0.05*	0.24*
Big4	-0.05*	-0.06*	-0.00	-0.14*	0.37*	0.11*	0.05*	-0.04*	0.07*	0.16*		0.05*	0.05*	0.14*
Govh	-0.09*	-0.07*	-0.11*	0.13*	0.13*	0.12*	0.01	0.02*	0.03*	0.23*	0.06*		0.09*	0.44*
Insth	0.02*	-0.05*	-0.01	-0.07*	0.15*	0.02*	0.27*	-0.00	-0.03*	-0.09*	0.02*	0.04*		0.02*
SOE	-0.16*	-0.07*	-0.04*	-0.10*	0.32*	0.29*	-0.08*	0.02*	0.41*	0.24*	0.14*	0.40*	0.01	

注：表中左下三角部分是 Pearson 相关系数的检验结果；右上三角部分是 Spearman 相关系数的检验结果；* 代表在 10% 的水平上显著性。

此外，为了更清晰地呈现非控股大股东退出威胁与股价信息含量的关系，绘制了能反映两者关系的分仓散点图（Binned Scatterplot）。分仓散点图能够显示变量之间非参数关系，在给定自变量情况下，直观地展示出在控制其他变量或某类固定效应的情况下，因变量条件期望的非参数估计，并且可以在控制其他变量、固定效应的情况下，更好地确定变量之间的函数关系及函数的最佳拟合形式。具体如图4-1所示。

在图4-1中，分别绘制了控制公司个体效应、行业年度交互效应、行业固定效应以及年度固定效应下的非控股大股东退出威胁与股价信息含量的分仓散点图。由图4-1可知，在考虑上述固定效应的情形下，非控股大股东退出威胁与股价信息含量均呈现出正相关关系。

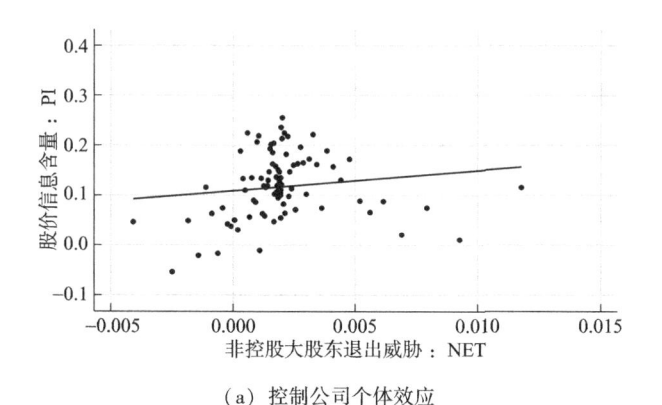

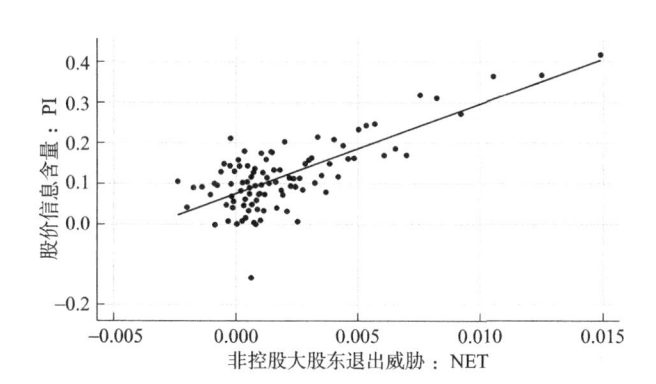

（a）控制公司个体效应

（b）控制行业年度交互效应

(c) 控制行业固定效应

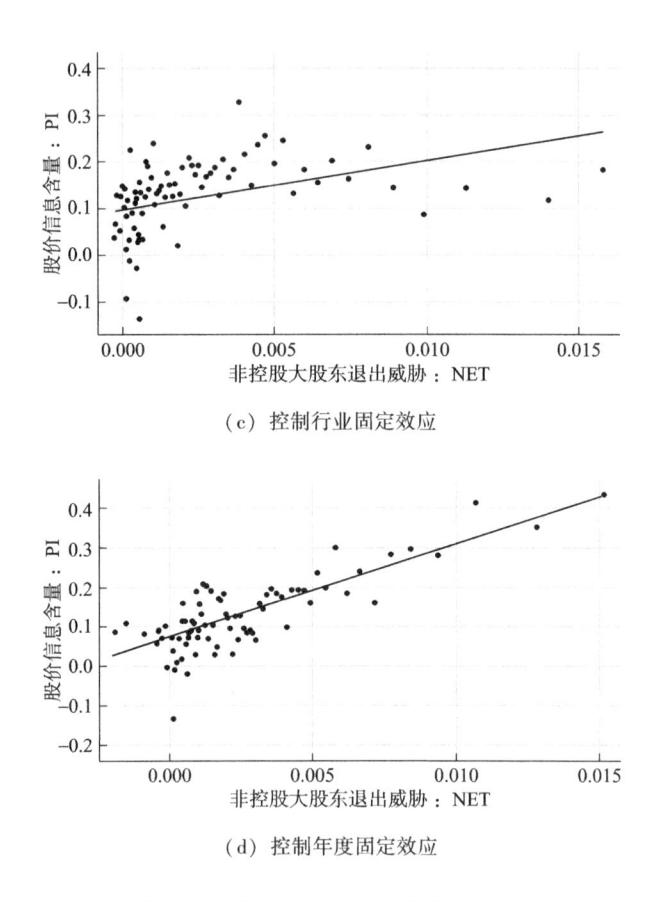

(d) 控制年度固定效应

图 4-1 非控股大股东退出威胁与股价信息含量分仓散点图

4.3.1.3 非控股大股东退出威胁对股价信息含量影响检验结果（验证假设 H_1）

为了考察非控股大股东退出威胁对股价信息含量的影响，本研究利用前文构建的线性回归模型（4-6），对两者之间的关系进行了实证检验，具体的实证检验结果见表 4-4。在表 4-4 中，分别呈现了非控股大股东对股价信息含量影响的三种回归结果。其中，（1）列中仅控制了年度、行业因素。可以看出，非控股大股东退出威胁（NET）的系数为 0.225，t 值为 9.79，并在 1% 的水平上通过了显著性检验，而调整的 R^2 为 0.254，表明模型中只包含核心解释变量（NET）、年度及行业等因素时，对于被解释变量（PI）的解释力度为 25.5%。在表 4-4 的（2）列和（3）列中，依次加入了影响股价信息含量的其他控制变量，进一步分析非控股大股东退出威胁对股价信息含量的影响效应在统计意义上是否发生改变，并对比考虑更多控制变量后模型解释力度的变化。

表4-4 非控股大股东退出威胁与股价信息含量

变量	PI (1) 系数	t值	PI (2) 系数	t值	PI (3) 系数	t值
NET	0.226***	(9.79)	0.214***	(5.89)	0.219***	(6.16)
BHC			-0.235**	(-2.08)	-0.215**	(-1.97)
SL			0.042***	(8.41)	0.053***	(10.73)
Size			-0.116***	(-13.00)	-0.146***	(-16.31)
Lever			0.385***	(8.50)	0.394***	(8.91)
ROA			0.746***	(5.40)	0.196	(1.43)
Growth			0.017***	(3.13)	0.017***	(3.14)
Lstage			-0.022	(-0.59)	0.002	(0.05)
Top1			0.002***	(4.21)	0.003***	(6.55)
SOE			-0.141***	(-7.79)	-0.146***	(-7.94)
Big4					0.138***	(3.46)
Govh					0.101**	(2.00)
Insth					1.426***	(14.75)
Constant	0.225***	(3.94)	2.332***	(11.99)	2.695***	(14.05)
Year/Ind	控制		控制		控制	
Cluster	控制		控制		控制	
N/个	18 365		18 365		18 365	
Adj-R^2	0.254		0.300		0.315	

注：*，**，***分别代表在10%，5%，1%的水平上显著。

在（1）列的基础上，进一步对非控股大股东间竞争程度（BHC）、股票流动性（SL）、企业规模（Size）、资产负债率（Lever）、总资产收益率（ROA）、成长机会（Growth）、上市年限（Lstage）、股权集中度（Top1）以及产权性质（SOE）等影响股价信息含量的因素进行控制，并利用回归分析对非控股大股东退出威胁与股价信息含量的影响进行检验,具体见表4-4的(2)列。由表4-4的(2)列可知,在进一步控制了上述因素之后,非控股大股东退出威胁(NET)的系数为0.214,t值为5.89,在1%的水平上通过了显著性检验,与(1)列中的检验结果基本保持一致。调整的R^2由0.272增加到了0.300,这意味着模型的解释力度得到了加大,对上述影响因素的控制具有必要性。

在表4-4的(3)列中,在(2)列的基础上,进一步控制了审计质量(Big4)、国有持股比例(Govh)、机构持股比例(Insth)等因素。由(3)列的检验结果可知,调整的R^2由0.300增加到了0.315,模型的解释力度得到了进一步加大。非控股大股东退出威胁(NET)的系数为0.219,t值为6.16,在1%的水平上通过了显著性检验,与(1)列、(2)列的检验结果保持一致。

在表4-4的(1)~(3)列中,股票流动性(SL)与股价信息含量(PI)均在1%的水平上显著正相关,说明上市公司可以通过提高股票流动性,引导投资者深入挖掘公司层面的特质信息,促使股价信息含量上升,佐证了苏冬蔚等[278]的观点。非控股大股东竞争程度(BHC)与股价信息含量均在5%及以上的水平上显著负相关,表明非控股大股东竞争越激烈越会导致股价信息含量的下降。非控股大股东竞争之间的激烈竞争,会在一定程度上会增加企业的代理冲突[24],从而不利于公司层面私有信息的对外传递。

在控制变量方面,审计质量(Big4)、国有持股比例(Govh)等变量均与股价信息含量(PI)显著正相关,说明良好的公司治理机制在促进上市公司股价信息含量提升方面具有积极作用。主营业务收入增长率(Growth)与股价信息含量(PI)显著正相关,表明高成长性公司可能会披露更多的私有信息,从而有助于股价信息含量的提升。这与罗进辉和蔡地的研究结论一致[279]。企业规模(Size)与股价信息含量(PI)显著负相关,说明随着企业的规模增加,经营活动复杂程度随之上升,提高了公司层面私有信息获取成本与难度,从而导致股票价格无法充分反映公司层面特质信息。产权性质(SOE)与股价信息含量(PI)显著负相关,则说明相对非国有企业而言,国有企业的股价信息含量明显较低。可能导致上述情况发生的具体原因可能在于:一方面,与非国有上市公司相比,国有上市公司的规模更大,经营活动复杂程度更高;另一方面,也可能意味着部分国有企业从事关系国计民生的经营活动，无法像非国有企业一样充分地对外披露公司层面私有信息，从而导致公司股价信息含量相对较低。

综合表 4-4 关于非控股大股东退出威胁与股价信息含量关系的检验结果，可以得出结论：随着非控股大股东退出威胁的增加，上市公司股价信息含量得到了显著提升。本书的研究假设 H_1 得到了证实。

4.3.2 连锁持股视阈下影响效应的实证检验

4.3.2.1 描述性统计

在表 4-5 中，列示了本节的主要变量描述性统计结果。由表 4-5 可知，衡量股价信息含量的指标 PI、PI_1 的均值、最大值、最小值及标准差等，与上一节的统计结果保持一致。对于本节中重点关注的解释变量非控股大股东连锁持股（Ncrosshld），均值为 0.045，最大值为 0.693，最小值为 0.000。其中，最大值与最小值与潘越等[81]的研究结论有明显不同，主要原因是本研究关注的对象为持股 5% 及以上的非控股大股东，而潘越等[81]的研究对象则为持股比例 5% 及以上的所有股东（包括控股股东）。对于衡量非控股大股东连锁持股的变量（Ncrossdum）的均值为 0.080，与李世刚[280]的统计结果 0.114 较接近，说明在本书的研究样本中，说明按照 5% 持股要求计算连锁非控股大股东的比例达到 8%。除此以外，其他控制变量统计结果与以往的文献差异不大。

表 4-5 描述性统计

变量	样本量/个	均值	标准差	最小值	中位数	最大值
PI	18 365	0.118	0.825	−1.611	0.068	2.389
PI_1	18 365	0.289	0.908	−1.514	0.203	3.044
Ncrosshld	18 365	0.045	0.164	0.000	0.000	0.693
Ncrossdum	18 365	0.080	0.271	0.000	0.000	1.000
SL	18 365	2.242	1.890	0.005	1.763	8.643
Size	18 365	22.25	1.260	19.98	22.07	26.07
Lever	18 365	0.447	0.201	0.059	0.448	0.870

续表

变量	样本量/个	均值	标准差	最小值	中位数	最大值
ROA	18 365	0.039	0.0530	−0.170	0.035	0.193
Growth	18 365	0.416	1.155	−0.664	0.136	8.433
Lstage	18 365	2.259	0.664	0.693	2.398	3.219
Top1	18 365	35.74	14.95	9.326	33.96	74.97
Big4	18 365	0.064	0.244	0.000	0.000	1.000
Govh	18 365	0.054	0.139	0.000	0.000	0.644
Insth	18 365	0.071	0.077	0.000	0.045	0.363
SOE	18 365	0.450	0.497	0.000	0.000	1.000

4.3.2.2 相关性分析

表4-6列示了本节所涉及主要变量的相关性检验结果。在表4-6中，左下三角部分为Pearson相关性检验结果，而右上三角部分为Spearman相关性检验结果。由表中所呈现的结果可知，无论是Pearson相关性检验，还是Spearman相关性检验，主要的控制变量与核心的解释变量（Ncrosshld、Ncrossdum）之间的相关系数均未超过0.5，结合模型总体方差膨胀因子（VIF=1.37）的检验结果，可以看出本书所设定的计量模型（4-7），不存在严重的多重共线性问题。此外，对于重点关注的解释变量（Ncrosshld、Ncrossdum）与被解释变量（PI）的相关系数，在不同检验方法下分别为0.02（Pearson）、0.02（Spearman），并均在5%以上的水平显著正相关，这说明在不控制其他变量的情况下，非控股大股东退出连锁持股与上市公司股价信息含量之间存在显著的正相关关系，但关于两者之间是否存在因果关系，尚需要进一步的实证检验。

此外，为了更清晰地呈现非控股大股东连锁持股与股价信息含量的关系，绘制了能反映两者关系的分仓散点图，具体见图4-2。在图4-2中，分别呈现控制公司个体效应、行业年度交互效应、行业固定效应以及年度固定效应后，非控股大股东连锁持股与股价信息含量的分仓散点图。由图4-2可知，在考虑上述固定效应的情形后，非控股大股东连锁持股与股价信息含量均呈现出正相关关系。

表 4-6 相关系数矩阵

	PI	Ncrosshld	Ncrossdum	SL	Size	Lever	ROA	Growth	Lstage	Top1	Big4	Govh	Insth	SOE
PI		0.02*	0.02*	-0.01	-0.16*	-0.06*	0.04*	0.02*	-0.08*	-0.03*	-0.05*	-0.08*	-0.01	-0.16*
Ncrosshld	0.02*		1.00*	-0.13*	0.21*	0.06	0.03	-0.04	0.04	0.03	0.23*	0.05	0.03	0.12*
Ncrossdum	0.02*	0.94*		-0.13*	0.21*	0.05	0.03	-0.04	0.04	0.03	0.23*	0.05	0.03	0.11*
SL	-0.00	-0.11*	-0.10*		-0.34*	-0.06*	-0.07*	0.05*	-0.21*	-0.14*	-0.15*	0.11*	-0.03*	-0.09*
Size	-0.16*	0.28*	0.26*	-0.33*		0.50*	-0.05*	-0.02*	0.37*	0.22*	0.29*	0.16*	0.24*	0.30*
Lever	-0.06*	0.06*	0.06*	-0.07*	0.50*		-0.40*	0.03*	0.31*	0.09*	0.10*	0.15*	0.04*	0.29*
ROA	0.02*	0.03*	0.04*	-0.07*	-0.01	-0.36*		-0.03*	-0.19*	0.10*	0.04*	-0.03*	0.28*	-0.13*
Growth	0.02*	-0.04*	-0.04*	0.04*	0.01	0.08*	-0.02*		0.00	-0.03*	-0.05*	-0.02*	0.02*	-0.03*
Lstage	-0.09*	0.04*	0.04*	-0.22*	0.34*	0.32*	-0.15*	0.07*		-0.04*	0.07*	0.11*	0.02*	0.42*
Top1	-0.03*	0.03*	0.03*	-0.12*	0.26*	0.09*	0.11*	0.01	-0.04*		0.16*	0.12*	-0.05*	0.24*
Big4	-0.05*	0.25*	0.23*	-0.14*	0.37*	0.11*	0.05*	-0.04*	0.07*	0.15*		0.05	0.05	0.14*
Govh	-0.09*	0.04*	0.04*	0.13*	0.13*	0.12*	0.01	0.02*	0.03*	0.23*	0.06*		0.09	0.44*
Insth	0.02*	0.00	0.02*	-0.07*	0.15*	0.02*	0.27*	-0.00	0.02*	-0.09*	0.02*	0.04*		0.02*
SOE	-0.16*	0.13*	0.11*	-0.10*	0.32*	0.29*	-0.08*	0.02*	0.42*	0.24*	0.14*	0.40*	0.01	

注：表中左下三角部分是 Pearson 相关系数的检验结果；右上三角部分是 Spearman 相关系数的检验结果；* 代表在 10% 的水平上显著性。

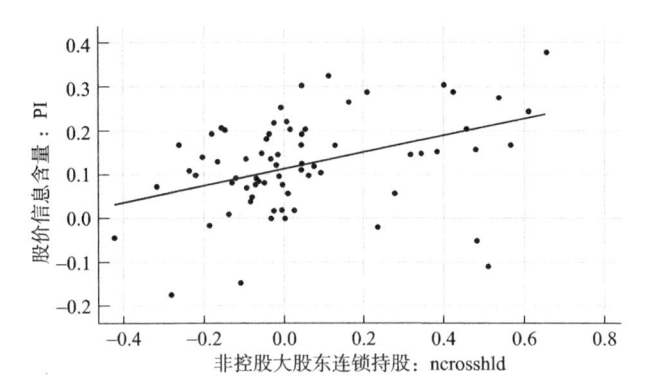

(a) 控制公司个体固定效应

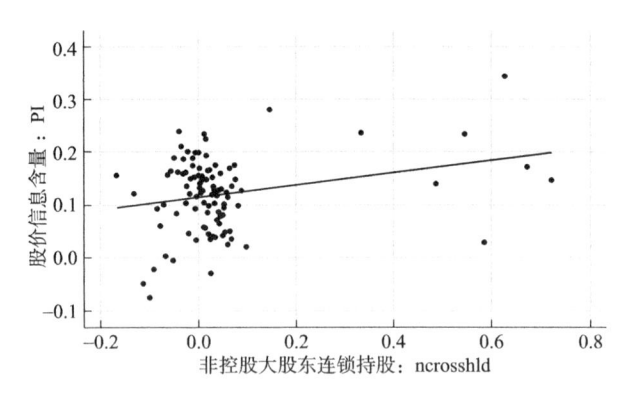

(b) 控制行业年度交互效应

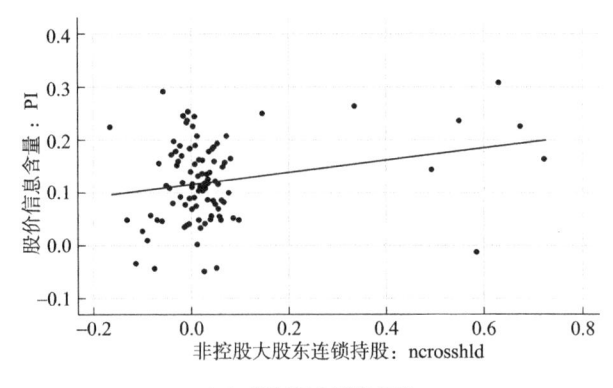

(c) 控制行业固定效应

（d）控制年度固定效应

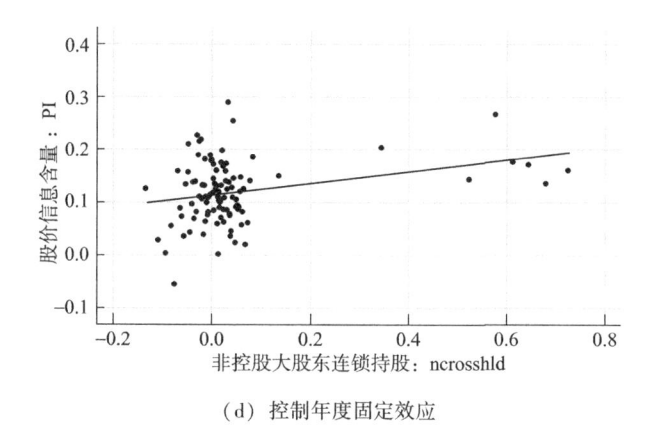

图 4-2 非控股大股东连锁持股与股价信息含量分仓散点图

4.3.2.3 非控股大股东连锁持股对股价信息含量影响检验结果（验证假设 H_2）

为了考察非控股大股东连锁持股对股价信息含量的影响，本研究利用前文构建的线性回归模型（4-7），对两者之间的关系进行了实证检验，具体的实证检验结果见表 4-7。在表 4-7 中，分别呈现了非控股大股东对股价信息含量影响的回归结果。在（1）列、（2）列中控制了影响股价信息含量的企业特征层面的相关因素，包括：企业规模（Size）、资产负债率（Lever）、总资产收益率（ROA）、股票流动性（SL）、成长机会（Growth）、上市年限（Lstage）、股权集中度（Top1）、产权性质（SOE）以及年度和行业固定效应。

表 4-7 非控股大股东连锁持股与股价信息含量

变量	PI			
	（1）	（2）	（3）	（4）
Ncrosshld	0.153***		0.154***	
	(3.03)		(3.21)	
Ncrossdum		0.106***		0.101***
		(3.66)		(3.62)

续表

变量	PI			
	(1)	(2)	(3)	(4)
Size	-0.125***	-0.125***	-0.154***	-0.154***
	(-13.84)	(-13.91)	(-16.89)	(-16.93)
Lever	0.396***	0.396***	0.402***	0.402***
	(8.71)	(8.73)	(9.07)	(9.08)
ROA	0.730***	0.724***	0.181	0.178
	(5.30)	(5.25)	(1.32)	(1.30)
Growth	0.017***	0.017***	0.017***	0.017***
	(3.06)	(3.06)	(3.05)	(3.05)
SL	0.052***	0.052***	0.064***	0.064***
	(11.74)	(11.76)	(14.25)	(14.25)
Lstage	0.000	0.000	0.009	0.009
	(0.01)	(0.01)	(0.72)	(0.71)
Top1	0.002***	0.002***	0.003***	0.003***
	(3.83)	(3.89)	(6.12)	(6.16)
SOE	-0.144***	-0.144***	-0.150***	-0.150***
	(-7.99)	(-7.98)	(-8.17)	(-8.14)
Big4			0.124***	0.124***
			(3.17)	(3.17)
Govh			0.096*	0.095*
			(1.90)	(1.89)
Insth			1.420***	1.414***
			(14.66)	(14.59)
Constant	2.467***	2.478***	2.819***	2.823***
	(12.74)	(12.79)	(14.65)	(14.69)
Year/Ind	控制	控制	控制	控制
Cluster	控制	控制	控制	控制
N/个	18 365	18 365	18 365	18 365
Adj-R^2	0.298	0.298	0.312	0.313

注：*，**，***分别代表在10%，5%，1%水平上显著；括号内为t值。

在表 4-7 的 (1) 列中，非控股大股东连锁持股 (Ncrosshld) 的系数为 0.153，t 值为 3.03，并在 1% 的水平上通过了显著性检验。调整的 R^2 为 0.298，表明模型中只包含核心解释变量 (Ncrosshld)、常规控制变量、年度及行业等因素时，对于被解释变量 (PI) 的解释力度为 29.8%。在表 4-7 的 (2) 列中，非控股大股东连锁持股 (Ncrossdum) 的系数为 0.106，t 值为 3.66，并在 1% 的水平上通过了显著性检验。调整的 R^2 为 0.298，表明模型中只包含核心解释变量 (Ncrossdum)、上述控制变量、年度及行业等因素时，对于被解释变量 (PI) 的解释力度为 29.8%。在表 4-7 中的 (3) 列和 (4) 列中，进一步加入了影响股价信息含量的相关因素，用以分析非控股大股东连锁持股对股价信息含量的影响效应，在统计意义上是否发生改变，并对比存在更多控制变量后模型解释力度的变化。

在表 4-7 的 (1) 列、(2) 列的基础上，进一步对审计质量 (Big4)、国有持股比例 (Govh)、机构持股比例 (Insth) 等影响股价信息含量的因素进行控制，并利用回归分析对非控股大股东连锁持股对股价信息含量的影响进行检验，具体见表 4-7 的 (3) 列、(4) 列。由表 4-7 的 (3) 列可知，在进一步控制了上述因素之后，非控股大股东连锁持股 (Ncrosshld) 的系数为 0.154，t 值为 3.21，在 1% 的水平上显著为正，与第 (1) 列中的检验结果基本保持一致。调整的 R^2 由 0.298 增加到了 0.312，而在表 4-7 的 (4) 列中，非控股大股东连锁持股 (Ncrossdum) 的系数为 0.101，t 值为 3.62，在 1% 的水平上通过了显著性检验，与表 4-7 第 (2) 列中的检验结果基本保持一致。调整的 R^2 由 0.298 增加到了 0.313，这意味着模型的解释力度得到了加大，对上述影响因素的控制具有必要性。此外，控制变量方面的检验结果与上一节基本保持一致。综合表 4-7 的检验结果来看，本书的假设 H_2 被证实，即非控股大股东连锁持股在促进上市公司的股价信息提升方面能够起到积极的作用。

4.3.3　实证结果分析

本章着重探讨非控股大股东参与治理对上市公司股价信息含量的直接影响，分别从非控股大股东"控制权"维度的退出威胁以及"行业共持"

维度的连锁持股，考察了非控股大股东参与治理对股价信息含量的直接影响效应。根据第4.3.1节、第4.3.2节中的实证检验结果，具有"可置信"退出威胁的非控股大股东在促进上市公司股价信息含量提升方面展现出较积极的作用；而通过行业共持的形成连锁持股的非控股大股东亦能够显著提升上市公司的股价信息含量。本节根据前文已经得到了实证检验结论，进行如下分析与讨论。

（1）具有"可置信"退出威胁的非控股大股东能够在促进上市公司股价信息含量方面能够展现出积极的作用。在"退出威胁"视角下，非控股大股东具有"可置信"的退出威胁，意味着上市公司中的非控股大股东通过投入财务资源拥有了在上市公司股东大会层面的"话语权"，从而能够凭借自身"退出威胁"的"事前震慑"形成对于公司内部主体的制衡效应。非控股大股东退出威胁越大，意味着其退出行为可能导致更大的企业内部主体财富的潜在损失，有助于其公司治理活动的开展以及治理效应的发挥，从而能够有效地抑制企业内部主体机会主义动机下的私利行为，提升企业特质信息对外传递的有效性，最终使得上市公司股价信息含量显著提升。非控股大股东参与治理有助于改善上市公司的内部治理环境，抑制上市公司控股股东"一股独大"的治理缺陷，且能够在参与上市公司经营决策中发挥积极的监督作用，有助于缓解上市公司的不同利益主体之间的利益冲突，从而降低公司内部的代理成本，提升企业内部的治理效率，企业的信息环境得以改善，进而有助于上市公司股价信息含量的提升。

（2）连锁持股的非控股大股东能够有效地提升上市公司的股价信息含量。连锁持股的非控股大股东可以作为企业间信息和资源流通的关联节点，为企业带来所需要的信息，而且凭借在长期的市场实践中积累的丰富的管理经验积极改善企业治理水平，从而在促进企业特质信息披露方面发挥积极作用。首先，凭借着信息方面的优势，连锁持股的非控股大股东可以在所有权联结形成的网络中发挥"信息桥"的作用，将投资组合中其他同行业企业的特质信息及时准确地进行传递，继而使投资组合中同行业企业中的信息环境得到改善，有助于提高上市公司额股价信息含量。其次，由于公司内外部普遍存在信息不对称和代理问题，拥有控制权的企业内部主体机会主义动机下的私利攫取行为在中国资本市场中十分常见[281]。出于自利动机的企业经营决策，在严重损害公司价值的同时进一步加剧了企业信息的不对称程度。通过连锁持股，非控股大股东积累了丰富治理经验，能够展现出强而有效的治理作用，并对企业的经营决策实施更加有效的监督，抑制企业内部主体机会主义动机下的私利行为，有助于企业信息环境的改善，从而使上市公司股价信息含量得以显著提升。

4.4 稳健性检验

4.4.1 退出威胁视阈下影响作用的稳健性检验

4.4.1.1 通过更换条件，对假设 H_1 重新检验

本书通过以下几种方式的稳健性检验来确保研究假设 H_1 实证结论的可靠性。

通过更换被解释变量的度量指标、更换解释变量的度量指标以及删除2010年之前的样本，对假设 H_1 重新检验。具体的检验结果见表4-8。

表4-8 非控股大股东退出威胁与股价信息含量（稳健性检验1）

变量	PI_1		PI			
	（1）		（2）		（3）	
	更换被解释变量		更换解释变量		删除2010年之前样本	
	系数	t 值	系数	t 值	系数	t 值
NET	0.258***	(6.51)			0.249***	(6.51)
NET_1			0.337***	(7.13)		
BHC	-0.233*	(-1.94)			-0.267**	(-2.38)
HHI			-0.331**	(-2.56)		
SL	0.062***	(11.43)	0.056***	(12.09)	0.060***	(11.11)
Size	-0.159***	(-16.19)	-0.140***	(-15.37)	-0.140***	(-15.12)
Lever	0.436***	(8.81)	0.372***	(8.33)	0.391***	(8.39)

续表

变量	PI₁ (1) 更换被解释变量 系数	PI₁ (1) 更换被解释变量 t 值	PI (2) 更换解释变量 系数	PI (2) 更换解释变量 t 值	PI (3) 删除2010年之前样本 系数	PI (3) 删除2010年之前样本 t 值
ROA	0.032	(0.21)	0.199	(1.45)	0.130	(0.89)
Growth	0.024***	(3.98)	0.017***	(3.16)	0.017***	(3.00)
Lstage	0.038	(0.94)	−0.013	(−0.35)	0.005	(0.13)
Top1	0.004***	(6.42)	0.002***	(3.82)	0.004***	(6.56)
SOE	−0.193***	(−9.56)	−0.158***	(−8.21)	−0.164***	(−8.52)
Big4	0.152***	(3.55)	0.151***	(3.77)	0.134***	(3.24)
Govh	0.138**	(2.56)	0.152**	(2.53)	0.094	(1.57)
Insth	1.616***	(14.90)	1.418***	(14.52)	1.369***	(12.62)
Constant	2.979***	(14.27)	2.609***	(13.36)	2.466***	(12.66)
Year/Ind	控制		控制		控制	
Cluster	控制		控制		控制	
N/个	18 365		18 365		16 233	
Adj-R²	0.302		0.314		0.292	

注：*，**，***分别代表在10%，5%，1%水平上显著；括号内为 t 值。

在表 4-8 的（1）列中，采用模型（4-3）回归得出的 R^2 重新计算衡量股价信息含量的指标（PI₁），对假设 H₁ 重新进行检验。根据表 4-8 中（1）列的检验结果显示，在更换了被解释变量的衡量指标后，非控股大股东退出威胁（NET）与 PI₁ 的系数为 0.258，并且在 1% 的水平上通过了显著性检验，与前文结论保持一致。在表 4-8 的（2）列中，采用非控股大股东的数量作为衡量非控股大股东之间的竞争程度的代理指标，对样本中非控股大股东的退出威胁程度进行重新计算[24]。基于重新计算得到非控股大股东退出威胁的代理指标（NET₁）对假设 H₁ 重新进行检验。根据表 4-8 中（2）列的检验结果，在更换了解释变量的衡量指标后，非控股大股东退出威胁（NET₁）与 PI 的系数为 0.337，并且在 1% 的水平上通过了显著性检验，与前文结论保持一致。在表 4-8 的（3）列中，将 2010 年之前的样本剔除，对假设 H₁ 进行检验。表 4-8 中（3）列的检验结果显示，在剔除了 2010 年之前的样本后,非控股大股东退出威胁(NET$_1$)与 PI 的系数为 0.249,并且在 1% 的水平上通过了显著性检验,非控股大股东退出威胁与股价信息含量的正相关结论依然成立。

4.4.1.2 非控股大股东的影响

非控股大股东退出威胁作用,可能会在不同的非控股大股东之间存在差异。非控股大股东退出威胁的治理作用应进一步考虑不同类型主体的异质性影响。在现实中,由于诸如公募基金、对冲基金、阳光私募、创投机构等类型的非控股大股东,其退出是在预计之内,因此,此类非控股大股东退出威胁的治理作用往往有限。基于上述考虑,本研究进一步将非控股大股东进行分类,剔除了诸如包括公募基金、对冲基金等无法发挥退出威胁治理作用的样本,并以此为基础重新对假设 H$_1$ 进行检验。具体的检验结果见表 4-9。

表 4-9 非控股大股东退出威胁与股价信息含量(稳健性检验 2)

变量	PI			
	(1) 系数	(2) t 值	(3) 系数	(4) t 值
NET	0.206***	(5.74)	0.220***	(6.17)
BHC	-0.188*	(-1.70)	-0.221**	(-2.03)
SL	0.058***	(11.18)	0.054***	(10.77)
Size	-0.149***	(-16.19)	-0.148***	(-15.22)
Lever	0.409***	(8.97)	0.395***	(8.93)
ROA	0.173	(1.22)	0.154	(1.11)
Growth	0.019***	(3.43)	0.017***	(3.16)
Lstage	0.023	(0.60)	-0.000	(-0.01)
Top1	0.004***	(6.75)	0.003***	(6.55)
SOE	-0.147***	(-7.82)	-0.144***	(-7.64)
Big4	0.142***	(3.46)	0.134***	(3.37)
Govh	0.099*	(1.86)	0.102**	(2.03)
Insth	1.445***	(13.51)	1.414***	(14.64)
Dual			-0.003	(-0.20)

续表

变量	PI			
	(1)	(2)	(3)	(4)
	系数	t 值	系数	t 值
Gpay3			0.016	(1.32)
Bdsize			−0.037	(−0.89)
Indep			−0.106	(−0.72)
Constant	2.694***	(13.70)	2.647***	(11.73)
Year/Ind	控制		控制	
Cluster	控制		控制	
N/个	17 142		18 365	
Adj-R^2	0.312		0.315	

注：*，**，***分别代表在10%，5%，1%水平上显著。

在表4-9中列（1）中，呈现了删除阶段性持股非控股大股东样本的实证检验结果。由表4-9中（1）列的检验结果可知，在剔除阶段性持股非控股大股东样本后，非控股大股东退出威胁（NET）与股价信息含量的回归系数为0.206，并且在1%的水平上通过了显著性检验，研究结论并未发生变化。

4.4.1.3 非控股大股东对股价信息的影响

虽然在之前的实证检验中，本研究对可能影响股价信息含量的因素，诸如企业规模（Size）、资产负债率（Lever）、总资产收益率（ROA）、成长机会（Growth）、上市时间（Lstage）、股权集中度（Top1）、审计质量（Big4）、股权性质（SOE）、国有持股比例（Govh）、机构持股比例（Insth）以及年度、行业进行了控制，而上市公司的治理结构差异也会对其股价信息含量产生影响。因此，有必要对影响股价信息含量的公司治理层面的其他因素进行控制。基于此，在模型（4-6）的基础上，进一步加入了独立董事比例（Indep）、董事会规模（Bdsize）、高管薪酬总额（Gpay3）、董事长两职兼任（DUAL）等公司治理层面的因素，用以消除不同上市公司由于治理结构差异给实证结论带来的影响，并重新对假设H_1进行实证检验。具体的检验结果见表4-9的（2）列。

表4-9（2）列的回归结论显示，在进一步控制了上述公司治理层面的因素后，非控股大股东退出威胁（NET）与股价信息含量的回归系数为0.220，t 值为6.17，在1%的水平上通过了显著性检验，本书主要的研究结论并未发生实质性改变。在其他控制变量方面，企业规模（Size）、资产负债率（Lever）、成长机会（Growth）、上市时间（Lstage）、股权集中度（Top1）、审计质量（Big4）、股权性质（SOE）、国有持股比例（$Govh_{i,t}$）、机构持股比例（Insth）、换手率（SL）、大股东竞争程度（BHC）等变量的检验结果，也与表4-4基本保持一致。

4.4.2 连锁持股视阈下影响作用的稳健性检验

为了保证研究假设 H_2，即非控股大股东连锁持股影响股价信息含量实证结论的可靠性。本书拟从以下几个方面对已取得的实证结论进行稳健性检验。

（1）更换被解释变量的度量指标、更换解释变量的度量指标，对假设 H_2 重新进行检验。具体的检验结果见表4-10。

表4-10 非控股大股东连锁持股与股价信息含量（稳健性检验1）

变量	PI_1		PI	
	更换被解释变量		更换解释变量	
	（1）	（2）	（3）	（4）
Ncrosshld	0.152***			
	(2.88)			
Ncrossdum		0.097***		
		(3.14)		
$Ncrosshld_1$			0.136*	
			(1.88)	
$Ncrossdum_1$				0.093**
				(2.01)
Size	-0.171***	-0.171***	-0.155***	-0.155***
	(-16.52)	(-16.56)	(-16.49)	(-16.53)

续表

变量	PI₁ 更换被解释变量		PI 更换解释变量	
	(1)	(2)	(3)	(4)
Lever	0.457***	0.456***	0.410***	0.411***
	(8.86)	(8.87)	(9.00)	(9.01)
ROA	-0.021	-0.024	0.185	0.184
	(-0.14)	(-0.16)	(1.31)	(1.31)
Growth	0.025***	0.025***	0.017***	0.017***
	(3.86)	(3.86)	(3.01)	(3.00)
SL	0.075***	0.074***	0.064***	0.064***
	(13.91)	(13.91)	(14.03)	(14.03)
Lstage	0.021	0.021	0.009	0.009
	(1.41)	(1.40)	(0.66)	(0.65)
Top1	0.003***	0.003***	0.003***	0.003***
	(5.59)	(5.62)	(5.84)	(5.86)
SOE	-0.203***	-0.203***	-0.151***	-0.151***
	(-9.72)	(-9.69)	(-8.00)	(-7.99)
Big4	0.142***	0.143***	0.126***	0.126***
	(3.25)	(3.26)	(3.16)	(3.14)
Govh	0.131**	0.130**	0.088*	0.088*
	(2.37)	(2.36)	(1.72)	(1.71)
Insth	1.648***	1.642***	1.457***	1.457***
	(14.67)	(14.60)	(14.59)	(14.59)
Constant	3.206***	3.207***	2.850***	2.852***
	(14.72)	(14.75)	(14.33)	(14.36)
Year/Ind	控制	控制	控制	控制
Cluster	控制	控制	控制	控制
N/个	18 365	18 365	18 365	18 365
Adj-R^2	0.290	0.290	0.308	0.308

注：*，**，***分别代表在10%，5%，1%水平上显著；括号内为 t 值。

在表 4-10 的列（1）、列（2）中，采用模型（4-3）回归得出的 R^2 重新计算衡量股价信息含量的指标（PI_1），对假设 H_2 进行检验。根据表 4-10 中列（1）的检验结果显示，在更换了被解释变量的衡量指标后，非控股大股东连锁持股（Ncrosshld）与 PI_1 的系数为 0.152，t 值为 2.88，在 1% 的水平上通过了显著性检验；非控股大股东连锁持股（Ncrossdum）与 PI_1 的系数为 0.087，t 值为 3.14，也在 1% 的水平上通过了显著性检验。重新检验的结果与前文结论保持一致。

借鉴程（Cheng）等[159]的做法，采用 10% 的持股比例标准，重新构建用于衡量非控股大股东连锁持股的指标。基于重新计算得到非控股大股东连锁持股的代理指标（$Ncrosshld_1$、$Ncrossdum_1$），对假设 H_2 重新进行检验，具体见表 4-10 的（3）列、（4）列。根据表 4-10 中的（3）列检验结果，在更换了解释变量的衡量指标后，非控股大股东连锁持股（$Ncrosshld_1$）与 PI 的系数为 0.136，并且在 10% 的水平上通过了显著性检验；而非控股大股东连锁持股（$Ncrossdum_1$）与 PI 的系数为 0.093，并且在 5% 的水平上通过了显著性检验，重新检验的结果与前文结论保持一致。

（2）考虑行业的年度趋势。不可否认的是，产业、货币政策的出台，以及在不同的经济周期下，相关行业（诸如大宗商品类煤炭、石油、钢铁等）容易受到经济周期的影响等因素，不仅使得上市公司投融资机会、环境具有较明显的差异性，也极大地提升了资本市场中投资者更换现有投资标的物的概率，而将上述的因素纳入实证模型（4-7）的残差项中，则容易导致本节的实证结论的偏误。因此，在实证模型中，进一步控制行业发展周期、产业政策等因素，则具有必要性。基于此，参照已有研究的做法[81]，在实证模型（4-7）的基础上，进一步控制行业与年度的交互项，对上述因素进行控制，并重新对假设 H_2 进行检验，以期尽可能消除宏观因素对实证结论的影响。具体的检验结果见表 4-11。

表 4-11　非控股大股东连锁持股与股价信息含量（稳健性检验 2）

变量	PI			
	考虑行业的年度趋势		缩小样本（删除 2011 前样本）	
	（1）	（2）	（3）	（4）
Ncrosshld	0.142***		0.120**	
	(2.73)		(2.51)	

续表

变量	PI			
	考虑行业的年度趋势		缩小样本（删除2011前样本）	
	(1)	(2)	(3)	(4)
Ncrossdum		0.087***		0.081***
		(3.06)		(2.73)
Size	-0.144***	-0.145***	-0.144***	-0.139***
	(-14.99)	(-15.09)	(-14.99)	(-13.27)
Lever	0.396***	0.397***	0.396***	0.386***
	(8.09)	(8.11)	(8.09)	(7.11)
ROA	0.081	0.078	0.081	0.033
	(0.53)	(0.50)	(0.53)	(0.20)
Growth	0.017***	0.017***	0.017***	0.019***
	(2.71)	(2.70)	(2.71)	(2.72)
SL	0.070***	0.070***	0.070***	0.063***
	(13.97)	(13.97)	(13.97)	(11.64)
Lstage	0.007	0.007	0.007	0.015
	(0.51)	(0.51)	(0.51)	(0.95)
Top1	0.003***	0.003***	0.003***	0.003***
	(5.86)	(5.91)	(5.86)	(5.14)
SOE	-0.178***	-0.178***	-0.178***	-0.197***
	(-8.73)	(-8.73)	(-8.73)	(-8.87)
Big4	0.122***	0.121***	0.122***	0.106**
	(2.87)	(2.84)	(2.87)	(2.31)
Govh	0.130**	0.129*	0.130**	0.142*
	(1.96)	(1.95)	(1.96)	(1.73)
Insth	1.414***	1.410***	1.414***	1.482***
	(11.95)	(11.91)	(11.95)	(10.84)
Constant	2.166***	2.179***	2.166***	3.177***
	(10.33)	(10.41)	(10.33)	(14.25)
Year/Ind	控制	控制	控制	控制

续表

变量	PI			
	考虑行业的年度趋势		缩小样本（删除2011前样本）	
	（1）	（2）	（3）	（4）
Year×Ind	控制	控制	未控制	未控制
Cluster	控制	控制	控制	控制
N/个	18 365	18 365	16 233	16 233
Adj-R^2	0.305	0.305	0.288	0.288

注：*，**，***分别代表在10%，5%，1%水平上显著；括号内为 t 值。

表4-11的（1）列、（2）列，呈现的是考虑行业年度趋势的实证结果。可以看出，在进一步控制了年度与行业的交互项（Year×Ind）后，非控股大股东连锁持股的衡量指标（Ncrosshld）与股价信息含量（PI）的回归系数为0.142，t 值为2.73，在1%的水平上通过了显著性检验；而非控股大股东连锁持股的衡量指标（Ncrossdum）与股价信息含量（PI）的回归系数为0.087，t 值为3.06，也在1%的水平上通过了显著性检验，与之前的实证结果保持一致。说明在考虑宏观经济因素后，本书的研究结论依然成立。相似地，考虑到2007—2010年，中国股票市场暴涨暴跌非正常情况的连续出现，也是影响投资者持股选择的关键，从而导致实证结论产生偏误。因此，本书在将2011年之前的样本删除的基础上，重新对假设H_2进行检验。具体的检验结果见表4-11的（3）列、（4）列。可以看出，在进一步缩短样本区间后（删除了2011年之前的样本），非控股大股东连锁持股的衡量指标（Ncrosshld）与股价信息含量（PI）的回归系数为0.120，t 值为2.51，在5%的水平上通过了显著性检验；而非控股大股东连锁持股的衡量指标（Ncrossdum）与股价信息含量（PI）的回归系数为0.081，并在1%的水平上通过了显著性检验，基本的结论并未发生变化。

（3）进一步加入公司治理层面的控制因素。在模型（4-7）中，本研究在控制企业规模（Size）、资产负债率（Lever）、总资产收益率（ROA）、成长机会（Growth）、上市时间（Lstage）、股权集中度（Top1）、审计质量（Big4）、股权性质（SOE）、国有持股比例（Govh）、机构持股比例（Insth）以及年度、行业等因素的基础上，进一步加入了独立董事比例（Indep）、董事会规模（Bdsize）、高管薪酬总额（Gpay3）、董事长两职兼任（DUAL）等公司治理层面的因素，用以消除不同上市公司由于治理结构差异给本书实证结论带来的影响，并重新对假设 H_1 进行实证检验与分析。具体的检验结果见表 4-12 中的（1）列、（2）列。

表 4-12　非控股大股东连锁持股与股价信息含量（稳健性检验 3）

变量	（1） 系数	（1） t 值	（2） 系数	（2） t 值	（3） 系数	（3） t 值
Ncrosshld	0.160***	(3.27)			0.002	0.05
Ncrossdum			0.104***	(3.66)		
Constant	2.799***	(12.02)	2.806***	(12.05)	2.775	(14.16)
Controls	控制		控制		控制	
Year/Ind	控制		控制		控制	
Cluster	控制		控制		控制	
N/个	17 142		18 365		18 365	
Adj-R^2	0.312		0.315		0.307	

注：*，**，***分别代表 10%，5%，1%水平上显著；Controls 代表一系列控制变量。

表 4-12 的（1）列、（2）列的回归结论显示，在进一步控制了上述公司治理层面的因素后，非控股大股东连锁持股（Ncrosshld）与股价信息含量（PI）的回归系数为 0.160，t 值为 3.27，在 1%的水平上通过了显著性检验；非控股大股东连锁持股（Ncrossdum）与股价信息含量（PI）的回归系数为 0.104，t 值为 3.66，在 1%的水平上通过了显著性检验，本书主要的研究结论并未发生实质性改变。

（4）尽管基准回归非控股大股东连锁持股与股价信息含量存在相关关系，但在理论上，基准回归的相关关系可能只是一种安慰剂效应，即研究设计过程中未被觉察到的局限性因素导致解释变量与被解释变量之间的相关关系成立。为了保证结论的稳健性，本书采用安慰剂检验对上述可能性进行排除。具体做法如下：①将样本中 Ncrosshld 变量的取值全部提取；②将提取的数值逐一、随机地分配到每一个"年度-上市公司"观测值中；③利用模型（4-7）对假设 H_2 进行重新检验。将上述随机过程重复进行 200 次。

如果安慰剂效应确实存在，那么受未被觉察到的研究设计局限性的驱动，处理后的非控股大股东连锁持股（Ncrosshld）依然会与股价信息含量（PI）显著正相关。具体的检验结果见表4-12的（3）列。

根据表4-12的（3）列的检验结果在重复上述随机过程200次后，非控股大股东连锁持股（Ncrosshld）与股价信息含量（PI）回归系数的均值为0.002，t统计量为0.05，与非控股大股东连锁持股（Ncrosshld）的系数均值为0.002，t统计量的均值为0.05，与表4-7的回归结果存在明显的差异，整体来看不存在安慰剂效应，从而再一次证实了本书的研究结论具有稳健性。

4.5 内生性检验

4.5.1 退出威胁视阈下影响效应的内生性检验

虽然经过上述一系列的稳健性检验，证明了本书研究结论的可靠性。但是仍然无法排除诸如随机扰动项与解释变量相关、遗漏变量、反向因果等产生的内生性问题，给研究结论带来的影响。因此，采用以下方式来缓解研究中可能存在的内生性问题。

（1）在模型（4-6）中的随机扰动项，通常包含有无法控制的其他影响因变量，包括的随时间变化的因素以及不随时间变化的因素。因此，为了缓解不随时间变化因素导致的内生性问题，本书采用固定效应模型对假设H_1进行重新检验。具体的检验结果见表4-13的（1）列。根据表4-13中（1）列的检验结果，在控制了公司个体固定效应之后，主要的解释变量非控股大股东退出威胁（NET）与股价信息含量（PI）的回归系数为0.252，并且在1%的水平上通过了显著性检验。这说明在控制了随机扰动项所导致的内生性后，本书的研究结论并未发生改变。

（2）对于遗漏变量所导致的内生性问题。虽然在之前的实证检验中，已经控制了公司财务层面、公司治理层面的因素，但是仍然难免存在某些欠缺考虑的影响因子，因此，本书采用Change Model，通过构建模型（4-8）对解释变量变动值和被解释变量变动值之间的关系进行重新检验,用以缓解遗漏变量所产生的内生性问题。

$$\Delta \mathrm{PI}_{i,t} = \delta_0 + \delta_1 \Delta \mathrm{NET}_{i,t} + \delta_2 \Delta \mathrm{Controls}_{i,t} + \sum \mathrm{Year}_{i,t} + \sum \mathrm{Ind}_{i,t} + \varepsilon \quad (4-8)$$

其中,$\Delta \mathrm{PI}_{i,t}$ 为公司 i 在第 t 年股价信息含量的变动值,用 $\mathrm{PI}_{i,t}$ 与 $\mathrm{PI}_{i,t-1}$ 的差值衡量;$\Delta \mathrm{NET}_{i,t}$ 为公司 i 在第 t 年非控股大股东退出威胁的变动值,用 $\mathrm{NET}_{i,t}$ 与 $\mathrm{NET}_{i,t-1}$ 的差值衡量;$\Delta \mathrm{Controls}_{i,t}$ 为影响股价信息含量的其他控制变量的变动值。同样地,在模型(4-8)中也对年度与行业固定效应进行了控制。在构建模型(4-8)基础之上,对假设 H_1 进行重新检验,具体的检验结果见表 4-13 的(2)列。由表 4-13 中(2)列的检验结果可知,非控股大股东退出威胁的变动值($\Delta \mathrm{NET}$)与股价信息含量的变动值($\Delta \mathrm{PI}$),依然在 1% 的水平上通过了显著性检验。遗漏变量所导致的内生性问题并未对本书的研究结论产生影响。

表 4-13 固定效应模型、Change Model(内生性检验 1)

变量	PI (1) 系数	t 值	ΔPI (2) 系数	t 值
NET	0.252***	(6.90)		
BHC	−0.243*	(−1.91)		
SL	0.090***	(8.02)		
ΔNET			0.142***	(3.13)
ΔBHC			−0.086	(−0.44)
ΔSL			0.189***	(10.90)
Constant	1.406***	(3.57)	0.564***	(3.70)
Controls	控制		控制	
Year/Ind	控制		控制	
Cluster	控制		控制	
N/个	18 365		14 193	
Adj-R^2	0.320		0.387	

注:*,**,*** 代表 10%,5%,1% 水平上显著;Controls 代表一系列控制变量。

（3）本书采用工具变量2SLS法，缓解潜在的被解释变量与解释变量之间的反向因果关系所导致内生性问题。借鉴已有研究的工具变量构造方法[65,263]选取：①公司是不是多个大股东的股权结构（Multit）；②同行业其他公司多个大股东的均值作为非控股大股东退出威胁的工具变量。重新对假设H_2进行检验，具体结果见表4-14。根据表4-14的两阶段模型的回归结果可以看出，在第一阶段（First-stage）回归中的两个工具变量均与NET显著正相关，而在第二阶段（Second-stage）的回归中，NET与PI的系数依然为正，并且在5%的水平上显著。另外，Cragg-Donald F值远大于10，说明不存在弱工具变量问题；Hansen-J统计量的P值为0.214，则表明模型不存在过度识别的问题。因此，综合表4-14的检验结果来看，在克服了潜在可能的反向因果内生性后，本书的研究结论仍然成立。

表4-14 工具变量2SLS回归（内生性检验2）

变量	NET 第一阶段 系数	t值	PI 第二阶段 系数	t值
Multi	0.008***	(5.90)		
NET_Ind	0.577***	(7.05)		
NET			0.223**	(2.23)
BHC			−0.086	(−1.44)
SL			0.191***	(8.23)
Constant	1.324***	(3.07)	0.452***	(4.01)
Controls	控制		控制	
Year/Ind	控制		控制	
Cluster	控制		控制	
N/个	18 365		18 365	
Adj-R^2	0.312		0.243	
Cragg-Donald F	103.265			
Hansen J	0.214			

注：*，**，***代表在10%，5%，1%水平上显著；Controls代表一系列控制变量。

4.5.2 连锁持股视阈下影响效应的内生性检验

虽然上述一系列的稳健性检验证明了本书研究结论的可靠性，非控股大股东连锁持股能够提升股价信息含量，然而仍无法排除诸如随机扰动项与解释变量相关、遗漏变量、反向因果等产生的内生性问题给研究结论带来的影响，因此，本书采用以下方式来缓解研究中可能存在的内生性问题。

（1）在模型（4-7）中的随机扰动项，通常包含无法控制的其他影响因变量，包括随时间变化的因素以及不随时间变化的因素。因此，为了缓解不随时间变化因素导致的内生性问题，本书采用固定效应模型对假设 H_2 进行重新检验。具体的检验结果见表 4-15 的（1）列。根据表 4-15 中（1）列的检验结果，在控制了公司个体固定效应之后，本研究主要的解释变量非控股大股东连锁持股（Ncrosshld）与股价信息含量（PI）的回归系数为 0.106，并且在 1% 的水平上通过了显著性检验。这说明在控制了随机扰动项所导致的内生性后，本书的研究结论并未发生改变。

（2）出于配置资产的稳健性考虑，投资者（非控股大股东）有可能偏好选择战略激进度较低的上市公司作为潜在的投资标的。因此可以得出，非控股大股东是否持有同行业其他上市公司的股权与其本身的投资偏好相关，即本书研究样本的选择可能存在自选择问题。一般来说，除了少数股东同时在同行业其他上市公司的原始股东外，在资本市场中，股东连锁持股则多是由投资者的股权交易行为所形成的。不可否认的是，投资者在进行股权投资的过程中往往存在一定的投资偏好。同行业企业的某些共同特征可能是引发连锁持股的一个重要因素，因此本书得到的研究结论也可能并非源自投资者的连锁持股行为。为了消除这种样本自选择问题可能给研究结论带来的估计偏误，本书采用赫克曼两阶段模型加以解决。具体地，通过构建 Probit 模型，考察上市公司上一期财务以及公司治理因素是否会影响本期非控股连锁大股东（Ncrossdum）的可能性，具体模型如下：

$$\text{Ncrossdum}_{i,t} = \alpha_0 + \beta \text{Controls}_{i,t-1} + \varepsilon_{i,t} \quad (4-9)$$

其中，$\text{Ncrossdum}_{i,t}$ 为企业 i 在第 t 年是否存在连锁非控股大股东；Controls$_{i,t-1}$ 为企业特征变量集合,其中包括企业上一期的规模(Size$_{i,t-1}$)、资产负债率(Lever$_{i,t-1}$)、盈利能力(ROA$_{i,t-1}$)、成长能力的滞后项(Growth$_{i,t-1}$)、第一大股东持股比例(Top1$_{i,t-1}$)以及审计质量(Big4$_{i,t-1}$);$\varepsilon_{i,t}$为模型(4-9)的随机扰动项。

通过对模型(4-9)的回归构建逆米尔斯比率(IMR),再将之作为控制变量加入模型(4-7)中,以纠正潜在样本选择偏差给回归结论带来的影响。具体的检验结果见表4-15。在表4-15的(2)列中,呈现了赫克曼两阶段模型中第二阶段的回归结果。可以看出,逆米尔斯比率的系数为0.539,t值为8.44,在1%的水平上通过了显著性检验。这说明非控股大股东连锁持股的样本的确存在分布偏差,即确实存在样本子选择偏误;而非控股大股东连锁持股(Ncrosshld)与股价信息含量(PI)的回归系数为0.182,t值为3.30,在1%的水平上通过了显著性检验。实证结论与前文保持值。这说明样本自选择偏误并没有对本书的研究结论带来实质性影响。

表4-15 固定效应模型、赫克曼两阶段模型评估(内生性检验1)的股价信息含量

变量	PI			
	(1) 固定效应模型		(2) 赫克曼两阶段模型——第二阶段	
	系数	t值	系数	t值
Ncrosshld	0.106*	(1.75)	0.182***	(3.30)
IMR			0.539***	(8.44)
Size	-0.108***	(-5.87)	-0.005	(-0.24)
Lever	0.351***	(5.03)	0.190***	(3.13)
ROA	-0.045	(-0.27)	0.532***	(3.31)
Growth	0.011*	(1.77)	0.005	(0.82)
SL	0.088***	(17.02)	0.064***	(11.02)
Lstage	0.065	(1.59)	-0.012	(-0.72)
Top1	0.004***	(3.31)	-0.002**	(-2.32)
SOE	0.086	(1.62)	-0.067***	(-2.96)
Big4	0.012	(0.19)	0.347***	(7.112)
Govh	0.001	(0.03)	0.067	(1.02)

续表

变量	PI			
	(1) 固定效应模型		(2) 赫克曼两阶段模型——第二阶段	
	系数	t 值	系数	t 值
Insth	1.664***	(15.58)	1.360***	(12.02)
Constant	1.358***	(3.38)	-4.479***	(-5.42)
Year/Ind	控制		控制	
Cluster	控制		控制	
N/个	18 365		13 810	
Adj-R^2	0.313		0.318	

注：*，**，***分别代表在10%，5%，1%水平上显著。

（3）由于未观测到的因素的存在，可能会导致投资者更倾向于投资股价信息含量较高企业的股权，从而会导致实证结论存在偏误。克莱恩（Crane）等[282]认为，在控制股票的基本面因素基础上，股票在指数成分上的便可以作为与投资者持股相关变量的工具变量。基于此，本书在控制公司财务状况和治理水平等体现股票基本面因素的基础之上，借鉴克莱恩（Crane）等[282]、潘越等[81]的做法，以选取上市公司的股票在沪深300指数中的变动（In300）、中证500指数中的变动（In500）作为工具变量，采用两阶段工具变量回归的方法，对研究假设H_2进行重新检验。In500和In300均为指示变量，其中，若股票上一期由非中证500指数升入中证500指数，则变量In500为1，否则为0；若股票上一期由中证500指数升入沪深300指数，则变量In300为1，否则为0。具体的实证检验结果见表4-16。

表4-16 工具变量2SLS回归（内生性检验2）

变量	Ncrosshld 第一阶段		PI 第二阶段	
	系数	t 值	系数	t 值
In300	-0.067***	(2.68)		
In500	-0.081	(1.25)		

续表

变量	Ncrosshld 第一阶段		PI 第二阶段	
	系数	t 值	系数	t 值
Ncrosshld			0.158**	(2.03)
Constant	1.324***	(3.07)	2.322***	(3.12)
Controls	控制		控制	
Year/Ind	控制		控制	
Cluster	控制		控制	
N/个	18 365		18 365	
Adj-R^2	0.272		0.202	
Cragg-Donald F			93.265	
Hansen J	–		0.143	

注：*，**，***代表在10%，5%，1%的水平上显著；Controls代表一系列控制变量。

在表4-16的（1）列中，In500、In300的系数均为负，这说明从非中证500指数升入中证500指数，以及从中证500指数升入沪深300指数导致的股票在指数中权重的降低，减少了企业的连锁非控股大股东的数量；第（2）列为第二阶段回归结果，非控股大股东连锁持股（Ncrosshld）与股价信息含量的回归系数为0.158，t值为2.03，在5%的水平上通过了显著性检验。这说明在控制遗漏变量的潜在影响之后，非控股大股东连锁持股能够提升企业的股价信息含量的研究结论依然成立。

4.6 本章小结

本章主要探讨了非控股大股东参与治理对股价信息含量的直接影响作用。首先，分别从退出威胁与连锁持股的视角深入分析了非控股大股东参与公司治理对股价信息含量的直接影响作用，并提出相应的研究假设。其次，通过搜集样本企业数据，构建实证检验模型对研究假设进行实证检验。研究结果表明，非控股大股东参与治理能够有效地提升企业的股价信息含量。具体而言，上市公司股价信息含量会随着非控股大股东退出威胁的提高而显著增加，而连锁持股的非控股大股东在促进上市公司股价信息含量提升方面能够起到积极的作用。在经过一系列稳健性检验，如更换变量衡量方法和更换样本、考虑公司个体效应以及考虑样本自选择、遗漏变量和反向因果等内生性问题，上述实证检验结论依然成立，从而表明所得到的研究结论具有可靠性。

第 5 章

非控股大股东参与治理影响上市公司股价信息含量的作用机理

在第 3 章的理论分析基础上，第 4 章运用多元回归的实证研究方法，对非控股大股东参与公司治理对上市公司股价信息含量的直接影响进行了检验。出于进一步厘清非控股大股东参与公司治理影响股价信息含量的内在影响机制与具体的影响路径，本章在进行理论分析的基础上，基于退出威胁与连锁持股的视角，对非控股大股东参与治理影响股价信息含量的作用机理进行更深入的分析并实证检验。首先，基于退出威胁视角，分析与检验了非控股大股东影响股价信息含量的作用机理。具体包括具有"可置信"退出威胁非控股大股东对于影响控股股东和管理层财富的影响效应，以及非控股大股东退出威胁影响股价信息含量的作用路径，即非控股大股东退出威胁→企业信息惯性披露→股价信息含量；其次，在连锁持股视角下，非控股大股东影响股价信息含量的作用机理方面，对非控股大股东连锁持股的"协同效应"与"信息效应"，以及非控股大股东连锁持股→企业信息透明度→股价信息含量的作用路径。

5.1 假设提出

在契约非完备性的前提下，由于掌握了企业更多的剩余控制权，公司内部人有足够的动机与能力通过选择性的企业信息披露达到谋取个人私利之目的。较低的信息透明度缘于契约的不完全性，因为在此情况下，公司内部控制人掌握着更多的剩余控制权，从而有能力和动机选择不披露或披露加工后的信息以谋取私利，从而导致企业信息透明度的明显下降。有学者（Jin和Myers）[145]的研究成果显示，信息透明度是影响股价信息含量的重要因素。因此，上市公司股价信息含量的提升需要上市公司在自身信息透明度方面作出努力[283]。一方面，企业信息不对称程度的提升意味着更多的信息隐藏行为，在降低了企业信息透明度的同时，也使得外部投资者获取企业层面真实私有信息的难度随之增大，而行业与市场层面的公共信息则成为投资者决策的主要依据，企业层面的特质信息无法有效融入股价，上市公司股票价格中的信息含量明显下降[149]；另一方面，更多的自愿性信息披露在有助于提升上市公司的信息透明度、降低投资者的信息获取成本的同时，也使得公司特质信息能够有效地融入股票价格中[146]。可见，进一步缓解企业信息不对称、提升企业自愿性信息披露能够有效地提升上市公司信息透明度，进而促进上市公司股票价格中的信息含量。

5.1.1 退出威胁视阈下的作用机理

基于第4.1.1节的分析逻辑，具有"可置信"退出威胁的非控股大股东影响上市公司股价信息含量的作用机制在于，管理者和控股股东出于避免非控股大股东潜在退出行为导致的上市公司股价下跌给自身财富造成的损失，会主动减少自身出于机会主义动机的私利攫取行为。据此推理可知，当管理层或控股股东对股价比较敏感时（换言之，当管理层或控股股东更在乎股价时），非控股大股东退出威胁将会发挥更大的治理作用。

通常而言，控股股东或管理层对上市公司股价是否能够给予足够的关注，关键取决于所持有上市公司股票对其自身财富的影响程度。

首先，从控股股东的视角而言。由于持有较高比例的上市公司股权，控股股东的持股财富与其所持有上市公司股份的价格紧密相关。基于委托代理的分析框架，控股股东较高的股份持有比例却会导致上市公司股权集中度的显著提升，而在股权集中度的明显提升的情形下，企业中"第二类代理"冲突则会愈发严重。反观中国资本市场的现实，一方面，并非完善的投资者保护的法律制度给控股股东"侵占"其他股东利益行为提供有利的外部环境；另一方面，企业与外部投资者之间信息的天然非对称为控股股东的利益侵占行为提供了便利的条件。由此，控股股东利用自身持股与控制权优势侵占其他股东利益的事件时有发生。出于声誉维护、监管规避等动机，控股股东实施为掩盖自身利益侵占的信息操纵行为则会进一步加剧企业内外部的信息不对称程度，从而阻碍了公司特质信息的对外传递，降低了公司股价的信息含量。但是，从"理性人"的角度分析，控股股东是否实施利益侵占行为的前提是建立在侵占收益与侵占成本权衡的基础之上。若实施侵占行为的成本大于侵占收益，控股股东通过实施利益侵占行为攫取私利的动机将会大幅减弱。显而易见的是，当所有权相对集中时，由于持有较高比例的上市公司股份，控股股东资产的流动性会在很大程度上受到限制，并需要承担大部分股价下跌给自身财富带来的贬值风险[24]。因此，若非控股大股东能够凭借自身"可置信"的退出威胁，通过影响控股股东财富的作用机制在公司治理活动中发挥积极作用，进而提升上市公司的股价信息含量，那么，非控股大股东退出威胁对于股价信息含量的影响效应在控股股东持股比例较高的上市公司中将更明显。

其次，基于管理层的视角。管理层持股是激励代理人并缓解代理冲突的重要机制。管理层持有上市公司的股份有助于企业内部委托人与代理人的目标趋同。随着管理层持股比例的提升，公司管理层的角色也从单纯的代理人转变成为委托人，股东与经理人的主要利益目标均取决于公司价值，从而能够在极大程度上降低管理层出于弥补薪酬激励不足所实施的盈余操纵行为，不仅提升了上市公司的信息透明度，也显著增加了上市公司股价信息含量。但不可否认的是，通过持有上市公司的股份，管理层权力也会随之增加，从而改善了公司高管在与董事会的博弈过程中的弱势地位，并增加了其在会计政策选择和公司业绩认定上的话语权，进而拓展了管理层利用操控性应计盈余管理获取私利的空间[284]。与控股股东的情形相似，管理层是否实施信息操纵进而实施私利攫取行为的前提也同样建立在收益与成本权衡的基础之上,若攫取个人私利的成本远远大于攫取私利的收益,控股股东则会丧失利益侵占行为的动机。显而易见的是,随着管理层持股市值的逐步增大,股价的大幅下跌则会使得管理层财富面临着巨大的损失。由此可以推断出,若非控股大股东能够凭借自身"可置信"的退出威胁,通过影响管理层财富的作用机制在公司治理活动中发挥积极作用,进而提升上市公司的股价信息含量。那么,随着上市公司管理层持股比例的逐步提升,非控股大股东退出威胁对于股价信息含量具有更强的影响效应。基于上述分析,本书提出研究假设 H_3、假设 H_4。

H_3:在影响股价信息含量方面,非控股大股东的作用发挥主要体现为,"可置信"退出威胁对控股股东财富的影响效应。

H_4:在影响股价信息含量方面,非控股大股东的作用发挥主要体现为,"可置信"退出威胁对公司管理层财富的影响效应。

企业高质量的信息披露,不仅能够降低企业内外部的信息不对称程度,而且有利于信息使用者深入了解公司的现状和未来发展状况,并据此进行投资决策的制定。信息的惯性披露则会导致公司特质信息无法对外有效传递,进而导致上市公司股价信息含量的下降。上市公司信息的惯性披露行为,可能主要基于以下方面的原因。

(1) 公司内部利益主体维持信息优势的需要。既有文献研究表明,借助信息优势,公司内部利益主体能够通过诸如内幕交易等方式谋取私利[125,285]。由此可见,信息优势的保持与维护已成为具有自利动机的公司内部主体攫取个人私利的重要前置条件。信息的惯性披露行为会导致企业信息透明度显著下降,从而有利于公司内部利益主体出于自利动机维护自身信息优势的意图实现。

(2) 公司实际营运状况的客观体现。上市公司的惯性信息披露行为也有可能是公司在当前与未来经营状况与以往相比无重大进展[286]、难以挖掘出新的投资机会或研发创新中遇到瓶颈等,且亦没有通过制定新的战略调整规划改变现状。就本质而言,公司信息的惯性披露行为可能是由于公司经营无重大进展,难以寻觅到新的投资机会等,本质上是经理人缺乏进取心、安于现状的外在体现。薪酬与业绩脱钩则是导致上述现象发生的根本原因。正如前文所提及的,非控股大股东的退出行为往往向外界传递的是不利于企业经营不善、公司治理环境较差等不利于企业发展的信号,不仅会引发其他中小股东的抛售行为并形成"羊群效应",而且容易招致套利交易者针对公司股票的卖空行为,进而导致企业股票价格的大幅下跌,形成公司内部相关利益主体财富的巨额损失。

一方面,从经理人的视角来看。正如前文所述,非控股大股东"可置信"的退出行为会对上市公司的管理层形成威胁。为了避免非控股大股东退出对自身利益的损害,管理层会倾向于迎合非控股大股东需求,减少自身机会主义动机下的私利攫取行为,从而降低了企业中的"第一类代理"冲突[73,287]。在"第一类代理"成本降低的前提下,管理层会将更多精力投入企业实际的价值创造,且会通过向外传递出更多的企业特质信息,用以获取经营发展所需的资源支持。上述情况的发生,一方面有利于非控股大股东对企业真实经营情况的了解,并为企业发展提供更多具有针对性的帮助与建议;另一方面也在极大程度上减少了企业信息的惯性披露行为,从而使上市公司股价信息含量方面显著提升。

另一方面,从控股股东的视角分析。控股股东实施掏空行为也是加剧企业信息不对称的主要原因。同样地,基于内幕信息知情者的身份,非控股大股东"可置信"的退出行为亦会直接影响控股股东切身利益。顾虑到非控股大股东的退出威胁,控股股东对其他股东的利益侵占以及对上市公司的"掏空"均会有所收敛[265]。控股股东掏空动机的降低使得掩盖其利益侵占行为的信息操纵行为明显减少,其关注的重点从利益侵占转移到企业价值创造,并花费较之以往更多的精力用以监督经理人。在此种情形下,经理人机会主义动机下的信息惯性披露行为将被有效地抑制,企业对外披露的信息含量明显提升,从而有助于上市公司股价信息含量的提升。本书认为,非控股大股东参与治理提升上市股价信息含量。基于以上分析,提出研究假设 H_5。

H_5:具有"可置信"退出威胁的非控股大股东,能够抑制企业信息惯性披露行为,进而促进上市公司股价信息含量的提升,即存在非控股大股东退出威胁→信息惯性披露→股价信息含量的作用路径。

5.1.2 连锁持股视阈下的作用机理

基于第4.1.2节的分析逻辑，非控股大股东连锁持股影响股价信息含量的作用机制在于，通过持有同行业其他上市公司的股份，非控股大股东能够展现出"协同效应"以及"信息效应"，使得信息能够在连锁持股的企业之间传递，进而在促进上市公司股价信息含量方面展现积极作用。"协同效应"主要取决于非控股大股东通过连锁持股所形成的市场势力以及建立在已获取市场势力，扭转由于行业激烈竞争所引发的企业与企业之间的信息隐藏行为。"信息效应"则更多地体现为非控股大股东通过连锁股东所形成的企业所有权网络联结，在其持有的投资组合中发挥"信息桥"的作用[288]，促进信息在资本市场中的流动与传递[289]。

从"协同效应"的视角来看。首先，非控股大股东连锁持股是否能够有效发挥"协同效应"，主要取决于其行业中所具备的市场实力[81]。当非控股大股东的通过连锁持股的方式能够在所在行业中取得较大的影响力，那么其在消除其所持有投资组合上市公司之间的不利竞争以及缓解由于契约非完备性所造成的利益冲突方面，能够展现出较强的能力，有助于促进投资组合内企业之间在资源、信息等方面的共享，实现同行业企业之间的高效协作，最终有利于投资组合收益最大化的目标实现。其次，行业竞争是影响同行业内企业具体行为的重要因素。一般而言，在竞争比较激烈的行业中，企业使用盈余管理等手段，通过隐藏真实的会计信息，误导竞争对手获取生存的概率越高[290]。在竞争激烈的企业中，产品市场协调的效果更明显[84]。因此，若非控股大股东的连锁持股能够展现"协同效应"。那么，在竞争程度比较激烈的行业中，非控股大股东连锁持股对于股价信息含量具有更强的影响效应。

从"信息效应"的视角来看。首先，社会网络理论认为，同行业中其他上市公司的决策信息将在公司进行决策过程中被借鉴，成为决策制定的重要参照依据[291]。源于在行业内投资不同企业，非控股大股东不仅能够获取行业中其他企业的经营管理经验与行业发展的相关信息[58]。其次，在获取企业私有信息方面，连锁持股所形成的所有权网络联结能够突破固有的信息搜寻路径依赖，从而有利于非控股大股东对企业私有信息的挖掘与获取，并且能够在连锁持股所形成的所有权网络联结中充当"信息桥"，将上述"局部桥"中获得的私有信息在所有权构建的网络联结中进行与传递[228]，从而有助于企业私有信息在资本市场中的传递。最后，出于高效衡量投资组合绩效的考虑，连锁非控股大股东会积极促进处于所有权联结网络内企业采用相同或相似的会计政策，统一会计信息的生成过程，有助于降低所有权网络联结中公司间会计信息的获取成本[292]，有利于改善企业的信息环境[293]，从而在促进上市公司股价信息含量方面展现出"信息效应"。由此可以推断，对于信息环境较差的企业而言，控股大股东连锁持股对于股价信息含量具有更强的影响效应。基于以上分析提出研究假设 H_6、假设 H_7。

H_6：在影响上市公司股价信息含量方面，非控股大股东的作用发挥主要体现为连锁持股的"协同效应"。

H_7：在影响上市公司股价信息含量方面，非控股大股东的作用发挥主要体现为连锁持股的"信息效应"。

正如前文所述，通过连锁持股，非控股大股东能够发挥"协同效应"以及"信息效应"，进而有助于上市公司的股价信息含量的提升，而聚焦到具体的作用路径，本书认为连锁持股的非控股大股东能够通过提升企业信息透明度，进而促进上市公司的股价信息含量的提升。

首先，通过连锁持股，非控股大股东在公司经营和投资活动中扮演重要监督者的角色，能够对管理者的不当或错误决策提出明确的反对意见[58]，甚至对不称职、不作为的经理人进行罢免[83]，并能够有效地识别经理人利用供应商—客户关系[83]、银行—客户关系[84]等寻租手段，降低管理层在薪酬契约制定过程中的寻租机会，从而能够提高经理人薪酬契约的有效性，在抑制管理层权力的影响力和信息不对称程度方面起到积极作用[280]。在"第一类代理"成本降低的前提下，上市公司的管理层出于机会主义动机的盈余操纵、美化财务报表等方式的私利攫取行为将明显减少[290]。

其次，通过连锁持股，非控股大股东的信息获取成本更低，并拥有更广泛与迅速的信息获取渠道与能力。凭借其长期参与同行业公司的生产经营,连锁持股的非控股大股东能够为企业带来丰富且多元的异质性信息[237],从而为管理层因提供经营决策中所需要关键信息,有助于企业风险承担水平提升[239]、创新活动的开展[240]。特别是通过连锁持股所形成的所有权网络联结,非控股大股东可以作为行业间不同企业的信息连接点,并发挥"信息桥"的作用,实现投资组合内同行业内企业之间的信息共享,不仅有利于识别彼此间的合作机会,而且极大程度促进了企业间信息的相互传递,缓解了企业信息不对称程度,从而有助于上市公司股价信息含量的提升。基于以上分析,提出研究假设 H_8。

H_8:同行业内连锁持股的非控股大股东,能够通过提升企业信息透明度的作用路径,促进上市公司的股价信息含量的提升。即存在:非控股大股东连锁持股→信息透明度→股价信息含量的作用路径。

5.2 实证研究设计

5.2.1 样本选择与数据来源

本章所涉及的行业竞争、分析师预测、股票收益率与股票交易量等数据均来自国泰安(CSMAR)数据库,并将上述数据与瑞思(REEST)数据库、色诺芬(CCER)数据库中所披露的内容进行了比对。文本惯性披露(文本相似度)的数据来自文构(WINGO)财经文本数据平台。研究假设验证过程中的样本选取、其他相关数据来源与第 4 章保持一致,具体可见第 4 章的第 4.2.1 节。

5.2.2 变量定义

5.2.2.1 股价信息含量

股价信息含量的定义与第 4 章相同。具体的计算过程,见第 4 章第

4.2.2节的模型（4-1）~模型（4-3）。

5.2.2.2 非控股大股东退出威胁

非控股大股东退出威胁的定义与第4章相同。具体的计算过程，见第4章第4.2.2节的模型（4-4）~模型（4-5）。

5.2.2.3 非控股大股东连锁持股

非控股大股东连锁持股的定义与第4章的相同。具体的计算过程，见第4章第4.2.2节关于非控股大股东连锁持股的衡量。

5.2.2.4 控股股东与管理层财富

相对于持股较少的股东，持股比例较高的控股股东财富更加集中，难以有效地分散公司特有风险[162]，利用控股股东持股比例可以比较客观地反映控股股东所拥有的财富[233]。然而，在不同的上市公司，其股价可能存在较大差异。在同样的持股比例下，股价差异会导致持股市值相差甚远。因此，本书借鉴陈克兢[24]的做法，采用控股股东持股市值作为衡量控股股东财富（WeathCR）的代理变量。同样地，对于管理层财富，本书采用管理层持股的市值作为控股股东财富（WeathMN）的代理变量。

5.2.2.5 行业竞争程度

行业竞争的度量并没有一个统一的标准。相较于垄断性行业，非垄断行业中企业之间的竞争程度更高，因此有学者采用是否为垄断行业的作为衡量行业竞争的代理变量。然而，以企业所处行业收入的赫芬达尔指数（HHI）作为衡量行业竞争程度的代理指标，则更常见[294-297]。延续以往的研究惯例，本书采用企业所处行业收入的芬达尔指数（HHI）衡量行业竞争程度。

5.2.2.6 信息透明度

分析师盈余预测准确度直接决定分析师盈余预测信息的价值和分析师职业的存在意义。从信息不对称理论的视角，信息操纵会导致企业信息不对称程度进一步加剧。当企业信息不对称（信息操纵）程度较高时，外部分析师则无法掌握足够有效的信息来进行预测，此时分析师的预测指标值会与企业真实指标有较大的差距，预测准确度会显著下降。当企业信息不对称（信息操纵）程度较低时，在充足有效信息的支撑下，外部分析师的预测准确度则会显著提升。

依据上述理论观点，国内外学者对上市公司信息披露质量与分析师的预测准确度的关系进行了实证检验，并得到了比较一致的研究结论，即随着上市公司信息披露质量的提升（信息操纵较低时），外部分析师的预测准确程度显著提升[298]。并且在已有文献中，已存在将分析师预测准确度作为替代企业信息环境的替代指标的做法[299-300]。因此，在参考国内外已有文献的基础上，采用分析师预测准确度（Analyst Accur）作为衡量企业信息透明度的替代指标。

具体的计算公式为 AnalystAccur = |Meps − Aeps|/(−1×YCP)，其中，Aeps 为公司当年实际每股收益；YCP 为公司当年收盘股价；Meps 为公司当年所有分析师对某一特定上市公司每股盈余预测的中位数，这样计算的好处是可以在一定程度上避免单个分析师的个体与背景特征的影响（这与已有文献中的计量方式保持一致），预测准确度的值越大，说明企业信息透明度越高。

5.2.2.7 企业信息环境

金等[301]认为，在企业信息环境改善的前提下，会有更充分的信息披露。此时，外部交易者投资决策主要参考的是公司对外披露的信息，并降低对交易量信息的依赖程度。与之相反，外部交易者投资决策主要参考的是交易量信息，而对于企业信息的依赖程度较低[302]。由此，在后续的研究中，相关学者用 KV 指数反映市场对交易量信息的依赖，继而反映公司信息披露程度。KV 指数能够比较全面地反映上市公司信息披露的情况，涵盖了强制性信息与自愿性信息披露[303]。本书参照采用 Kim 和 Verrecchia 的方法，用 KV 指数度量企业信息披露质量，KV 指数的计算公式为 $\text{Ln}|\Delta P_{i,t}/P_{i,t-1}| = \alpha + \lambda(\text{Vol}_{i,t} - \text{Vol}_{i,0}) + \eta_i$。其中，$P_{i,t}$ 是股票 i 第 t 日的收盘价；$\text{Vol}_{i,t}$ 是股票 i 第 t 日的交易量；$\text{Vol}_{i,0}$ 是股票 i 年度平均日交易量；λ 由最小二乘法的回归得到，随后用估计出的 λ 乘以 1 000 000 计算得到 KV 值。值越小，公司的信息披露越充分（在计算过程中，删除年交易不满 100 天的公司样本，剔除 $\Delta P_{i,t}$ 取值为 0 的样本，并且不考虑 KV 取值为负的样本）。随后按照 KV 指数的年度-行业中位数设置虚拟变量（Infor）。当某上市公司的某一年度的 KV 值高于中位数时，则认为该上市公司信息环境较差，此时 Infor 取值

为1，否则取0。

5.2.2.8 企业信息惯性披露

本书采用MD&A相邻两年纵向文本的语义相似程度，刻画上市公司的信息惯性披露。借鉴布朗（Brown）和塔克（Tucker）[304]、蒋艳辉等[305]的研究，采用基于空间向量模型（Vector Space Model，VSM）的TF-IDF方法计算MD&A文本的语义纵向相似程度，具体如下。

（1）MD&A文本预处理，利用结巴（Jieba）分词进行文本预处理，去除文本中的数字、标点以及表格。

（2）利用VSM将文本表示为欧氏空间中的N维向量。

（3）采用式（5-1）对文本中词频（TF）进行计算。$N_{i,j}$表示文本中非重复词的合计数，$TF_{i,j}$则表示是第j个文本中出现特定词i的频率。

$$TF_{i,j} = N_{i,j} \Big/ \sum_k N_{k_j} \quad (5-1)$$

（4）计算修正词频（TF-IDF）。利用式（5-2），采用加权改进的方法（Weighted Improvement Method），对式（5-1）的词频进行修正。其中，M为研究样本所有MD&A文本，m则为出现特定词的文本总数。

$$TF-IDF_{i,j} = n_{i,j} \Big/ \sum_k n_{k_j} \times \log(M/m) \quad (5-2)$$

（5）MD&A文本纵向相似度。对每家上市公司的第t期与第$t-1$期的MD&A文本进行比较，采用式（5-3）计算向量夹角余弦值，用以衡量MD&A文本的纵向相似度。v_{t-1}、v_t分别表示每个公司第$t-1$期与第t期MD&A文本的空间向量；$\cos\theta$代表两个向量夹角的余弦值。MASimi值越大，MD&A文本纵向相似程度越高。

$$MASimi = \cos\theta = (v_t / \|v_t\|)(v_{t-1} / \|v_{t-1}\|) \quad (5-3)$$

另外，本章在进行机制检验以及中介路径分析过程中，在检验某变量与股价信息含量的关系时的控制变量与第4章保持一致。具体见第4.2.2节。

5.2.2.9 其他控制变量

分析影响股价信息含量的影响因素时的控制变量定义与第4章相同，具体见第4章第4.2.2节。

5.2.3 实证模型

为了考察假设 H_3 是否成立，在本书模型（4-6）的基础上，加入控股股东财富（WeathCR），以及非控股大股东退出威胁（NET）与控股股东财富（WeathCR）的交互项，进而构建模型（5-4），对非控股大股东退出威胁影响股东财富的影响机制，即假设 H_3 进行检验，具体模型如下：

$$\begin{aligned}PI_{i,t} =\ & \lambda_0 + \lambda_1 NET_{i,t} \times WeathCR_{i,t} + \lambda_2 NET_{i,t} + \lambda_3 WeathCR_{i,t} + \\ & \lambda_4 SL_{i,t} + \lambda_5 BHC_{i,t} + \rho Controls_{i,t} + Year_t + \\ & Industry_{i,t} + \tau_{i,t}\end{aligned} \quad (5-4)$$

其中，$PI_{i,t}$ 为因变量，代表上市公司 i 在第 t 年的股价信息含量；$NET_{i,t}$ 为自变量，代表上市公司 i 在第 t 年的非控股大股东退出威胁；$WeathCR_{i,t}$ 为上市公司 i 在第 t 年的控股股东的持股市值；$NET_{i,t} \times WeathCR_{i,t}$ 为非控股大股东退出威胁与控股股东持股市值的交互项；$Controls_{i,t}$ 为一系列控制变量；$Year_t$ 和 $Industry_{i,t}$ 分别为年度和行业固定效应。若假设 H_3 成立，非控股大股东退出威胁（$NET_{i,t}$）与控股股东持股市值（$WeathCR_{i,t}$）交互项（$NET_{i,t} \times WeathCR_{i,t}$）的系数应该显著为正，说明具有可置信退出威胁的非控股大股东能够通过影响控股股东财富的作用机制，进而促进上市公司的股价信息含量的提升。

为了考察假设 H_4 是否成立，在本书模型（4-6）的基础上，加入管理者财富（WeathMN），以及非控股大股东退出威胁（NET）与管理者财富（WeathMN）的交互项，进而构建模型（5-5），对非控股大股东退出威胁影响管理者财富的影响机制，即假设 H_4 进行检验，具体模型如下：

$$\begin{aligned}PI_{i,t} =\ & \theta_0 + \theta_1 NET_{i,t} \times WeathMN_{i,t} + \theta_2 NET_{i,t} + \theta_3 WeathMN_{i,t} + \\ & \theta_4 SL_{i,t} + \theta_5 BHC_{i,t} + \chi Controls_{i,t} + Year_t + \\ & Industry_{i,t} + \mu_{i,t}\end{aligned} \quad (5-5)$$

同样地，在模型（5-5）中，$PI_{i,t}$ 为因变量，代表上市公司 i 在第 t 年的股价信息含量；$NET_{i,t}$ 为自变量，代表上市公司 i 在第 t 年的非控股大股东退出威胁；$WeathMN_{i,t}$ 代表上市公司 i 在第 t 年的管理层持股市值；$NET_{i,t} \times$

WeathMN$_{i,t}$ 则代表非控股大股东退出威胁与上市公司管理层持股市值的交互项；Controls$_{i,t}$ 代表一系列控制变量；Year$_t$ 和 Industry$_{i,t}$ 分别代表年度和行业固定效应。若假设 H$_4$ 成立，非控股大股东退出威胁（NET$_{i,t}$）与管理者持股市值（WeathMN$_{i,t}$）交互项（NET$_{i,t}$×WeathMN$_{i,t}$）的系数应该显著为正，说明在影响股价信息含量方面具有可置信退出威胁的非控股大股东的作用发挥主要取决于对管理层财富的影响。

为了考察假设 H$_6$ 是否成立，本书借鉴潘越等[81]、杜勇等[290]的做法，在模型（4-7）的基础上，加入行业竞争程度（HHI）以及非控股大股东连锁持股（NCrosshld）与行业竞争程度（HHI）的交互项，进而构建模型（5-6），对非控股大股东连锁持股"协同效应"的作用机制，即假设 H$_5$ 进行检验，具体模型如下：

$$PI_{i,t} = \gamma_0 + \gamma_1 Ncrosshld_{i,t} \times HHI_{i,t} + \gamma_2 Ncrosshld_{i,t} + \gamma_3 HHI_{i,t} + \delta Controls_{i,t} + Year_t + Industry_{i,t} + \kappa_{i,t} \quad (5-6)$$

其中，Ncrosshld$_{i,t}$ 为自变量，代表非控股大股东连锁持股的指标；HHI$_{i,t}$ 为上市公司 i 在第 t 年所在行业的竞争程度；Ncrosshld$_{i,t}$×HHI$_{i,t}$ 为非控股大股东连锁持股与行业竞争程度的交互项；同样地，在上述模型中，Controls$_{i,t}$ 为一系列在检验股价信息含量影响因素实证研究中所包含的主要控制变量，在模型中同样对年度与行业固定效应进行了控制。若假设 H$_6$ 成立，非控股大股东连锁持股（Ncrosshld）与行业竞争程度（HHI）交互项的系数应该显著为正，说明非控股大股东连锁持股能够发挥"协同效应"。

对于考察假设 H$_7$ 是否成立，借鉴田昆儒等[228]的做法，在模型（4-7）的基础上，加入企业信息环境（Infor），以及非控股大股东连锁持股（Ncrosshld）与企业信息环境（Infor）的交互项，进而构建模型（5-7），对非控股大股东连锁持股"信息效应"的作用机制，即假设 H$_7$ 进行检验，具体模型如下：

$$PI_{i,t} = \delta_0 + \delta_1 Ncrosshld_{i,t} \times Infor_{i,t} + \delta_2 Ncrosshld_{i,t} + \delta_3 Infor_{i,t} + \eta Controls_{i,t} + Year_t + Industry_{i,t} + \mu_{i,t} \quad (5-7)$$

其中，Ncrosshld$_{i,t}$ 为自变量，代表非控股大股东连锁持股的指标；Ncrosshld$_{i,t}$×Infor$_{i,t}$ 则代表非控股大股东连锁持股与企业信息环境的交互项；

同样地，在上述模型中，Controls$_{i,t}$代表一系列在检验股价信息含量影响因素实证研究中所包含的主要控制变量，在模型中同样对年度与行业固定效应进行了控制。若假设 H$_7$ 成立，非控股大股东连锁持股（Ncrosshld）与企业信息环境（Infor）交互项的系数应该显著为正，说明非控股大股东连锁持股能够发挥"信息效应"。

在第 4 章中，本书运用多元线性回归实证研究方法，对非控股大股东参与公司治理对股价信息含量的直接影响作用进行了检验。为了进一步探究第 5.1.2 节中非控股大股东参与公司治理影响股价信息含量的具体作用路径是否成立，本书采用中介效应模型对具体的路径进行实证检验。温忠麟和叶宝娟[306] 在综合部分中介检验[307]、完全中介检验[308] 以及 Sobel 检验[309] 的基础之上，提出一套比较完整的中介效应检验程序。

针对是否存在中介效应的检验中，应首先考察线性模型（5-8）：检验被解释变量与解释变量之间是否存在因果关系，即

$$\text{Depvar} = \gamma \text{Indepvar} + \mu \qquad (5-8)$$

若模型（5-8）通过了检验，即解释变量与被解释变量之间确实存在因果关系，那么进一步地，通过设置模型（5-9），对解释变量与中介变量之间是否存在因果关系进行检验，具体模型如下：

$$\text{Medvar} = \alpha \text{Indepvar} + \theta \qquad (5-9)$$

若模型（5-9）通过了检验，即解释变量与中介变量之间存在因果关系，那么进一步地，通过设置模型（5-10），对具体的中介路径是否成立进行检验，具体模型如下：

$$\text{Depvar} = \gamma' \text{Indepvar} + \beta \text{Medvar} + \psi \qquad (5-10)$$

在上述模型（5-8）~模型（5-10）中，Indepvar 为主要的解释变量；Medvar 为中介变量；Depvar 为被解释变量。在模型（5-8）和模型（5-9）通过显著性检验的基础上，对模型（5-10）进行检验，如果 γ' 和 β 均显著，则存在完全中介效应；如果 γ' 不显著，而 β 显著，则存在完全中介效应。另外，如果模型（5-8）未通过检验，则停止中介检验程序；若模型（5-8）通过检验，而（5-9）未通过显著性检验，则需要进行 Sobel 检验。具体的检验程序如图 5-1 所示。

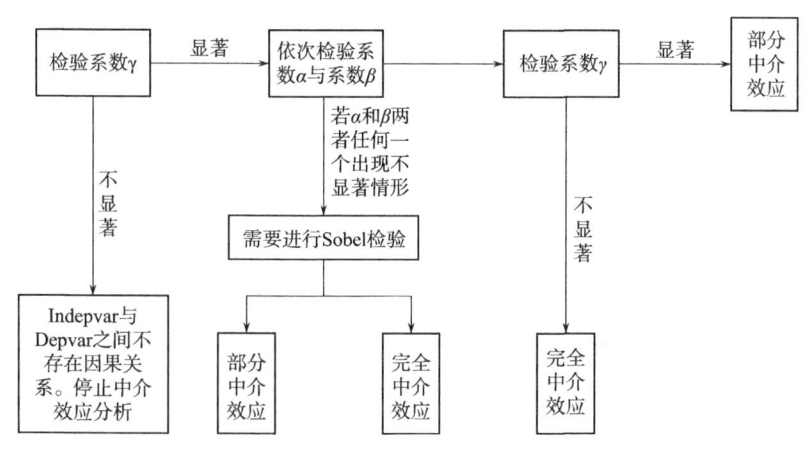

图 5-1 中介效应检验程序

依照上述中介检验程序，对非控股大股东退出威胁影响股价信息含量的作用路径，即非控股大股东退出威胁→信息惯性披露→股价信息含量，即假设 H_5 是否成立进行检验。结合模型（4-6）的检验结果，本书首先通过构建模型（5-11）对检验非控股大股东退出威胁对企业信息不对称程度的影响，具体如下：

$$MASimi_{i,t} = \alpha_0 + \alpha_1 NET_{i,t} + \eta Controls_{i,t} + Year_t + Industry_{i,t} + \mu_{i,t}$$

(5-11)

其中，$MASimi_{i,t}$ 为被解释变量，代表公司 i 第 t 年 MD & A 文本信息的纵向相似程度，用以衡量企业信息惯性披露行为；$NET_{i,t}$ 为解释变量，代表为公司 i 在第 t 年的非控股大股东退出威胁。$Controls_{i,t}$ 为一系列在检验企业信息惯性披露的实证研究中包含的主要控制变量。参照麦克马林（McMullin）[310]、葛锐等[311]的研究，本书对包括 ln(MV)（上市公司总市值的自然对数）、Lever（资产负债率）、MBR（市值账面比）、Lstage（上市年限）、Growth（主营业务增长率）、Sales（主营业务收入/总资产）、Wcapital（营运资本/总资产）、GW（商誉/总资产）、Lnwords（MD&A 文本总字数的自然对数）等因素进行控制。Year 和 Industry 分别代表年度与行业固定效应。

进一步地，为了验证假设 H_5，通过在模型（4-7）中引入变量-企业信息惯性披露（MASimi），并构建模型（5-12）。利用模型（5-12）考察非控股大股东退出威胁→企业信息惯性披露→股价信息含量的作用路径，具体如下：

$$PI_{i,t} = \eta_0 + \eta_1 NET_{i,t} + \eta_2 MASimi_{i,t} + \lambda Controls_{i,t} +$$
$$Year_t + Industry_{i,t} + \pi_{i,t} \quad (5-12)$$

其中，$MASimi_{i,t}$ 为中介变量，代表企业信息惯性披露，$PI_{i,t}$ 为被解释变量，代表公司 i 在第 t 年的股价信息含量，$NET_{i,t}$ 为解释变量，代表为公司 i 在第 t 年的非控股大股东退出威胁。控制变量与模型（4-6）保持一致，不再赘述。

对于非控股大股东连锁持股影响股价信息含量的作用路径，即非控股大股东连锁持股→企业信→股价信息含量进行检验。在结合模型（4-7）检验结果的基础上，本书通过构建模型（5-13），检验非控股大股东连锁持股对企业信息惯性披露的影响，具体如下：

$$AnalystAccur_{i,t} = \theta_0 + \theta_1 Ncrosshld_{i,t} + \gamma Controls_{i,t} +$$
$$Year_t + Industry_{i,t} + \sigma_{i,t} \quad (5-13)$$

其中，$Ncrosshld_{i,t}$ 为解释变量，衡量为公司 i 在第 t 年的非控股大股东连锁持股；$Controls_{i,t}$ 代表一系列在检验企业信息不对称影响因素的实证研究中所包含的主要控制变量。借鉴已有文献，本研究对包括企业规模（Size）、资产负债率（Lever）、总资产收益率（ROA）、成长机会（Growth）、上市时间（Lstage）、股权集中度（Top1）、审计质量（Big4）、股权性质（SOE）、国有持股比例（Govh）、机构持股比例（Insth）、独立董事比例（Indep）、董事会规模（Bdsize）、高管薪酬总额（Gpay3）、董事长两职兼任（Dual）等因素进行控制。Year 和 Industry 分别代表年度与行业固定效应。

进一步地，为了验证假设 H_8，通过在模型（4-7）中引入变量-企业信息透明度（$AnalystErro_{i,t}$），构建模型（5-14），进而利用模型（5-14）考察非控股大股东连锁持股→企业信息透明度→股价信息含量的作用路径，具体如下：

$$PI_{i,t} = \varphi_0 + \varphi_1 Ncrosshld_{i,t} + \varphi_2 AnalystAccur_{i,t} + \lambda Controls_{i,t} +$$
$$Year_t + Industry_{i,t} + \pi_{i,t} \quad (5-14)$$

在模型（5-14）中，$AnalystAccur_{i,t}$ 为中介变量，代表企业信息透明度；$PI_{i,t}$ 为被解释变量，代表公司 i 在第 t 年的股价信息含量；$Ncrosshld_{i,t}$ 为解释变量，代表为公司 i 在第 t 年的连锁持股的非控股大股东。控制变量与模型（4-7）保持一致，不再赘述。

5.3 实证检验与结果分析

5.3.1 描述性统计

表 5-1 列示了本章进行影响机制检验及影响路径检验所需要主要研究变量的描述性统计结果。由表 5-1 可知，WeathCR、WeathMN 分别代表控股股东持股市值和管理层持股市值。其中，WeathCR 的均值为 0.340，标准差为 0.606，这说明样本企业中控股股东持股市值具有较大差异。WeathMN 的均值为 0.040，而标准差则仅为 0.088，表明样本中各个上市公司管理层持股市值的差异不大。HHI 和 AnalystAccur 则是行业竞争程度和企业的信息环境的代理指标，是检验非控股大股东连锁持股影响股价信息含量作用机制的变量。Infor 的均值为 0.444，这表明在样本企业中，信息透明度较高的企业样本占到总样本比例的 44.4%，这与中国资本市场整体环境的现状比较吻合。MAsimi 是衡量企业惯性披露的代理变量，均值为 0.870，这说明在中国上市公司的管理层讨论与分析的信息披露方面呈现出时序层面高度相似的特征。管理层讨论与分析披露的"样板化""模式化"现象比较严重，信息含量明显降低。

表 5-1 描述性统计

变量	样本量/个	均值	标准差	最小值	中值	最大值
PI	18 365	0.118	0.825	-1.611	0.068	2.389
NET	18 365	0.002	0.003	0.000	0.001	0.015
Ncrosshld	18 365	0.045	0.164	0.000	0.000	0.693
WeathCR	18 365	0.340	0.606	0.018	0.142	1.073
WeathMN	18 365	0.040	0.088	0.000	0.000	0.522
HHI	18 365	0.119	0.118	0.017	0.081	0.711
Infor	18 365	0.444	0.497	0.000	0.000	1.000
MAsimi	18 365	0.870	0.119	0.402	0.910	0.991

续表

变量	样本量/个	均值	标准差	最小值	中值	最大值
AnalystAccur	18 365	-0.035	0.049	-0.303	-0.018	-0.000
LnMV	18 365	22.796	1.130	20.547	22.664	26.293
MBR	18 365	1.977	1.195	0.893	1.589	7.755
Sales	18 365	0.647	0.445	0.082	0.541	2.564
Wcapital	18 365	0.204	0.230	-0.327	0.200	0.732
GW	18 365	0.023	0.062	0.000	0.000	0.356
lnwords	18 365	8.959	0.807	6.878	8.994	10.582
Gpay3	18 365	14.251	0.712	12.437	14.250	16.085
Dual	18 365	0.224	0.417	0.000	0.000	1.000
Bdsize	18 365	2.154	0.201	1.609	2.197	2.708
Indep	18 365	0.372	0.053	0.308	0.333	0.571

另外，从一些反映公司治理层面的相关变量可以看出，上市公司独立董事占比（Indep）的均值为0.372，这说明平均而言，中国上市公司董事会中独立董事占比超过了1/3，独立董事制度得到了较好的推广与落地；标准差为0.053，则说明独立董事在董事会中的占比，在各上市公司之间的差距不大。两职兼任（Dual）的均值为0.224，这说明样本中仅有22.4%的企业存在董事长与总经理两职兼任的情况。需要说明的是，实证检验中考察上市股价信息含量影响因素时，所需要考虑的主要控制变量，与前文保持一致。因此，在本节中并未一一列出，具体可见第4章第4.2.2节，此处不再赘述。

5.3.2 退出威胁视阈下作用机理的实证检验

5.3.2.1 退出威胁视角下非控股大股东财富影响机制的检验结果

正如前文所述，如果在影响股价信息含量方面，非控股大股东凭借"可置信"的退出威胁，能够通过影响控股股东和管理层财富的进而发挥作用。那么，随着控股股东与管理层持股市值的增加，非控股大股东退出威胁对上市公司股价信息含量具有更强的影响效应。基于以上逻辑，本书采用模型（5-4）、模型（5-5）检验非控股大股东退出威胁影响股价信息含量的作用机制。实证检验结果见表5-2。

表5-2 非控股大股东退出威胁财富影响效应的检验结果

变量	PI (1) 系数	t值	PI (2) 系数	t值
NET×WeathCR	0.186***	(3.27)		
NET×WeathMN			−0.278	(−1.33)
NET	0.187***	(4.93)	0.240***	(6.48)
WeathCR	0.005	(1.51)		
WeathMN			0.580***	(5.53)
BHC	−0.252**	(−2.28)	−0.212*	(−1.90)
SL	0.053***	(10.60)	0.054***	(10.66)
Size	−0.159***	(−16.88)	−0.156***	(−16.71)
Lever	0.418***	(9.17)	0.407***	(8.99)
ROA	0.159	(1.13)	0.067	(0.48)
Growth	0.017***	(3.10)	0.017***	(3.10)
Lstage	0.006	(0.44)	0.020	(1.52)
Top1	0.003***	(5.83)	0.004***	(7.27)
Big4	0.127***	(3.11)	0.147***	(3.61)
Govh	0.110**	(2.12)	0.095*	(1.84)
Insth	1.459***	(14.63)	1.429***	(14.31)
SOE	−0.150***	(−7.92)	−0.128***	(−6.58)
Constant	2.935***	(14.67)	2.825***	(14.28)
Year/Ind	控制		控制	
Cluster	控制		控制	
N/个	18 365		18 365	
Adj-R^2	0.312		0.313	

注：*，**，***代表在10%，5%，1%水平上显著；Year和Ind代表年度和行业固定效应。

从表5-2中可见，在（1）列、（2）列中，非控股大股东退出威胁（NET）依然与股价信息含量显著正相关，而其他控制变量也与前文假设H_1的实证结论保持一致。表5-2的（1）列呈现的是非控股大股东退出威胁对控股股东财富影响作用机制的检验结果。我们重点关注非控股大股东退出威胁（NET）与衡量控股股东持股市值（WeathCR）的交互项（NET×WeathCR）的回归系数的符号，以及其是否能够通过显著性检验。由表5-2中的（1）列可知，NET×WeathCR的系数为0.186，t值为1.82，在10%水平上通过了显著性检验。这说明，非控股大股东退出威胁对上市公司股价信息含量的影响效应，随着控股股东持股市值的增大而显著提升。从而证实了假设H_3，即凭借可置信的"退出威胁"，非控股大股东能够通过影响控股股东财富的作用机制，促进上市公司股价信息含量的提升。

在表5-2中的（2）列呈现的是非控股大股东退出威胁对管理层财富影响作用机制的检验结果。重点关注非控股大股东退出威胁（NET）与衡量管理层持股市值（WeathMN）的交互项（NET×WeathMN）的回归系数的符号以及其是否能够通过显著性检验。由表5-2中的（2）列可知，NET×WeathMN的系数为-0.278，t值为1.33，并未通过显著性检验。这说明非控股大股东退出威胁在促进上市公司股价信息含量提升方面无法通过直接影响管理层财富的作用机制实现，假设H_4并未得到证实。其中可能的原因在于，虽然通过股权激励等方式，中国上市公司给予了管理层一定股份，但整体而言，管理层持有上市公司的股份比例依旧较低。总体而言，管理层的主要财富收入更多地来源于职位薪酬以及潜在的灰色收入，这与中国资本市场的现实基本吻合。

5.3.2.2 非控股大股东退出威胁影响股价信息含量作用路径检验

由前文影响机制的理论分析以及实证检验的结果可知，非控股大股东能够凭借影响控股股东财富的作用机制，进而在提升上市公司股价信息含量方面展现出积极的作用。根据前文有关非控股大股东退出威胁影响股价信息含量作用路径的理论分析，具有"可置信"退出威胁的非控股大股东可以通过抑制公司信息的惯性披露行为，进而提升了上市公司股价信息含量，即存在非控股大股东退出威胁→信息惯性披露→股价信息含量的作用路径。为了验证作用路径成立与否，本书结合模型（4-6）、模型（5-11）、模型（5-12），采用中介效应分析对该作用路径进行检验。具体的检验结果见表5-3。

表 5-3　非控股大股东退出威胁影响股价信息含量的作用路径检验：信息惯性披露

变量	(1) MAsimi 系数	t 值	(2) PI 系数	t 值
NET	-0.019***	(-3.87)	0.215***	(6.64)
MAsimi			-0.343***	(-7.08)
LnMV	0.009***	(11.36)		
MBR	0.000	(0.38)		
Sales	0.005***	(3.31)		
Wcapital	0.004	(0.75)		
GW	-0.077***	(-6.38)		
Lnwords	0.039***	(19.90)		
Lever	-0.017***	(-2.72)	0.398***	(11.19)
Growth	-0.005***	(-4.83)	0.015***	(3.10)
Lstage	-0.003**	(-1.99)	0.001	(0.12)
BHC	-0.025**	(-2.07)	-0.223**	(-2.52)
SL	-0.002***	(-3.71)	0.053***	(11.80)
Size			-0.147***	(-22.42)
ROA			0.213*	(1.84)
Top1			0.003***	(8.60)
Big4			0.144***	(5.72)
Govh			0.084*	(1.90)
Insth			1.469***	(18.99)
SOE			-0.146***	(-10.60)
Constant	0.306***	(12.69)	2.970***	(20.39)
Year/Ind	控制		控制	
Cluster	控制		控制	
N/个	18 365		18 365	
Adj-R^2	0.322		0.312	

注：*，**，***代表在 10%，5%，1% 水平上显著；Year 和 Ind 代表年度和行业固定效应。

根据中介效应的检验程序,应当首先采用模型(4-6),考察非控股大股东退出威胁(NET)对于股价信息含量(PI)的影响。如果非控股大股东退出威胁(NET)与股价信息含量(PI)存在正向的因果关系,则需进一步对模型(5-11)和模型(5-12)进行检验,以考察中介效应是否成立。在α_1和η_2均显著的条件下,若η_1显著,则说明存在部分中介效应。若η_1不显著,则说明有完全中介效应。若α_1和η_2至少有一个不显著,则需要进行Sobel检验,以确定是否存在中介效应。

由本书第4.3.1节中表4-4的实证检验结果可知,非控股大股东退出威胁(NET)与股价信息含量(PI)之间确实在正向的因果关系。由此,本书进一步对模型(5-11)、模型(5-12)进行检验,以确定中介效应是否成立。在表5-3中,呈现的是对于模型(5-11)、模型(5-12)的检验结果。其中,表5-3的(1)列为模型(5-11)的检验结果。可以发现,当以非控股大股东退出威胁(NET)为自变量,信息惯性披露(MAsimi)为因变量时,非控股大股东退出威胁(NET)的回归系数为-0.019,t值为-3.87,在1%的水平上通过了显著性检验,表明具有"可置信"退出威胁的非控股大股东能够有效地抑制公司的信息惯性披露行为。表5-3的(2)列为模型(5-12)的检验结果。实证检验的结果显示,当股价信息含量(PI)为因变量时,非控股大股东退出威胁(NET)与股价信息含量(PI)的回归系数为0.215,t值为6.64,依然在1%的水平上显著正相关,而信息惯性披露(MAsimi)与股价信息含量(PI)的系数为-0.343,t值为-7.08,在1%的水平上通过了显著性检验,这说明上市公司的股价信息含量会随着企业信息惯性披露行为的增加而明显下降。综合模型(4-6)回归结果可知,在控制了中介变量企业信息惯性披露(MAsimi)后,具有"可置信"退出威胁的非控股大股东在提升上市公司股价信息含量方面具有积极的作用。企业信息惯性披露(MAsimi)部分中介了非控股大股东退出威胁(NET)对上市公司股价信息含量(PI)的影响。综合表5-3的检验结果,前文理论分析中的研究假设H_5,即非控股大股东退出威胁→信息惯性披露→股价信息含量的作用路径得到了证实。

5.3.3 连锁持股视阈下作用机理的实证检验

5.3.3.1 非控股大股东连锁持股影响股价信息含量影响机制检验

依据前文理论分析，非控股大股东如果能够凭借连锁持股，通过发挥"协同效应"的作用机制，进而促进上市公司股价信息含量的提升。那么，随着行业竞争程度的提升，非控股大股东连锁持股在促进上市公司股价信息含量提升方面具有更强的影响效应。倘若非控股大股东如果能够凭借连锁持股，通过发挥"信息效应"的作用机制进而促进上市公司股价信息含量的提升。那么，在信息环境较差的上市公司中，连锁持股的非控股大股东在促进上市公司股价信息含量提升方面的作用更加明显。基于以上逻辑，本书采用模型（5-6）、模型（5-7）对非控股大股东连锁持股影响股价信息含量的"协同效应"与"信息效应"进行检验。具体的检验结果见表5-4。

表5-4 非控股大股东连锁持股的"协同效应"与"信息效应"的检验结果

变量	PI (1) 系数	(1) t值	PI (2) 系数	(2) t值
Ncrosshld×HHI	-0.119	(-0.44)		
Ncrosshld×Infor			0.127**	(2.49)
Ncrosshld	0.177***	(3.53)	0.102**	(2.27)
HHI	0.626***	(11.20)		
Infor			-0.004	(-0.40)
SL	0.074***	(15.28)	0.064***	(15.57)
Size	-0.174***	(-23.09)	-0.157***	(-23.53)
Lever	0.459***	(11.23)	0.413***	(11.54)
ROA	0.016	(0.12)	0.168	(1.44)
Growth	0.026***	(4.50)	0.017***	(3.37)
Lstage	0.018	(1.56)	0.009	(0.88)
Top1	0.003***	(7.15)	0.003***	(7.92)

续表

变量	PI			
	(1)		(2)	
	系数	t值	系数	t值
Big4	0.131***	(4.70)	0.125***	(4.94)
Govh	0.130***	(2.68)	0.087**	(1.97)
Insth	1.655***	(18.90)	1.456***	(18.80)
SOE	−0.201***	(−13.15)	−0.153***	(−11.12)
Constant	3.106***	(19.13)	2.887***	(20.00)
Year/Ind	控制		控制	
Cluster	控制		控制	
N/个	18 365		18 365	
Adj-R^2	0.305		0.299	

注：*，**，***代表在10%，5%，1%水平上显著；Year和Ind代表年度和行业固定效应。

从表5-4可见，在（1）列、（2）列中，非控股大股东连锁持股（Ncrosshld）依然与股价信息含量在10%及以上水平显著正相关，而其他控制变量也与前文假设H_2的实证结论保持一致。表5-4的（1）列中，呈现的是非控股大股东连锁持股"协同效应"作用机制的检验结果。我们重点关注非控股大股东连锁持股（Ncrosshld）与衡量上市公司所在行业竞争程度（HHI）的交互项（Ncrosshld×HHI）的回归系数的符号以及其是否能够通过显著性检验。由表5-4中的（1）列可知，Ncrosshld×HHI的系数为−0.119，t值为−0.44，并没有通过显著性检验。这说明非控股大股东无法通过连锁持股"协同效应"的作用机制，促进上市公司股价信息含量的提升。假设H_6并未得到证实。

表5-4的（2）列中，呈现的是非控股大股东连锁持股"信息效应"作用机制的检验结果。我们重点关注非控股大股东连锁持股（Ncrosshld）与衡量上市公司信息环境（Infor）的交互项（Ncrosshld×Infor）的回归系数的符号，以及其是否能够通过显著性检验。由表5-4的（2）列可知，NET×Infor的系数为0.127，t值为2.49，在5%的水平上通过了显著性检验。这说明对于信息环境较高的上市公司而言，在信息环境较差的上市公司中，

非控股大股东连锁持股在促进上市公司股价信息含量提升方面具有更强的影响效应。从而证实了连锁持股的非控股大股东能够通过发挥"信息效应"的作用机制，进而促进上市公司估计信息含量的提升。假设 H_7 得到了证实。

5.3.3.2 非控股大股东连锁持股影响股价信息含量作用路径检验

由前文影响机制的理论分析以及实证检验的结果可知，非控股大股东能够凭借连锁持股"信息效应"的作用机制在提升上市公司股价信息含量方面展现出积极的作用。根据前文有关非控股大股东连锁持股影响股价信息含量作用路径的理论分析，连锁持股的非控股大股东可以通过提高企业信息的透明度，进而促进上市公司的股价信息含量，即存在非控股大股东连锁持股→企业信息透明度→股价信息含量的作用路径。为了验证作用路径成立与否，本书结合模型（4-7）、模型（5-13）、模型（5-14），采用中介效应分析对该作用路径进行检验。具体的检验结果见表5-5。

表5-5 非控股大股东连锁持股影响股价信息含量的作用路径检验：信息透明度

变量	(1) AnalystAccur 系数	(1) AnalystAccur t值	(2) PI 系数	(2) PI t值
Ncrosshld	0.005**	(2.34)	0.153***	(4.32)
AnalystAccur			0.717***	(5.92)
Dual	0.001	(1.01)		
Bdsize	0.003	(1.44)		
Indep	0.008	(1.15)		
Gpay3	-0.002***	(-2.99)		
Size	-0.008***	(-17.91)	-0.151***	(-22.50)
Lever	0.013***	(5.66)	0.403***	(11.29)
ROA	0.380***	(29.55)	-0.099	(-0.80)
Growth	0.001**	(2.22)	0.016***	(3.28)
Lstage	0.006***	(10.19)	0.004	(0.43)
Top1	0.000*	(1.88)	0.003***	(7.78)
Big4	0.009***	(6.02)	0.119***	(4.72)

续表

变量	(1) AnalystAccur		(2) PI	
	系数	t 值	系数	t 值
Insth	0.049***	(12.17)	1.415***	(18.15)
SOE	0.007***	(8.78)	-0.158***	(-11.50)
SL			0.063***	(15.28)
Govh			0.090**	(2.04)
Constant	0.105***	(9.99)	2.825***	(19.56)
Year/Ind	控制		控制	
Cluster	控制		控制	
N/个	18 365		18 365	
Adj-R^2	0.247		0.309	

注：*，**，***代表在10%，5%，1%水平上显著；Year 和 Ind 代表年度、行业固定效应。

根据中介效应的检验程序，应当首先采用模型（4-7），考察非控股大股东连锁持股（Ncrosshld）对于股价信息含量（PI）的影响。如果控股大股东连锁持股（Ncrosshld）与股价信息含量（PI）存在正向的因果关系。则需进一步对模型（5-13）和模型（5-14）进行检验，以考察中介效应是否成立。在 θ_1 和 φ_2 均显著的条件下，若 φ_1 显著，则说明存在部分中介效应。若 φ_1 不显著，则说明有完全中介效应。若 θ_1 和 φ_2 至少有一个不显著，则需要进行 Sobel 检验，以确定是否存在中介效应。

由前文4.3.2节中表4-7的实证检验结果可知，非控股大股东连锁持股（Ncrosshld）与股价信息含量（PI）之间确实在正向的因果关系。由此，本书进一步对模型（5-13）、模型（5-14）进行检验，以确定中介效应是否成立。在表5-5中，呈现的是对于模型（5-13）、模型（5-14）的检验结果。其中，表5-5的（1）列为模型（5-13）的检验结果。可以发现，当以非控股大股东连锁持股（Ncrosshld）为自变量，企业信息透明度（AnalystAccur）为因变量时，非控股大股东连锁持股（Ncrosshld）的回归系数为0.005，t 值为2.34，在5%的水平上通过了显著性检验。表明连锁持股的非控股大股东，能够有效地提升公司的信息透明度。表5-5的（2）列为模型（5-14）的检验结果。实证检验的结果显示，当股价信息含量（PI）为因变量时，非控股大股东连锁持股（Ncrosshld）与股价信息含量（PI）的回归系数为 0.153，t 值为 4.32，依然在 1% 的水平上显著正相关，而企业信息透明度（AnalystAccur）与股价信息含量（PI）的系数为 0.717，t 值为 5.92，在 1% 的水平上通过了显著性检验。这说明，上市公司的股价信息含量，会随着企业信息透明度的提升而显著增加。结合模型（4-7）回归结果可知，在控制了中介变量企业信息透明度（AnalystAccur）后，连锁持股的非控股大股东，能够在提升上市公司股价信息含量方面具有积极的作用。企业信息透明度（AnalystAccur）部分中介了非控股大股东连锁持股（Ncrosshld）对上市公司股价信息含量（PI）的影响。综合表 5-5 的检验结果可知，前文理论分析中研究假设 H_8，即非控股大股东连锁持股→企业信息透明度→股价信息含量的作用路径得到了证实。

5.3.4 实证结果分析

5.3.4.1 非控股大股东参与治理影响股价信息含量作用发挥的实证结果分析

根据前文的实证检验结果，在退出威胁视角下，非控股大股东能够通过影响控股股东财富的作用机制，进而提升上市公司股价信息含量方面具有积极作用。一般认为，与其他中小股东相比，由于持股比例相对较高，非控股大股东有动机和能力去搜集相关信息，通常被视为企业中能够获取内部消息的知情者。非控股大股东由于控股股东实施利益侵占行为而选择用脚投票的方式退出企业会导致其他出于信息列示的中小股东的追随与模仿[22]。随之而来的是其他中小股东追随非控股大股东的脚步，竞相抛售公司股票，从而形成"羊群效应"，造成股价大幅下跌。公司股价的大幅下跌不仅会导致控股股东的声誉损失，也导致其所持有公司股票市值的大幅缩水。为了避免非控股大股东退出给自身财富带来了负面影响，控股股东会迎合非控股大股东，从而减少个人私利的攫取行为，并将关注的重点转向企业价值增值和对管理层的监督过程中，从而有助于公司治理环境的改善，进一步降低了企业信息的不对称程度，使得公司股价信息含量显著提升。

在连锁持股视角下，非控股大股东能够凭借"信息效应"的发挥，促进投资组合之间私有信息的有效传递，进而有助于上市公司股价信息含量的提升。在所有权联结构成的企业网络中，出于实现投资组合利益最大化的目的，非控股大股东可以发挥"信息效应"，不仅能够在"局部桥"中更快速和广泛地获取企业层面私有信息，而且可以在企业与企业之间充当"信息桥"，并将上述私有信息在投资组合内企业之间进行有效传递，有助于改善资本市场的信息环境。更多企业层面私有信息在资本市场中的流动，不仅降低了外部交易者获取私有信息的难度与成本，而且伴随着投资者具体的交易行为，企业特质信息逐步融入公司股票价格中，进而促进了公司股价信息含量的提升。

5.3.4.2 非控股大股东影响股价信息含量具体路径的实证结果分析

基于非控股大股东退出威胁视角。控股股东实施掏空行为会加剧企业信息不对称。非控股大股东"可置信"的退出行为直接影响控股股东切身利益。顾虑到非控股大股东的退出威胁，控股股东对其他股东的利益侵占以及针对上市公司的"掏空"行为均会有所收敛。掏空动机的降低使控股股东掩盖其利益侵占行为的信息操纵行为明显减少，从而花费较之以往更多的精力用以监督经理人的行为。一方面，有效抑制了经理人出于机会主义动机的信息惯性披露行为；另一方面有助于提升经理人通过努力工作，将更多的精力放在实现企业价值增值方面。为了获取更多的企业经营发展中所需要的资源支持，经理人会尽可能地通过各种渠道，将企业层面特质信息对外传递，使企业对外披露信息含量明显增加，进而使上市公司股价信息含量明显提升。

通过连锁持股，非控股大股东的信息获取成本更低，并拥有更广泛与迅速的信息获取渠道与能力。凭借其长期参与同行业公司的生产经营，连锁持股的非控股大股东能够为企业带来丰富且多元的异质性信息。通过连锁持股所形成的所有权网络联结，非控股大股东可以作为行业间不同企业的信息连接点，并发挥"信息桥"的作用，实现投资组合内同行业内企业之间的信息共享，不仅利于识别彼此间的合作机会，而且极大程度促进了企业间信息的相互传递，缓解了企业信息不对称程度，从而有助于上市公司股价信息含量的提升。

5.4 稳健性检验

虽然在第5.3.2节中，本书对于非控股大股东参与治理影响股价信息含量的作用机制以及具体的作用路径进行了实证检验，并证实了研究假设H_3、假设H_5、假设H_7、假设H_8。为了保证之前研究结论的可靠性，在本节中对上述已证实的研究假设进行稳健性测试。

5.4.1 退出威胁视阈下作用机理的稳健性检验

5.4.1.1 非控股大股东退出威胁的控股股东财富影响效应的稳健性测试

在前文非控股大股东退出威胁影响股价信息含量的作用机制检验中，实证分析的结果证实了，具有"可置信"退出威胁的非控股大股东能够通过影响控股股东财富的作用机制，进而在提升上市公司股价信息含量方面展现积极作用，即证实了假设H_3。为了保证研究结论的可靠性，在此部分针对研究假设H_3进行稳健性检验。具体地，采取如下几种方式对研究假设H_3进行稳健性测试。

第一，更换被解释变量的度量指标。采用模型（4-3）回归得出的R^2重新计算衡量股价信息含量的指标（PI_1），对假设H_3重新进行检验，具体的检验结果见表5-6的（1）列。表5-6中的（1）列呈现的是重新计算股价信息含量以后的检验结果，可以发现，在更换了被解释变量的衡量指标后，影响机制检验中重点关注的非控股大股东退出威胁（NET）与控股股东财富（WeathCR）交互项（NET×WeathCR）的系数为0.196，t值为3.23，在1%的水平上通过了显著性检验，与前文结论保持一致。

第二，参照姜付秀等[233]的做法，以控股股东直接持股比例的行业-年度中位数为标准，设置虚拟变量Hcrshld。当某上市公司某一年控股股东持股比例大于中位数时，Hcrshld取值为1，否则取0。以此作为度量控股股东财富的指标，对假设H_3进行重新检验。具体的检验结果见表5-6的（2）列。表5-6中的（2）列呈现的是更换了控股股东财富衡量方式以后的检验结果，可以发现，在更换了控股股东财富衡量方式后，影响机制检验中重点关注的非控股大股东退出威胁（NET）与控股股东财富（Hershld）交互项（NET×Hershld）的系数为 0.128，t 值为 2.63，在 1% 的水平上通过了显著性检验，说明平均而言，与控股股东持股比例较低的上市公司相比，在控股股东持股比例较高的上市公司中，非控股大股东退出威胁对于股价信息含量的促进效应更强。

表 5-6 非控股大股东退出威胁的控股股东财富影响效应（稳健性检验 1）

变量	PI₁ (1) 系数	t 值	PI (2) 系数	t 值
NET×WeathCR	0.196***	(3.23)		
NET×Hershld			0.128***	(2.63)
NET	0.225***	(5.27)	0.208***	(5.08)
WeathCR	0.006	(1.55)		
Hershld			−0.018	(−0.63)
BHC	−0.276***	(−2.25)	−0.255*	(−1.96)
SL	0.062***	(10.61)	0.076***	(13.73)
Size	−0.173***	(−16.72)	−0.107***	(−5.87)
Lever	0.464***	(8.99)	0.363***	(5.25)
ROA	−0.034	(−0.21)	−0.042	(−0.25)
Growth	0.025***	(3.95)	0.010*	(1.73)
Lstage	0.017	(1.18)	0.053	(1.30)
Top1	0.003***	(5.57)	0.004***	(3.26)
Big4	0.142***	(3.18)	0.010	(0.16)
Govh	0.157***	(2.81)	0.025	(0.45)
Insth	1.659***	(14.78)	1.663***	(15.57)
SOE	−0.201***	(−9.57)	0.089*	(1.67)
Constant	3.270***	(14.88)	1.387***	(3.47)
Year/Ind	控制		控制	
Cluster	控制		控制	
N/个	18 365		18 365	
Adj-R^2	0.294		0.316	

注：*，**，***代表在 10%，5%，1% 水平上显著；Year 和 Ind 代表年度和行业固定效应。

第三，改变样本区间。为了进一步保证前文检验结论的可靠性，本书通过改变样本区间，将2010年之前的样本进行删除后，对假设H_3重新进行检验。具体的检验结果见表5-7的（1）列。表5-7中的（1）列呈现的是以2010—2020年为样本区间的检验结果。可以发现，在缩短了研究样本区间后，影响机制检验中重点关注的非控股大股东退出威胁（NET）与控股股东财富（WeathCR）交互项（NET×WeathCR）的系数为0.207，t值为2.77，在1%的水平上通过了显著性检验，研究结论并未发生实质性变化。

第四，采用固定效应模型。为了排除公司个体差异可能对本书实证结论带来的影响，本书采用固定效应模型对研究假设H_3进行重新检验。具体的检验结果见表5-7的（2）列。表5-7中的（2）列呈现的是采用固定效应模型后的检验结果。可以发现，在采用固定效应模型重新检验后，影响机制检验中重点关注的非控股大股东退出威胁（NET）与控股股东财富（WeathCR）交互项（NET×WeathCR）的系数为0.173，t值为2.83，在1%的水平上通过了显著性检验，研究结论与前文保持一致。

表5-7 非控股大股东退出威胁的控股股东财富影响效应（稳健性检验2）

变量	PI （1） 删除2010年之前样本 系数	t值	（2） 固定效应模型 系数	t值
NET×WeathCR	0.207***	(2.77)	0.173***	(2.83)
NET	0.215***	(5.14)	0.211***	(5.14)
WeathCR	0.005	(1.37)	0.004	(0.69)
BHC	-0.310***	(-2.73)	-0.267**	(-2.06)
SL	0.060***	(10.93)	0.076***	(13.75)
Size	-0.151***	(-15.50)	-0.113***	(-6.15)
Lever	0.412***	(8.55)	0.365***	(5.27)
ROA	0.082	(0.54)	-0.067	(-0.41)
Growth	0.017***	(3.00)	0.011*	(1.79)
Lstage	0.006	(0.46)	0.056	(1.38)
Top1	0.003***	(5.85)	0.004***	(3.72)

续表

变量	PI			
	(1) 删除2010年之前样本		(2) 固定效应模型	
	系数	t 值	系数	t 值
Big4	0.126***	(2.95)	0.007	(0.11)
Govh	0.109*	(1.76)	0.026	(0.48)
Insth	1.399***	(12.43)	1.666***	(15.58)
SOE	-0.169***	(-8.47)	0.092*	(1.73)
Constant	3.359***	(15.99)	1.494***	(3.74)
Year/Ind	控制		控制	
Cluster	控制		控制	
N/个	16 233		18 365	
Adj-R^2	0.288		0.316	

注：*，**，***代表在10%，5%，1%水平上显著；Year和Ind代表年度和行业固定效应。

5.4.1.2 非控股大股东退出威胁影响股价信息含量作用路径的稳健性测试

首先，采用固定效应模型。为了排除公司个体差异可能对实证结论带来的影响，本书采用固定效应模型对研究假设 H_5 进行重新检验，具体的检验结果见表5-8。表5-8中呈现的是采用固定效应模型后的检验结果，可以发现，当以非控股大股东退出威胁（NET）为自变量、信息惯性披露（MAsimi）为因变量时，非控股大股东退出威胁（NET）的回归系数为-0.017，t 值为-2.99，在1%的水平上通过了显著性检验。表明具有"可置信"退出威胁的非控股大股东能够有效地抑制公司的信息惯性披露行为。在表5-8的（2）列中，当股价信息含量（PI）为因变量时，非控股大股东退出威胁（NET）与股价信息含量（PI）的回归系数为0.250，t 值为6.66，依然在1%的水平上显著正相关，而信息惯性披露（MAsimi）与股价信息含量（PI）的系数为-0.180，t 值为-7.08，在1%的水平上通过了显著性检验。综合表5-8的检验结果可知，在考虑公司个体效应后，前文理论分析中研究假设 H_5，即非控股大股东退出威胁→信息惯性披露→股价信息含量的作用路径依然成立。

表 5-8 非控股大股东退出威胁影响股价信息含量的作用路径（稳健性测试 1）

变量	(1) MAsimi 系数	(1) MAsimi t 值	(2) PI 系数	(2) PI t 值
NET	-0.017***	(-2.99)	0.250***	(6.66)
MAsimi			-0.180***	(-3.26)
LnMV	-0.001	(-0.34)		
MBR	0.001	(0.95)		
Sales	-0.005	(-1.29)		
Wcapital	0.004	(0.42)		
GW	-0.031	(-1.57)		
Lnwords	0.016***	(5.90)		
Lever	0.008	(0.67)	0.365***	(5.27)
Growth	-0.006***	(-4.44)	0.009	(1.54)
Lstage	-0.042***	(-6.69)	0.044	(1.08)
BHC	-0.020	(-1.06)	-0.244*	(-1.87)
SL	-0.000	(-0.20)	0.076***	(13.77)
Size			-0.107***	(-5.86)
ROA			-0.034	(-0.20)
Top1			0.004***	(3.83)
Big4			0.008	(0.13)
Govh			0.019	(0.34)
Insth			1.664***	(15.60)
SOE			0.093*	(1.75)
Constant	0.793***	(11.44)	1.537***	(3.84)
Year/Ind	控制		控制	
Firm	控制		控制	
N/个	18 365		18 365	
Adj-R^2	0.341		0.316	

注：*，**，***代表在 10%，5%，1% 水平上显著；Year 和 Ind 代表年度和行业固定效应。

其次，更换研究样本区间。为了确保假设 H₅ 研究结论的可靠性，将研究样本的重新定位在 2010—2020 年区间，并对研究假设 H₅ 进行重新检验，具体的检验结果见表 5-9。表 5-9 中呈现的是重新确定样本区间后的检验结果。可以发现，当以非控股大股东退出威胁（NET）为自变量、信息惯性披露（MAsimi）为因变量时，非控股大股东退出威胁（NET）的回归系数为 -0.025，t 值为 -4.64，在 1% 的水平上通过了显著性检验。而在表 5-9 的（2）列中，当股价信息含量（PI）为因变量时，非控股大股东退出威胁（NET）的回归系数为 0.244，t 值为 7.03，在 1% 的水平上通过了显著性检验，而信息惯性披露（MAsimi）的系数为 -0.361，t 值为 -6.47，在 1% 的水平上通过了显著性检验。综合表 5-9 的检验结果可知，在更换研究样本区间后，存在非控股大股东退出威胁→信息惯性披露→股价信息含量的作用路径的研究结论并未发生实质改变。

表 5-9 非控股大股东退出威胁影响股价信息含量的作用路径（稳健性测试 2）

变量	（1）MAsimi 系数	（1）MAsimi t 值	（2）PI 系数	（2）PI t 值
NET	-0.025***	(-4.64)	0.244***	(7.03)
MAsimi			-0.361***	(-6.47)
LnMV	0.010***	(11.56)		
MBR	0.001	(1.13)		
Sales	0.005***	(3.56)		
Wcapital	0.003	(0.64)		
GW	-0.075***	(-6.21)		
Lnwords	0.037***	(18.08)		
Lever	-0.021***	(-3.31)	0.392***	(10.17)
Growth	-0.004***	(-4.27)	0.016***	(2.92)
Lstage	-0.002	(-1.15)	0.003	(0.27)
BHC	-0.026**	(-2.13)	-0.279***	(-3.07)
SL	-0.002***	(-3.52)	0.059***	(12.04)
Size			-0.139***	(-19.63)

续表

变量	(1) MAsimi 系数	(1) MAsimi t 值	(2) PI 系数	(2) PI t 值
ROA			0.145	(1.15)
Top1			0.004***	(8.45)
Big4			0.141***	(5.09)
Govh			0.074	(1.37)
Insth			1.415***	(15.97)
SOE			-0.164***	(-11.08)
Constant	0.336***	(13.63)	3.083***	(20.06)
Year/Ind	控制		控制	
Cluster	控制		控制	
N/个	16 233		16 233	
Adj-R^2	0.346		0.289	

注：*，**，***代表在10%，5%，1%水平上显著；Year 和 Ind 代表年度和行业固定效应。

再次，更换股价信息含量的度量方式。采用模型（4-3）回归得出的 R^2 重新计算衡量股价信息含量的指标（PI_1），对假设 H_5 重新进行检验，具体的检验结果见表 5-10。表 5-10 中呈现的是更换股价信息含量度量后的检验结果，可以发现，当以非控股大股东退出威胁（NET）为自变量、信息惯性披露（MAsimi）为因变量时，非控股大股东退出威胁（NET）的回归系数为-0.019，t 值为-3.87，在 1% 的水平上通过了显著性检验。在表 5-10 的（2）列中，当股价信息含量（PI_1）为因变量时，非控股大股东退出威胁（NET）的回归系数为 0.252，t 值为 6.82，在 1% 的水平上通过了显著性检验，而信息惯性披露（MAsimi）的系数为-0.440，t 值为-7.89，在 1% 的水平上通过了显著性检验。综合表 5-10 的检验结果可知，在更换被解释变量的度量方式后，非控股大股东退出威胁影响股价信息含量作用路径再次得到证实。

表 5-10 非控股大股东退出威胁影响股价信息含量的作用路径（稳健性测试 3）

变量	(1) MAsimi 系数	(1) MAsimi t 值	(2) PI$_1$ 系数	(2) PI$_1$ t 值
NET	-0.019***	(-3.87)	0.252***	(6.82)
MAsimi			-0.440***	(-7.89)
LnMV	0.009***	(11.36)		
MBR	0.000	(0.38)		
Sales	0.005***	(3.31)		
Wcapital	0.004	(0.75)		
GW	-0.077***	(-6.38)		
Lnwords	0.039***	(19.90)		
Lever	-0.017***	(-2.72)	0.441***	(10.84)
Growth	-0.005***	(-4.83)	0.023***	(3.91)
Lstage	-0.003**	(-1.99)	0.012	(1.06)
BHC	-0.025**	(-2.07)	-0.247**	(-2.50)
SL	-0.002***	(-3.71)	0.062***	(11.64)
Size			-0.160***	(-21.63)
ROA			0.030	(0.22)
Top1			0.004***	(8.24)
Big4			0.161***	(5.80)
Govh			0.127***	(2.62)
Insth			1.671***	(19.07)
SOE			-0.195***	(-12.75)
Constant	0.306***	(12.69)	3.354***	(20.38)
Year/Ind	控制		控制	
Cluster	控制		控制	
N/个	16 233		16 233	
Adj-R^2	0.322		0.295	

注：*，**，***代表在 10%，5%，1% 水平上显著；Year 和 Ind 代表年度和行业固定效应。

最后，更换中介效应检验方法。采用 Sobel 检验（Sobel-Goodman Mediation Tests）对假设 H_5 重新进行检验，具体的检验结果见表 5-11。表 5-11 中呈现的是 Sobel 检验的具体结果。可以发现，非控股大股东退出威胁（NET）对股价信息含量（PI）的总效应，等于直接效应 0.228 与间接效应 0.07 之和，总效应为 0.235。中介效应的 Sobel 检验 z 值为 3.78 大于 2.57，在 1% 水平上通过显著性检验，说明中介效应成立。中介效应在总效应中占比为 3.1%。研究假设 H_5 再次得到了验证。

表 5-11 非控股大股东退出威胁影响股价信息含量的作用路径（稳健性测试 4）

变量	系数	标准误	z 值
Sobel	0.007	0.002	3.78
Goodman-1（Aroian）	0.007	0.002	3.75
Goodman-2	0.007	0.002	3.81
a-coefficient	-0.021	0.005	-4.55
b-coefficient	-0.343	0.051	-6.79
间接效应	0.007	0.002	3.78
直接效应	0.228	0.031	7.26
总效应	0.235	0.032	7.48
中介效应占比		3.1%	

5.4.2 连锁持股视阈下作用机理的稳健性检验

5.4.2.1 非控股大股东连锁持股影响股价信息含量的"信息效应"的稳健性测试

为了验证非控股大股东连锁持股影响股价信息含量的作用机制检验结论的可靠性，即非控股大股东能够凭借连锁持股"信息效应"的作用机制，进而有效提升上市公司股价信息含量，即研究假设 H_7。在此部分，本书针对研究假设 H_7 进行稳健性检验。具体地，采取如下几种方式对研究假设 H_7 展开稳健性测试。

第一，更换被解释变量的度量指标。采用模型（4-3）回归得出的 R^2

重新计算衡量股价信息含量的指标（PI$_1$），对假设 H$_7$ 重新进行检验。具体的检验结果见表 5-12 的（1）列。表 5-12 中的（1）列呈现的是重新计算股价信息含量以后的检验结果。可以发现，在更换了被解释变量的衡量指标后，影响机制检验中重点关注的非控股大股东连锁持股（Ncrosshld）与企业信息环境（Infor）交互项（Ncrosshld×Infor）的系数为 0.151，t 值为 2.08，在 5% 的水平上通过了显著性检验，基本的研究结论并未发生变化。

第二，更换衡量企业信息环境的度量指标。既有研究发现，盈余管理程度的提升会导致企业信息环境的恶化。在外部监管日益完善的情况下，利用应急项目进行盈余操纵，面临较高的被识别、发现的风险。通过操控真实经营活动进行盈余管理，难以与日常经营活动相区分，其隐蔽性更强，被外部监管机构发现的可能性更低。上市公司更偏向于通过真实盈余管理的方式进行盈余操纵，并逐步形成真实盈余管理对应计盈余管理的替代。因此，本书借鉴 Roychowdhury（2006）的方法，通过建立模型（5-15）：

$$\frac{\text{Prod}_{i,t}}{A_{i,t-1}} = b_0 + b_1 \frac{1}{A_{i,t-1}} + b_2 \frac{\text{Sales}_{i,t}}{A_{i,t-1}} + b_3 \frac{\Delta\text{Sales}_{i,t}}{A_{i,t-1}} + b_4 \frac{\Delta\text{Sales}_{i,t-1}}{A_{i,t-1}} + \Delta\text{Sales}_{i,t}$$

(5-15)

在模型（5-15）中，Prod$_{i,t}$ 为生产成本，由企业当期存货的净增加额与销售成本组成；Sales$_{i,t}$ 代表公司 i 第 t 年的总销售收入；ΔSales$_{i,t}$ 代表公司 i 第 t 年的总销售收入的增加额；ΔSales$_{i,t-1}$ 代表公司 i 第 t-1 年的总销售收入的增加额；A$_{i,t-1}$ 代表公司 i 第 t-1 年总资产。对模型（5-15）进行年度—行业回归后，将回归后的残差取绝对值（REMP$_{i,t}$）作为生产成本盈余操纵的替代变量，用以衡量企业信息环境，并对假设 H$_7$ 进行重新检验，具体的检验结果见表 5-12 的（2）列。表 5-12 中的（2）列呈现的是更换了企业信息环境衡量方式以后的检验结果。可以发现，在更换了企业信息环境衡量方式后，影响机制检验中重点关注的非控股大股东连锁持股（Ncrosshld）与企业信息环境（REMP）交互项（Ncrosshld×REMP）的系数为 0.739，t 值为 1.69，在 10% 的水平上通过了显著性检验，前文有关非控股大股东能够凭借连锁持股的"信息效应"发挥作用，进而影响股价信息含量的研究结论依然成立。

表5-12 非控股大股东连锁持股影响股价信息含量的"信息效应"(稳健性检验1)

变量	PI₁ (1) 更换股价信息含量度量 系数	t值	PI (2) 更换企业信息环境度量 系数	t值
Ncrosshld×Infor	0.151**	(2.08)		
Ncrosshld×REMP			0.739*	(1.69)
Ncrosshld	0.087*	(1.80)	0.150***	(4.22)
Infor	−0.003	(−0.26)		
REMP			0.017	(0.27)
SL	0.074***	(15.31)	0.064***	(15.64)
Size	−0.171***	(−22.67)	−0.156***	(−23.45)
Lever	0.457***	(11.19)	0.410***	(11.46)
ROA	−0.025	(−0.19)	0.164	(1.40)
Growth	0.025***	(4.22)	0.016***	(3.34)
Lstage	0.021*	(1.85)	0.009	(0.87)
Top1	0.003***	(7.43)	0.003***	(7.86)
Big4	0.141***	(5.09)	0.125***	(4.94)
Govh	0.130***	(2.69)	0.086*	(1.94)
Insth	1.651***	(18.81)	1.447***	(18.62)
SOE	−0.203***	(−13.27)	−0.152***	(−11.00)
Constant	3.213***	(19.76)	2.873***	(19.93)
Year/Ind	控制		控制	
Cluster	控制		控制	
N/个	18 365		18 365	
Adj-R^2	0.290		0.308	

注：*，**，***代表在10%，5%，1%水平上显著；Year和Ind代表年度和行业固定效应。

第三，改变样本区间。为了进一步保证前文检验结论的可靠性，本书通过改变样本区间，将2010年之前的样本进行了删除后，对假设H_7重新进行检验。具体的检验结果见表5-13的（1）列。表5-13中的（1）列呈现的是以2010—2020年为样本区间的检验结果。可以发现，在缩短了研究样本区间后，影响机制检验中重点关注的非控股大股东连锁持股（Ncrosshld）与企业信息环境（Infor）交互项（Ncrosshld×Infor）的系数为0.151，t值为1.95，在10%的水平上通过了显著性检验，前文的研究结论依然成立。

第四，采用固定效应模型。为了排除公司个体差异可能对实证结论带来的影响，本书采用固定效应模型对研究假设H_7进行重新检验。具体的检验结果见表5-13的（2）列。表5-13中的（2）列呈现的是采用固定效应模型后的检验结果。可以发现，在采用固定效应模型重新检验后，影响机制检验中重点关注的非控股大股东连锁持股（Ncrosshld）与企业信息环境（Infor）交互项（Ncrosshld×Infor）的系数为0.131，t值为2.05，在5%的水平上通过了显著性检验，研究结论并未发生实质变化。

表5-13　非控股大股东连锁持股影响股价信息含量的"信息效应"（稳健性检验2）

变量	PI			
	（1）		（2）	
	删除2010年之前样本		固定效应模型	
	系数	t值	系数	t值
Ncrosshld×Infor	0.151*	(1.95)	0.131**	(2.05)
Ncrosshld	0.064	(1.23)	0.049	(0.73)
Infor	−0.003	(−0.21)	−0.005	(−0.43)
SL	0.085***	(15.96)	0.088***	(16.99)
Size	−0.163***	(−19.81)	−0.108***	(−5.87)
Lever	0.452***	(10.13)	0.352***	(5.05)
ROA	−0.131	(−0.91)	−0.048	(−0.29)
Growth	0.025***	(4.02)	0.010*	(1.76)
Lstage	0.024**	(2.00)	0.064	(1.57)
Top1	0.004***	(7.34)	0.004***	(3.30)
Big4	0.140***	(4.57)	0.010	(0.17)

续表

变量	PI			
	(1)		(2)	
	删除2010年之前样本		固定效应模型	
	系数	t值	系数	t值
Govh	0.115*	(1.93)	0.001	(0.02)
Insth	1.575***	(15.52)	1.666***	(15.60)
SOE	-0.226***	(-13.59)	0.085	(1.61)
Constant	3.712***	(21.00)	1.365***	(3.40)
Year/Ind	控制		控制	
Cluster	控制		控制	
N/个	16 233		18 365	
Adj-R^2	0.264		0.313	

注：*，**，***代表在10%，5%，1%水平上显著；Year和Ind代表年度和行业固定效应。

5.4.2.2 非控股大股东连锁持股影响股价信息含量作用路径的稳健性测试

第一，更换非控股大股东连锁持股的度量方式。借鉴程等[159]的做法，采用10%的持股比例标准，重新构建用于衡量非控股大股东连锁持股的指标。基于重新计算得到非控股大股东连锁持股的代理指标（Nrosshld）对研究假设 H_8 进行重新检验，具体的检验结果见表5-14。表5-14中呈现的是更换非控股大股东连锁持股的度量方式的检验结果，可以发现，当以非控股大股东连锁持股（Ncrosshld₁）为自变量、企业信息透明度（AnalystAccur）为因变量时，非控股大股东连锁持股（Ncrosshld₁）的回归系数为0.007，t值为2.50，在5%的水平上通过了显著性检验。在表5-14的（2）列中，当股价信息含量（PI）为因变量时，非控股大股东连锁持股（Ncrosshld₁）与股价信息含量（PI）的回归系数为0.131，t值为2.70，依然在1%的水平上显著正相关，而企业信息透明度（AnalystAccur）与股价信息含量（PI）的系数为0.720，t值为5.93，在1%的水平上通过了显著性检验。综合表5-14的检验结果可知，在更换非控股大股东连锁持股度量方式后，前文理论分析中

研究假设 H_8，即非控股大股东连锁持股→企业信息透明度→股价信息含量的作用路径依然成立。

表5-14　非控股大股东连锁持股影响股价信息含量的作用路径（稳健性测试1）

变量	(1) AnalystAccur 系数	(1) AnalystAccur t值	(2) PI 系数	(2) PI t值
Ncrosshld1	0.007**	(2.50)	0.131***	(2.70)
AnalystAccur			0.720***	(5.93)
Dual	0.001	(1.03)		
Bdsize	0.003	(1.48)		
Indep	0.008	(1.13)		
Gpay3	-0.002***	(-2.96)		
Size	-0.008***	(-18.00)	-0.150***	(-22.22)
Lever	0.013***	(5.69)	0.401***	(11.24)
ROA	0.381***	(29.61)	-0.087	(-0.70)
Growth	0.001**	(2.22)	0.016***	(3.29)
Lstage	0.006***	(10.27)	0.004	(0.41)
Top1	0.000*	(1.87)	0.003***	(7.62)
Big4	0.009***	(5.78)	0.120***	(4.74)
Insth	0.050***	(12.27)	1.419***	(18.16)
SOE	0.007***	(8.79)	-0.157***	(-11.39)
SL			0.063***	(15.28)
Govh			0.091**	(2.05)
Constant	0.106***	(10.08)	2.794***	(19.30)
Year/Ind	控制		控制	
N/个	18 365		18 365	
Adj-R^2	0.247		0.309	

注：*，**，***代表在10%，5%，1%水平上显著；Year和Ind分别代表年度、行业固定效应。

第二，更换股价信息含量的度量方式。采用模型（4-3）回归得出的 R^2 重新计算衡量股价信息含量的指标（PI_1），对假设 H_8 重新进行检验，具体的检验结果见表5-15。表5-15中呈现的是更换股价信息含量度量后的检验结果，可以发现，当以非控股大股东连锁持股（Ncrosshld）为自变量，企业信息透明度（AnalystAccur）为因变量时，非控股大股东连锁持股（Ncrosshld）的回归系数为0.005，t 值为2.34，在5%的水平上通过了显著性检验。在表5-15的（2）列中，当股价信息含量（PI_1）为因变量时，非控股大股东连锁持股（Ncrosshld）的回归系数为0.148，t 值为3.86，在1%的水平上通过了显著性检验，而企业信息透明度（AnalystAccur）的系数为0.784，t 值为5.71，在1%的水平上通过了显著性检验。综合表5-15的检验结果可知，在更换被解释变量的度量方式后，非控股大股东连锁持股影响股价信息含量作用路径再次得到了证实。

表5-15　非控股大股东连锁持股影响股价信息含量的作用路径（稳健性测试2）

变量	（1）AnalystAccur 系数	（1）AnalystAccur t 值	（2）PI_1 系数	（2）PI_1 t 值
Ncrosshld	0.005**	(2.34)	0.148***	(3.86)
AnalystAccur			0.784***	(5.71)
Dual	0.001	(1.01)		
Bdsize	0.003	(1.44)		
Indep	0.008	(1.15)		
Gpay3	-0.002***	(-2.99)		
Size	-0.008***	(-17.91)	-0.165***	(-21.68)
Lever	0.013***	(5.66)	0.447***	(10.95)
ROA	0.380***	(29.55)	-0.317**	(-2.24)
Growth	0.001**	(2.22)	0.024***	(4.13)
Lstage	0.006***	(10.19)	0.016	(1.40)
Top1	0.000*	(1.88)	0.003***	(7.29)
Big4	0.009***	(6.02)	0.135***	(4.87)

续表

变量	(1) AnalystAccur 系数	(1) AnalystAccur t值	(2) PI$_1$ 系数	(2) PI$_1$ t值
Insth	0.049***	(12.17)	1.606***	(18.19)
SOE	0.007***	(8.78)	−0.209***	(−13.64)
SL			0.073***	(15.03)
Govh			0.134***	(2.76)
Constant	0.105***	(9.99)	3.146***	(19.34)
Year/Ind	控制		控制	
N/个	18 365		18 365	
Adj-R^2	0.247		0.309	

注：*，**，***代表在10%，5%，1%水平上显著；Year和Ind分别代表年度、行业固定效应。

第三，更换信息透明度的度量指标。借鉴张婷和张敦力[300]，用衡量股票流动性的指标（Amihud）衡量信息透明度，该指标越大，股票流动性越高，信息越透明。Amihud指标计算公式：Amihud = Mean[Log|$R_{i,t}$/Vol|×(−1)]。$R_{i,t}$为股票i日收益率；Vol股票i日交易额；Mean则代表该年日流动性均值。更换信息透明度衡量方式的检验结果，具体见表5-16。表5-16中呈现的是更换企业信息透明度后的检验结果。可以看到，当以非控股大股东连锁持股（Ncrosshld）为自变量，企业信息透明度（Amihud）为因变量时，非控股大股东连锁持股（Ncrosshld）的回归系数为0.127，t值为2.20，在5%的水平上通过了显著性检验。在表5-16的（2）列中，当股价信息含量（PI）为因变量时，非控股大股东连锁持股（Ncrosshld）的回归系数为0.095，t值为1.70，在10%的水平上通过显著性检验，企业信息透明度（Amihud）的系数为0.112，t值为7.00，在1%的水平上通过了显著性检验。综合表5-16的检验结果可知，在更换中介变量的度量方式后，非控股大股东连锁持股通过提升企业信息透明度，进而影响股价信息含量的作用路径依然成立。

表 5-16　非控股大股东连锁持股影响股价信息含量的作用路径（稳健性测试 3）

变量	(1) AnalystAccur 系数	(1) AnalystAccur t 值	(2) PI$_1$ 系数	(2) PI$_1$ t 值
Ncrosshld	0.127**	(2.20)	0.095*	(1.70)
Amihud			0.112***	(7.00)
Dual	-0.034*	(-1.81)		
Bdsize	-0.022	(-0.36)		
Indep	0.160	(0.96)		
Gpay3	0.128***	(7.26)		
Size	0.412***	(23.38)	-0.158***	(-8.00)
Lever	-0.482***	(-7.60)	0.409***	(5.83)
ROA	2.002***	(13.16)	-0.265	(-1.59)
Growth	-0.025***	(-5.15)	0.013**	(2.22)
Lstage	0.438***	(11.87)	-0.007	(-0.18)
Top1	-0.010***	(-9.79)	0.005***	(4.22)
Big4	-0.004	(-0.06)	0.009	(0.14)
Insth	-0.234**	(-2.55)	1.628***	(15.27)
SOE	0.014	(0.29)	0.084	(1.59)
SL			0.068***	(11.74)
Govh			0.016	(0.29)
Constant	11.445***	(26.24)	0.125	(0.28)
Year/Ind	控制	控制	控制	控制
N/个	18 365		18 365	
Adj-R^2	0.664		0.316	

注：*，**，***代表在 10%，5%，1% 水平上显著；Year 和 Ind 分别代表年度、行业固定效应。

第四，更换中介效应检验方法。采用 Sobel 检验，对假设 H$_8$ 重新进行检验，具体的检验结果见表 5-17。表 5-17 中呈现的是 Sobel 检验的具体结果，可以发现，非控股大股东连锁持股（Ncrosshld）对股价信息含量（PI）的总效应，等于直接效应 0.158 与间接效应 0.004 之和，总效应为 0.162。

中介效应的 Sobel 检验 z 值为 2.15，大于 1.97，在 5% 水平上通过显著性检验，说明中介效应成立。中介效应在总效应中占比为 2.3%。研究假设 H_8 再次得到了验证。

表 5-17 非控股大股东连锁持股影响股价信息含量的作用路径（稳健性测试 4）

变量	系数	标准误	z 值
Sobel	0.004	0.002	2.15
Goodman-1（Aroian）	0.004	0.002	2.13
Goodman-2	0.004	0.002	2.17
a-coefficient	0.001	0.002	2.29
b-coefficient	0.755	0.120	6.29
间接效应	0.004	0.002	2.15
直接效应	0.158	0.034	4.62
总效应	0.162	0.034	4.72
中介效应占比	2.3%		

5.5 本章小结

本章主要探讨了非控股大股东参与治理影响股价信息含量的作用机制与路径。一方面，从退出威胁与连锁持股的视角深入分析了非控股大股东参与公司治理影响股价信息含量的具体作用机制，并提出相应的研究假设；另一方面，从企业信息惯性披露与企业信息透明度出发，对非控股大股东退出威胁→企业信息惯性披露→股价信息含量，非控股大股东连锁持股→企业信息透明度→股价信息含量的作用路径进行深入分析，并提出相应的研究假设。进一步地，通过搜集样本企业数据，构建实证检验模型，对研究假设进行实证检验。研究结果表明，非控股大股东退出威胁发挥作用机制的原因，主要在于能够对控股股东财富产生影响。连锁持股的非控股大股东主要通过发挥"信息效应"对上市公司股价信息含量产生影响。影响路径的检验结果则对非控股大股东退出威胁→企业信息惯性披露→股价信息含量，非控股大股东连锁持股→企业信息透明度→股价信息含量的作用路径进行了证实。上述研究结论在经过一系列稳健性检验，如更换变量衡量方法和样本、考虑公司个体效应等，以及考虑样本自选择、遗漏变量和反向因果等内生性问题后依然成立，研究结论具有可靠性。

第 6 章

非控股大股东参与治理影响上市公司股价信息含量的调节因素

对于非控股大股东参与治理对上市公司股价信息含量影响作用的探究，是本书的研究重点。在第 4 章和第 5 章中，本书分别在理论分析的基础上，通过运用实证研究方法，对非控股大股东参与公司治理对上市公司股价信息含量的直接影响效应、内在影响机制及具体作用路径进行了检验。本章将从控股股东股权质押以及产权性质差异的视角，探讨非控股大股东参与公司治理对上市公司股价信息含量发挥影响作用的边界条件。

6.1 假设提出

6.1.1 控股股东股权质押的调节作用

控股股东质押股权进行融资是近年来中国资本市场中的常见现象。从表面来看，通过质押股权，缓解自身财务约束，是控股股东股权质押最直接的动机。然而，控股股东股权质押后，亦有可能会面临着追加担保，乃至强制平仓所带来的控制权转移风险。因此，在自身股权质押后，控股股东会主导企业实施更多的对外捐赠，以实现稳定公司股价、降低控制权转移风险的目的[312]。但不可否认的是，股权质押本质上会导致控股股东控制权与"现金流权"的进一步分离，从而加剧了控股股东的代理倾向[313]。正如李蒙等[263]指出的那样，控股股东股权质押下的策略性捐赠行为，其本身具有自利属性，不利于企业的可持续发展。近期的研究发现，由于会承受股价波动可能带来控制权转移风险，而在市值管理、寻求更广泛的"利益同盟"等需求的驱使下，股权质押的控股股东有动机干涉公司推行员工持股计划，从而导致"员工持股计划"，逐渐沦为控股股东维持上市公司控制权的工具[314]。在质押自身股权质押后，控股股东会实施更多的盈余操纵行为，粉饰财务报表[315]，并进行选择性的信息披露，将企业负面消息隐藏，更多地披露好消息[316]，从而加剧了企业信息不对称程度，加剧了公司股价的崩盘风险[317]。由此可见，控股股东质押会对上市公司高质量的信息披露产生负面影响，阻碍了公司特质信息的有效对外传递。

在第 5 章第 5.1.1 节中，有关非控股大股东退出威胁影响股价信息含量作用机制的假设推演中指出：具有"可置信"退出威胁的非控股大股东能够通过影响控股股东和管理层财富的作用机制，进而对上市公司的股价信息含量产生影响。然而，根据第 5.3.2 节中的实证检验结果，非控股大股东通过影响管理层财富，进而作用于上市公司股价信息含量的影响机制并未得到证实。非控股大股东凭借"可置信"退出威胁，通过影响控股股东财富进而提升上市公司股价信息含量的作用机制得到了实证结论的支持。但从理论上分析，具有"可置信"退出威胁的非控股大股东对于上市公司股价信息含量的影响，也可能会受到控股股东股权质押比例高低的影响。一方面，当控股股东股权质押比例较低时，虽然非控股大股东退出所导致的股票价格波动，而增加股权质押的风险敞口，无法动摇控股股东对于上市公司的实际控制权。但是当退出威胁的"可置信度"较高时，非控股股东一旦退出，则往往会引发市场股价的大幅走低，进而形成控股股东市值"缩水"的财富损失。另一方面，在股权质押较高的情形下，控股股东实际上已经将自身的股权价值提前进行了变现。虽然，对于控股股东而言，可以忽视由于非控股大股东退出性行为所引发的股价下跌给自身财富带来的负面影响，但是，非控股大股东退出所引发的"羊群效应"会增加股权质押的风险敞口。一旦股价触及平仓线，股权质押比例高的控股股东面临巨大的控制权转移风险，进而导致稀缺的上市公司"壳"资源丧失。上述两方面均为具有"可置信"退出威胁的非控股大股东公司治理作用的发挥提供了有效保证。众所周知，相较于国外成熟的资本市场，企业能否进入中国资本市场融资，面临更多的限制和更严苛的准入条件。就目前中国资本市场的现实来看，相比于股价下跌造成的财富损失，"壳"资源对于控股股东而言则更重要。不难推断，出于避免控制权转移的风险，当控股股东股权质押比例较高时，具有"可置信"退出威胁的非控股大股东对于控股股东的威胁程度更高。控股股东则会尽可能地迎合具有"可置信"退出威胁的非控股大股东，从而更加有利于非控股大股东治理作用的发挥。基于此，提出研究假设 H_9：

H_9：控股股东股权质押能够在非控股大股东退出威胁与上市公司股价信息含量之间的关系中起到正向调节作用。

6.1.2 经济政策不确定的调节效应

中国正处于经济转型的关键时期，政府对资源配置和经济运行具有很强的干预意愿和调控能力[318]。不可否认的是，系列经济政策的出台能够有效地克服市场配置资源不足的问题，从而在推动中国经济结构转型、确保中国经济可持续发展中起到了至关重要的作用[319]。然而，由于经济政策出台后执行强度、效果无法预期，且可能出现频繁变更等原因，企业经营行为往往会面临经济政策不确定性的影响[320]。经济政策不确定对于企业行为的影响，也由此成为理论与实务界共同关注的焦点。在学术研究领域，学者们分别从企业投融资、创新、并购等方面，展开了经济政策不确定性影响企业行为的相关探讨，并取得了比较丰硕的研究成果[248-250]。在影响资本市场的方面，相关学者指出，随着经济政策不确定性的增加，公司股票价格下跌风险也随之上升，并且此种影响效应在政策敏感类型公司中表现得尤为明显[247]。毋庸置疑的是，政策是投资者作出市场预期的主要依据，而市场预期又是决定股票价格的重要因素。随着经济政策不确定性的增加，资本市场中相关资产的价格也会随之产生剧烈的波动，并会导致市场风险的进一步加剧[321]。

如前文所述，经济政策不确定会对企业行为以及资本市场产生影响。那么，非控股大股东连锁持股与股价信息含量的关系是否会受到经济政策不确定的影响？对于这一问题，本书主要从以下两个方面展开分析。

首先，从非控股大股东连锁持股"治理效应"的视角。经济政策不确定性的上升，会显著降低企业未来收益稳定性的明显下降[252]。在整体经营环境波动的现实条件下，经理人即使努力工作也可能无法提升企业业绩[253]。企业业绩是考核、评价，并对经理人实施奖惩的重要依据，而出于维护个人利益、固守职位等的动机，经理人会实施更多通过信息操纵进而攫取个人私利的行为，在强化了企业内部的代理冲突[239]。在此种情况下，连锁持股的非控股大股东对于经理人的监督成本会明显上升，从而弱化了非控股大股东的监督动机，也使得企业真实经营信息无法有效对外传递，从而降低了公司股票价格中的信息含量。

其次，基于非控股大股东连锁持股的"信息效应"的视角。虽然，在第5章第5.1.1节中，有关非控股大股东连锁持股影响股价信息含量作用机制的假设推演中认为：通过连锁持股，非控股大股东能够通过发挥"协同效应"与"信息效应"的作用机制，进而对上市公司的股价信息含量产生影响。然而，根据5.3.2节中的实证检验结果，连锁持股的非控股大股东通过发挥"协同效应"，进而影响上市公司股价信息含量的作用机制未得到证实。非控股大股东发挥连锁持股的"信息效应"，并提升上市公司股价信息含量的作用机制，则得到了实证结论的支持。根据连锁持股"信息效应"作用机制，非控股大股东能够在连锁持股下形成的所有权网络联结中，充当"信息桥"并将"局部桥"中获得的私有信息，在投资组合内的企业之间进行共享[228]，从而促进了企业私有信息的在资本市场中的传递。然而，在较高的经济政策不确定环境中，行业信息的不确定性程度也会随之提升。行业信息不确定性的提升则会导致连锁持股的非控股大股东为企业带来多元异质性信息能力的明显下降。虽然，连锁持股的非控股大股东，虽可以在所有权形成联结网络中发挥"信息桥"的作用，在投资组合内企业之间传递信息。但是由于行业信息的不确定的提升，也使得连锁持股非控股大股东在"局部桥"所获取的私有信息，可能是无法反映企业的真实经营状况的无效信息，降低了企业真实特质信息传递的有效性，从而削弱了连锁持股的非控股大股东在促进股价信息含量提升方面的作用。基于此，提出研究假设 H_{10}：

H_{10}：经济政策不确定，在非控股大股东连锁持股与上市公司股价信息含量之间关系中，起到负向调节的作用。

6.2 实证研究设计

6.2.1 样本选择与数据来源

本章所涉及的控股股东股权质押的数据来源于万德（WIND）数据库。对研究假设进行实证检验的样本选取、其他数据来源与第 4 章保持一致，具体可见第 4 章第 4.2.1 节，此处不再赘述。

6.2.2 变量定义

6.2.2.1 股价信息含量

股价信息含量的定义与第 4 章相同。具体的计算过程见第 4 章第 4.2.2 节的模型（4-1）~模型（4-3）。

6.2.2.2 非控股大股东退出威胁

非控股大股东退出威胁的定义与第 4 章相同。具体的计算过程见第 4 章第 4.2.2 节的模型（4-4）~模型（4-5）。

6.2.2.3 非控股大股东连锁持股

非控股大股东连锁持股定义与第 4 章相同。具体的计算过程见第 4 章第 4.2.2 节有关非控股大股东连锁持股的衡量。

6.2.2.4 控股股东股权质押

控股股东股权质押。参考胡珺等[312]的做法，采用控股股东股权质押股数在控股股东持股数所占比例，即控股股东股权质押率（PLR）对控股股东股权质押进行衡量。同时，以年度—行业中位数为判断依据，设置虚拟变量 Hpled。若某年度某上市公司控股股东存在股权质押比例大于年度-行业中位数，则 Hpled 取值为 1；否则，取 0。

6.2.2.5 经济政策不确定

借鉴参考王丽纳等[322]的做法，采用 2007—2020 年中国 30 个省份的省级党报的信息，构建基于省份-年度的中国经济政策不确定性指数（Economic Policy Uncertainty，EPU）。该指标的编制参照贝克（Baker）等[320]的方法，并考虑中英文在语义表述上存在差异，在关键词的选择上依据中国主流报纸的报道习惯、中文语境来进行适当调整。具体做法如下：①运用 Python 的数据挖掘技术从 30 份省级党报的电子版抓取符合要求的文章数量，逐一进行统计，并对各个省份的数据按月进行汇总；②以近 50 年中国政府工作报告与五年规划为基础进行词频统计，人工判断筛选出与经济政策相关的高频关键词；③基于上述人工筛选的关键词，随机挑选了《人民日报》《光明日报》和《经济日报》各 3000 篇文章，通过基于经验判断的机器学习，判断并标记每一篇是否为有关经济政策的文章，筛选出目标文章，然后进行人工校对，筛选出经济政策关键词的基础词条；④不确定性的关键词选择，随机挑选了《人民日报》《光明日报》和《经济日报》各 3000 篇文章进行人工阅读，并从中筛选出表示不确定性的关键词。通过基于经验判断的机器学习，判断并标记每一篇是否为有关不确定性的文章，筛选出目标文章，然后进行人工校对，筛选出不确定性关键词的基础词条。具体包括：不确定、不明确、波动、震荡、动荡、不稳、未明、不明朗、不清晰、未清晰、难料、难以预料、难以预测、难以预计、难以估计、无法预料、无法预计、无法估计、不可预料、不可预测、不可预计、不可估计、矛盾、调整、改革、整改、转换、变化、新的、隐患、失速、忽视、风险等。在构建出反映中国各省份年度经济政策不确定性指标的基础上，以年度经济政策不确定的中位数为依据，设置虚拟变量 Hepu，若 Hepu 大于中位数，则取值为 1，表明该上市公司该年度处于经济政策不确定性较高的地区；否则，取 0。同时，利用贝克（Baker）等[320]开发编制的中国经济政策不确定性指数（EPUC），作为衡量中国宏观经济政策不确定程度的代理指标。并考虑到回归系数的影响，将 EPUC 指数缩小到原来的 1%。

6.2.2.6 其他控制变量

分析影响股价信息含量的影响因素时的控制变量定义与第 4 章相同，具体见第 4 章第 4.2.2 节。

6.2.3 实证模型

6.2.3.1 控股股东股权质押调节非控股大股东退出威胁与股价信息含量关系的检验模型

为了考察控股股东股权质押对非控股大股东退出威胁与股价信息含量关系的调节作用，在第 4 章模型（4-6）的基础上，加入控股股东股权质押（Pled），以及非控股大股东退出威胁（NET）与控股股东股权质押（Pled）的交互项，进而构建模型（6-1），对控股股东股权质押是否能够在非控股大股东退出威胁与股价信息含量关系中发挥调节作用，即假设 H_9 进行检验，具体模型如下：

$$PI_{i,t} = \lambda_0 + \lambda_1 NET_{i,t} \times Pled_{i,t} + \lambda_2 NET_{i,t} + \lambda_3 Pled_{i,t} + \lambda_4 SL_{i,t} + \lambda_5 BHC_{i,t} + \rho Controls_{i,t} + Year_t + Industry_{i,t} \tau_{i,t} \quad (6-1)$$

同样地，在模型（6-1）中，$PI_{i,t}$ 为因变量，代表公司 i 在第 t 年的股价信息含量；$NET_{i,t}$ 为自变量，代表公司 i 在第 t 年的非控股大股东退出威胁；$Pled_{i,t}$ 中包含 $Hpled_{i,t}$ 和 $PLR_{i,t}$ 两个变量。其中，$PLR_{i,t}$ 代表公司在 i 第 t 年控股股东股权质押的比例；$Hpled_{i,t}$ 则是反映公司在 i 第 t 年控股股东股权质押程度的分组变量；$NET_{i,t} \times Pled_{i,t}$ 则代表非控股大股东退出威胁与控股股东持股市值的交互项；$Controls_{i,t}$ 代表一系列控制变量；$Year_t$ 和 $Industry_{i,t}$ 分别代表年度和行业固定效应。若假设 H_9 成立，非控股大股东退出威胁（$NET_{i,t}$）与控股股东股权质押（$Pled_{i,t}$）交互项（$NET_{i,t} \times Pled_{i,t}$）的系数应该显著为正，说明随着控股股东股权质押比例的提升，具有可置信退出威胁的非控股大股东对上市公司的股价信息含量存在更强的影响效应。

6.2.3.2 经济政策不确定调节非控股大股东连锁持股与股价信息含量关系的检验模型

为了考察经济政策不确定对非控股大股东退出威胁与股价信息含量关系的调节作用,在第4章模型(4-7)的基础上,加入经济政策不确定指数(EPU)以及非控股大股东连锁持股(Ncrosshld)与经济政策不确定指数(EPU)的交互项,进而构建模型(6-2),经济政策不确定是否能够在非控股大股东连锁持股与股价信息含量关系中发挥调节作用,即假设 H_{10} 进行检验,具体模型如下:

$$PI_{i,t} = \gamma_0 + \gamma_1 Ncrosshld_{i,t} \times EPU_{i,t} + \gamma_2 Ncrosshld_{i,t} + \gamma_3 EPU_{i,t} + \delta Controls_{i,t} + Year_t + Industry_{i,t} + \kappa_{i,t} \quad (6-2)$$

其中,$Ncrosshld_{i,t}$ 为自变量,代表非控股大股东连锁持股的指标;$EPU_{i,t}$ 包含 $Hepu_{i,t}$ 和 $EPUC_t$ 两个变量;$Hepu_{i,t}$ 用以衡量公司 i 在第 t 年是否处于经济政策不确定较高地区的分组变量;而 $EPUC_t$ 则代表第 t 年中国宏观经济政策不确定程度;$Ncrosshld_{i,t} \times EPU_{i,t}$ 代表非控股大股东连锁持股与经济政策不确定的交互项;同样地,在上述模型中,$Controls_{i,t}$ 代表一系列在检验股价信息含量影响因素实证研究中所包含的主要控制变量,在模型中同样对年度与行业固定效应进行了控制。若假设 H_{10} 成立,非控股大股东连锁持股($Ncrosshld_{i,t}$)与经济政策不确定指数($EPU_{i,t}$)交互项($Ncrosshld_{i,t} \times EPU_{i,t}$)的系数应该显著为负,说明经济政策不确定对非控股大股东连锁持股与股价信息含量之间的关系具有负向调节作用。

6.3 实证检验与结果分析

6.3.1 描述性统计

表6-1列示了本章有关非控股大股东参与治理与股价信息含量调节作用检验所需要主要研究变量的描述性统计结果。由表6-1可知,Hpled 和 Hepu 是控股股东股权质押和经济政策不确定的分组变量,其中,Hpled 的

均值为0.114，说明在研究样本中，有11.4%上市公司被划分到控股股东股权质押比例较高组中；Hepu的均值为0.228，说明有22.8%的企业样本处于经济政策不确定较高的环境中。此外，控股股东股权质押比例（PLR）的均值为0.052，最小值与最大值分别为0.000和0.857，说明不同上市公司控股股东的股权质押情况存在明显差异；而宏观经济政策不确定指数（EPUC）的均值为3.967，标准差为1.479。此外，股价信息含量、非控股大股东退出威胁、非控股大股东连锁持股以及实证检验中考察上市股价信息含量影响因素时，所需要考虑的主要控制变量的描述性统计结果，与第4章的结果保持一致，在此不再赘述。

表6-1 描述性统计

变量	样本量/家	均值	标准差	最小值	中位数	最大值
PI	18 365	0.118	0.825	−1.611	0.068	2.389
NET	18 365	0.002	0.003	0.000	0.001	0.024
Ncrosshld	18 365	0.045	0.164	0.000	0.000	0.693
HPled	18 365	0.114	0.318	0.000	0.000	1.000
PLR	18 365	0.052	0.152	0.000	0.000	0.857
Hepu	18 365	0.228	0.419	0.000	0.000	1.000
EPUC	420	3.967	1.479	1.572	3.830	8.910
BHC	18 365	0.090	0.107	0.000	0.037	0.401
SL	18 365	2.244	1.898	0.001	1.763	8.898
Size	18 365	22.25	1.260	19.961	22.071	26.07
Lever	18 365	0.447	0.201	0.059	0.448	0.870
ROA	18 365	0.039	0.053	−0.170	0.035	0.193
Growth	18 365	0.418	1.165	−0.664	0.136	8.588
Lstage	18 365	1.158	0.223	0.527	1.223	1.440
Top1	18 365	35.742	14.95	9.326	33.962	75.10
Big4	18 365	0.064	0.244	0.000	0.000	1.000
Govh	18 365	0.054	0.139	0.000	0.000	0.650
Insth	18 365	0.071	0.077	0.000	0.045	0.363
SOE	18 365	0.450	0.497	0.000	0.000	1.000

6.3.2 调节作用的实证检验

6.3.2.1 非控股大股东退出威胁与股价信息含量：控股股东股权质押的调节作用

正如前文理论分析所述，随着控股股东股权质押比例较高时，具有可置信退出威胁的非控股大股东对于上市公司股价信息含量存在更强的影响效应。基于以上推断与分析，采用模型（6-1），检验控股股东股权质押对非控股大股东退出威胁与股价信息含量关系的调节作用。具体的检验结果见表6-2。

表6-2 非控股大股东退出威胁影响股价信息含量：控股股东股权质押的调节作用

变量	（1）系数	t 值	（2）系数	t 值
NET×Hpled	0.124**	(2.15)		
NET×PLR			0.232**	(2.23)
NET	0.205***	(5.54)	0.205***	(5.55)
Hpled	0.001	(0.03)		
PLR			0.027	(0.58)
BHC	−0.206*	(−1.85)	−0.204*	(−1.83)
SL	0.054***	(10.63)	0.054***	(10.62)
Size	−0.150***	(−16.26)	−0.150***	(−16.25)
Lever	0.401***	(8.80)	0.399***	(8.78)
ROA	0.188	(1.34)	0.194	(1.38)
Growth	0.017***	(3.09)	0.017***	(3.09)
Lstage	0.004	(0.32)	0.004	(0.30)
Top1	0.003***	(6.37)	0.003***	(6.34)
Big4	0.140***	(3.43)	0.141***	(3.43)
Govh	0.094*	(1.82)	0.093*	(1.81)
Insth	1.459***	(14.61)	1.455***	(14.59)
SOE	−0.146***	(−7.57)	−0.144***	(−7.45)

续表

变量	(1)		(2)	
	系数	t 值	系数	t 值
Constant	2.762***	(14.05)	2.759***	(14.04)
Year/Ind	控制		控制	
Cluster	控制		控制	
N/个	18 365		18 365	
Adj-R^2	0.311		0.311	

注：*，**，***代表在10%，5%，1%水平上显著；Year 和 Ind 代表年度和行业固定效应。

从表6-2中的（1）列、（2）列可知，非控股大股东退出威胁（NET）依然与股价信息含量显著正相关，而其他控制变量也与前文假设 H_1 的实证结论保持一致。在表6-2的（1）列中，应重点关注非控股大股东退出威胁（NET）与反映控股股东股权质押程度的分组变量（Hpled）的交互项（NET×Hpled）系数的回归系数的符号，以及其是否能够通过显著性检验。由表6-2可知，NET×Hpled 的系数为0.124，t 值为2.15，在5%水平上通过了显著性检验。这说明，相较于控股股东股权质押程度较低组而言，在控股股东股权质押程度较高组中，非控股大股东退出威胁对上市公司股价信息含量的影响效应更强。

在表6-2的（2）列中，应重点关注非控股大股东退出威胁（NET）与衡量控股股东股权质押比例（PLR）的交互项（NET×PLR）的回归系数的符号，以及其是否能够通过显著性检验。由表6-2的（2）列可知，NET×PLR 的系数为0.232，t 值为2.23，在5%的水平上通过了显著性检验。这说明，随着控股股东股权质押比例的上升，非控股大股东退出威胁对上市公司股价信息含量的影响效应更明显。综合表6-2的实证结论，控股股东股权质押能够在非控股大股东退出威胁与股价信息含量的关系中起到显著的正向调节作用，假设 H_9 得到了证实。

6.3.2.2　非控股大股东连锁持股与股价信息含量：经济政策不确定的调节作用

正如前文理论分析所述，随着经济政策不确定性的提升，非控股大股东连锁持股对于上市公司股价信息含量的影响效应将被明显削弱。基于以上推断与分析，本书采用模型（6-2），检验经济政策不确定对非控股大股东连锁持股与股价信息含量关系的调节作用。具体的检验结果见表6-3。

表6-3 非控股大股东连锁持股与股价信息含量：经济政策不确定的调节作用

变量	（1）系数	t值	（2）系数	t值
Ncrosshld×Hepu	-0.174**	(-2.46)		
Ncrosshld×EPUC			-0.001**	(-2.05)
Ncrosshld	0.146**	(2.33)	0.286***	(2.79)
Hepu	0.008	(0.62)		
EPUC			0.002***	(9.34)
SL	0.090***	(17.28)	0.091***	(17.46)
Size	-0.110***	(-6.01)	-0.110***	(-6.02)
Lever	0.357***	(5.14)	0.358***	(5.15)
ROA	-0.038	(-0.23)	-0.019	(-0.11)
Growth	0.010*	(1.71)	0.010*	(1.72)
Lstage	0.062	(1.51)	0.062	(1.51)
Top1	0.004***	(3.79)	0.004***	(3.79)
Big4	0.007	(0.10)	0.005	(0.08)
Govh	0.011	(0.21)	0.006	(0.10)
Insth	1.658***	(15.50)	1.664***	(15.55)
SOE	0.093*	(-7.57)	-0.144***	(-7.45)
Constant	0.346***	(14.05)	2.759***	(14.04)
Year/Ind	控制		控制	
Cluster	控制		控制	
N/个	18 365		18 365	
Adj-R^2	0.314		0.314	

注：*，**，***代表在10%，5%，1%水平上显著；Year和Ind分别代表年度、行业固定效应。

从表6-3的（1）列、（2）列可知，非控股大股东连锁持股（Ncrosshld）依然与股价信息含量显著正相关，而其他控制变量也与前文假设H_2的实证结论基本保持一致。在表6-3的（1）列中，应重点关注非控股大股东连锁持股（Ncrosshld）与反映经济政策不确定程度的分组变量（Hepu）的交互项（Ncrosshld×Hepu）系数的回归系数的符号，以及其是否能够通过显著性检验。由表6-3可知，Ncrosshld×Hepu的系数为-0.174，t值为-2.46，在5%水平上通过了显著性检验。这说明，相较处于经济政策不确定较高地区的上市公司而言，在处于经济政策不确定较低地区的上市公司中，非控股大股东连锁持股对上市公司股价信息含量的影响效应更强。

在表6-3的（2）列中，应重点关注非控股大股东连锁持股（Ncrosshld）与衡量宏观经济政策不确定性（EPUC）的交互项（Ncrosshld×EPUC）的回归系数的符号，以及其是否能够通过显著性检验。由表6-3的（2）列可知，Ncrosshld×EPUC的系数为-0.001，t值为-2.05，在5%的水平上通过了显著性检验。这说明，随着宏观经济政策不确定程度的上升，非控股大股东连锁持股对上市公司股价信息含量的影响效应明显降低。综合表6-3的实证结论，经济政策不确定能够在非控股大股东退出威胁与股价信息含量的关系中起到显著的负向调节作用，证实了假设H_{10}。

此外，本书进一步绘制了图6-1，呈现控股股东股权质押与经济政策不确定的调节作用。在图6-1左半部分显示的是，在控股股东股权质押差异下，非控股大股东退出威胁对上市公司股价信息含量的影响。横轴表示非控股大股东退出威胁，纵轴表示股价信息含量。从图中可以看出，在控股股东股权质押比例较高组中，非控股大股东退出威胁对于上市公司股价信息含量的影响要明显强于在控股股东股权质押比例较高低中，非控股大股东退出威胁对于上市公司股价信息含量的影响。在图6-1右半部分呈现的是，在经济政策不确定差异下，非控股大股东连锁持股对上市公司股价信息含量的影响，其中横轴表示非控股大股东连锁持股，纵轴表示股价信息含量。从图中可以看出，在经济政策不确定性较低组中，非控股大股东连锁持股对于上市公司股价信息含量的影响要明显强于在经济政策不确定性较高组中非控股大股东连锁持股对于上市公司股价信息含量的影响。

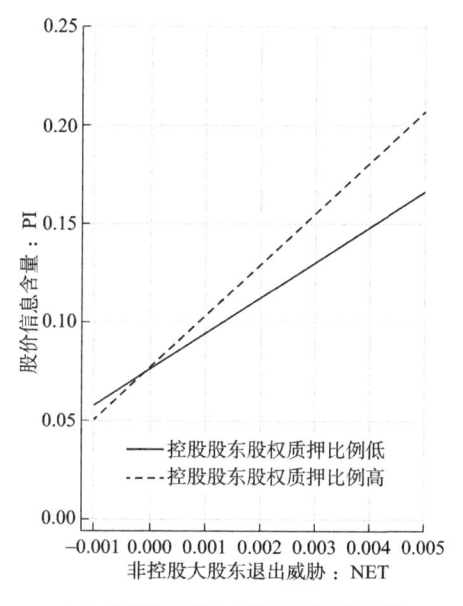

(a) 控股股东股权质押比例调节作用

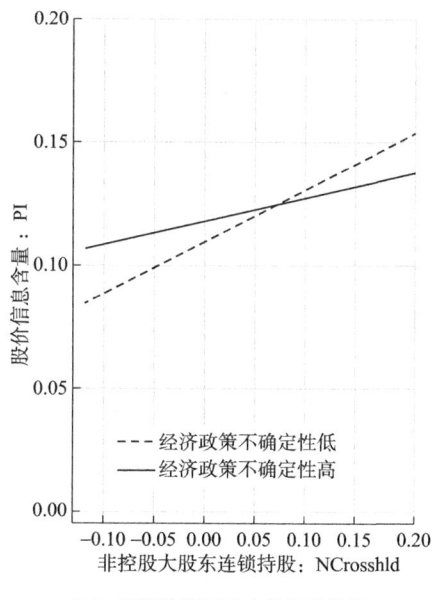

(b) 经济政策不确定性调节作用

图 6-1 控股股东股权质押、经济政策不确定性的调节作用

6.4 稳健性检验

虽然在第6章第6.3.2节中，本书对控股股东股权质押、经济政策不确定，在非控股大股东参与治理与股价信息含量两者关系中的调节作用进行了实证检验，并证实了研究假设 H_9、假设 H_{10}。为了保证之前研究结论的可靠性，在本节中对上述已证实的研究假设进行稳健性测试。

6.4.1 控股股东股权质押调节效应的稳健性检验

前文实证检验的结果证实了假设 H_9，即控股股东股权质押能够在非控股大股东退出威胁与股价信息含量的两者关系起到正向调节作用。为了保证研究结论的可靠性，在此部分针对研究假设 H_9 进行稳健性检验。具体地，采取如下几种方式对研究假设 H_9 进行稳健性测试。

首先，更换被解释变量的度量指标。采用模型（4-3）回归得出的 R^2 重新计算衡量股价信息含量的指标（PI_1），对假设 H_9 重新进行检验，具体的检验结果见表6-4。表6-4呈现的是重新计算股价信息含量以后的检验结果，可以发现，在更换了被解释变量的衡量指标后，非控股大股东退出威胁（NET）与衡量控股股东股权质押程度的分组变量（Hpled）交互项（NET×Hpled）的系数为0.141，t 值为1.91，在10%的水平上通过了显著性检验，与前文结论保持一致。非控股大股东退出威胁（NET）与衡量控股股东股权质押程度的分组变量（PLR）交互项（NET×PLR）的系数为0.219，t 值为1.82，在10%的水平上通过了显著性检验，基本的研究结论并未发生实质性改变。

表6-4 控股股东股权质押的调节作用（稳健性检验1）

变量	（1）系数	（1）t 值	（2）系数	（2）t 值
NET×Hpled	0.141*	(1.91)		
NET×PLR			0.219*	(1.82)

续表

变量	(1) 系数	t 值	(2) 系数	t 值
NET	0.242***	(5.81)	0.245***	(5.85)
Hpled	0.024	(0.87)		
PLR			0.087	(1.52)
BHC	-0.226*	(-1.83)	-0.224*	(-1.82)
SL	0.062***	(10.61)	0.062***	(10.59)
Size	-0.164***	(-16.17)	-0.164***	(-16.15)
Lever	0.442***	(8.59)	0.440***	(8.58)
ROA	-0.002	(-0.01)	0.005	(0.03)
Growth	0.025***	(3.95)	0.025***	(3.94)
Lstage	0.016	(1.08)	0.015	(1.04)
Top1	0.004***	(6.04)	0.004***	(6.01)
Big4	0.158***	(3.52)	0.158***	(3.53)
Govh	0.139**	(2.50)	0.139**	(2.50)
Insth	1.654***	(14.72)	1.650***	(14.70)
SOE	-0.193***	(-9.03)	-0.190***	(-8.91)
Constant	3.092***	(14.34)	3.087***	(14.32)
Year/Ind	控制		控制	
Cluster	控制		控制	
N/个	18 365		18 365	
Adj-R^2	0.293		0.293	

注：*，**，***代表在10%，5%，1%水平上显著；Year 和 Ind 分别代表年度、行业固定效应。

其次，更换非控股大股东退出威胁的衡量方式。以上市公司某年是否存在持股5%以上的非控股大股东作为非控股大股东退出威胁的替代变量（NET_1）对假设 H_9 进行重新检验，具体的检验结果见表6-5。表6-5呈现了更换非控股大股东退出威胁衡量方式后的检验结果，可以发现，在更换了非控股大股东退出威胁衡量方式后，非控股大股东退出威胁（NET_1）与衡量控股股东股权质押程度的分组变量（Hpled）交互项（$NET_1 \times Hpled$）的系数为 0.079，t 值为 2.06，在 5% 的水平上通过了显著性检验；非控股大股东退出威胁（NET_1）与控股股东股权质押比例（PLR）交互项（$NET_1 \times$ PLR）的系数为 0.158，t 值为 2.08，在 5% 的水平上通过了显著性检验。由表 6-5 的检验结果可知，在更换的非控股大股东退出威胁衡量方式后，本书的研究结论依然稳健。

表 6-5 控股股东股权质押的调节作用（稳健性检验 2）

变量	（1） 系数	（1） t 值	（2） 系数	（2） t 值
$NET_1 \times$Hpled	0.079**	(2.06)		
$NET_1 \times$PLR			0.158**	(2.08)
NET_1	0.044**	(2.50)	0.045**	(2.57)
Hpled	−0.028	(−0.88)		
PLR			−0.020	(−0.32)
BHC	0.134*	(1.70)	0.132*	(1.68)
SL	0.067***	(14.52)	0.067***	(14.48)
Size	−0.152***	(−16.42)	−0.151***	(−16.41)
Lever	0.400***	(8.76)	0.398***	(8.72)
ROA	0.164	(1.17)	0.169	(1.20)
Growth	0.017***	(3.00)	0.016***	(2.98)
Lstage	0.009	(0.68)	0.009	(0.67)
Top1	0.003***	(6.30)	0.003***	(6.28)
Big4	0.140***	(3.42)	0.140***	(3.43)
Govh	0.072	(1.40)	0.071	(1.39)
Insth	1.441***	(14.44)	1.438***	(14.43)
SOE	−0.139***	(−7.20)	−0.136***	(−7.04)
Constant	2.723***	(13.83)	2.721***	(13.83)
Year/Ind	控制		控制	
Cluster	控制		控制	
N/个	18 365		18 365	
Adj-R^2	0.309		0.309	

注：*，**，***代表在 10%，5%，1% 水平上显著；Year 和 Ind 分别代表年度、行业固定效应。

最后，改变样本区间。为了进一步保证前文检验结论的可靠性，本书通过改变样本区间，将2010年之前的样本进行了删除后，对假设 H_9 重新进行检验，具体的检验结果见表6-6。表6-6呈现的是以2010—2020年为样本区间的检验结果。可以发现，在缩短了研究样本区间后，非控股大股东退出威胁（NET）与衡量控股股东股权质押程度的分组变量（Hpled）交互项（NET×Hpled）的系数为0.122，t 值为2.11，在5%的水平上通过了显著性检验；非控股大股东退出威胁（NET）与衡量控股股东股权质押程度的分组变量（PLR）交互项（NET×PLR）的系数为0.228，t 值为2.18，在5%的水平上通过了显著性检验。由表6-6的检验结果可知，在更换了研究样本区间后，研究结论并未发生实质性变化。

表6-6 控股股东股权质押的调节作用（稳健性检验3）

变量	（1）系数	t 值	（2）系数	t 值
NET×Hpled	0.122**	(2.11)		
NET×PLR			0.228**	(2.18)
NET	0.204***	(5.40)	0.204***	(5.40)
Hpled	−0.002	(−0.09)		
PLR			0.024	(0.50)
BHC	−0.217*	(−1.92)	−0.216*	(−1.91)
SL	0.056***	(10.70)	0.056***	(10.68)
Size	−0.147***	(−15.67)	−0.147***	(−15.65)
Lever	0.401***	(8.50)	0.399***	(8.48)
ROA	0.173	(1.18)	0.179	(1.21)
Growth	0.017***	(2.94)	0.017***	(2.94)
Lstage	0.007	(0.49)	0.006	(0.47)
Top1	0.003***	(6.19)	0.003***	(6.16)
Big4	0.133***	(3.15)	0.133***	(3.16)
Govh	0.073	(1.28)	0.073	(1.28)
Insth	1.418***	(13.13)	1.414***	(13.10)
SOE	−0.155***	(−7.80)	−0.153***	(−7.66)

续表

变量	(1) 系数	(1) t值	(2) 系数	(2) t值
Constant	3.247***	(15.98)	3.244***	(15.97)
Year/Ind	控制		控制	
Cluster	控制		控制	
N/个	16 213		16 213	
Adj-R^2	0.287		0.287	

注：*，**，***代表在10%，5%，1%水平上显著；Year 和 Ind 分别代表年度、行业固定效应。

6.4.2 经济政策不确定调节效应的稳健性检验

此外，为了保证假设 H_{10} 研究结论的可靠性，本书采取如下几种方式，对研究假设 H_{10} 进行稳健性测试。

首先，更换被解释变量的度量指标。采用模型（4-3）回归得出的 R^2 重新计算衡量股价信息含量的指标（PI_1），对假设 H_{10} 重新进行检验，具体的检验结果见表 6-7。表 6-7 呈现的是重新计算股价信息含量以后的检验结果，可以发现，在更换了被解释变量的衡量指标后，非控股大股东连锁持股（Ncrosshld）与衡量上市公司是否处于政策不确定性高地区的分组变量（Hepu）交互项（Ncrosshld×Hepu）的系数为-0.206，t 值为-2.68，在 1% 的水平上通过了显著性检验；而非控股大股东连锁持股（Ncrosshld）与衡量中国宏观经济政策不确定指数（EPUC）交互项（Ncrosshld×EPUC）的系数为-0.001，t 值为-2.28，在 5% 的水平上通过了显著性检验，基本的研究结论并未发生变化。

表6-7 经济政策不确定的调节作用（稳健性检验1）

变量	(1) 系数	(1) t值	(2) 系数	(2) t值
Ncrosshld×Hepu	-0.206***	(-2.68)		
Ncrosshld×EPUC			-0.001**	(-2.28)

续表

变量	(1) 系数	(1) t 值	(2) 系数	(2) t 值
Ncrosshld	0.197***	(3.55)	0.276**	(2.48)
Hepu	0.009	(0.58)		
EPUC			0.002***	(9.52)
SL	0.074***	(13.90)	0.103***	(17.25)
Size	-0.171***	(-16.57)	-0.139***	(-6.57)
Lever	0.458***	(8.89)	0.410***	(4.96)
ROA	-0.023	(-0.14)	-0.092	(-0.49)
Growth	0.024***	(3.83)	0.021***	(2.97)
Lstage	0.021	(1.43)	0.116***	(2.58)
Top1	0.003***	(5.61)	0.003**	(2.50)
Big4	0.141***	(3.23)	0.007	(0.10)
Govh	0.130**	(2.35)	0.031	(0.52)
Insth	1.649***	(14.68)	1.880***	(15.25)
SOE	-0.203***	(-9.71)	0.054	(0.91)
Constant	3.214***	(14.76)	1.914***	(4.21)
Year/Ind	控制		控制	
Cluster	控制		控制	
N/个	18 365		18 365	
Adj-R^2	0.290		0.290	

注：*，**，***代表在 10%，5%，1% 水平上显著；Year 和 Ind 分别代表年度、行业固定效应。

其次，更换非控股大股东连锁持股的衡量方式。以上市公司某年是否存在持股 10% 以上的非控股大股东（Ncrosshld$_1$）作为非控股大股东连锁持股的替代变量，对假设 H$_{10}$ 进行重新检验，具体的检验结果见表 6-8。表 6-8 呈现了更换非控股大股东连锁持股衡量方式后的检验结果，可以发现，在更换了非控股大股东连锁持股衡量方式后，非控股大股东连锁持股（Ncrosshld$_1$）与衡量上市公司所处地区经济政策不确定性程度分组变量（Hepu）的交互项（Ncrosshld$_1$×Hepu）的系数为 -0.161，t 值为 -1.72，在

10%的水平上通过了显著性检验；非控股大股东连锁持股（Ncrosshld$_1$）与宏观经济政策不确定指数（EPUC）交互项（Ncrosshld$_1$×EPUC）的系数为-0.001，t值为-2.10，在5%的水平上通过了显著性检验。由表6-8的检验结果可知，在更换的非控股大股东连锁持股衡量方式后，本书的研究结论依然稳健。

表6-8 经济政策不确定的调节作用（稳健性检验2）

变量	（1）系数	（1）t值	（2）系数	（2）t值
Ncrosshld$_1$×Hepu	-0.161*	(-1.72)		
Ncrosshld$_1$×EPUC			-0.001**	(-2.10)
Ncrosshld	0.171**	(2.30)	0.420***	(3.20)
Hepu	-0.007	(-0.52)		
EPUC			0.002***	(9.43)
SL	0.064***	(14.02)	0.089***	(17.20)
Size	-0.156***	(-16.53)	-0.107***	(-5.88)
Lever	0.411***	(9.01)	0.350***	(5.03)
ROA	0.184	(1.30)	-0.033	(-0.20)
Growth	0.017***	(2.99)	0.011*	(1.77)
Lstage	0.009	(0.67)	0.063	(1.55)
Top1	0.003***	(5.86)	0.004***	(3.30)
Big4	0.125***	(3.14)	0.009	(0.14)
Govh	0.089*	(1.72)	-0.006	(-0.11)
Insth	1.458***	(14.60)	1.674***	(15.68)
SOE	-0.151***	(-8.00)	0.087*	(1.65)
Constant	2.857***	(14.37)	1.258***	(3.18)
Year/Ind	控制		控制	
Cluster	控制		控制	
N/个	18 365		18 365	
Adj-R^2	0.308		0.308	

注：*，**，***代表在10%，5%，1%水平上显著；Year和Ind分别代表年度、行业固定效应。

最后，改变样本区间。为了进一步保证前文检验结论的可靠性，本书通过改变样本区间，将2010年之前的样本进行了删除后，对假设 H_{10} 重新进行检验。具体的检验结果见表6-9。表6-9呈现的是以2010—2020年为样本区间的检验结果。可以发现，在缩短了研究样本区间后，非控股大股东连锁持股（Ncrosshld）与衡量上市公司所处地区经济政策不确定性程度分组变量（Hepu）的交互项（Ncrosshld×Hepu）的系数为-0.146，t 值为-1.88，在10%的水平上通过了显著性检验；非控股大股东连锁持股（Ncrosshld）与宏观经济政策不确定指数（EPUC）交互项（Ncrosshld$_1$×EPUC）的系数为-0.001，t 值为-1.91，在10%的水平上通过了显著性检验。由表6-9的检验结果可知，在更换了研究样本区间后，研究结论并未发生实质性变化。

表6-9 经济政策不确定的调节作用（稳健性检验3）

变量	(1) 系数	(1) t 值	(2) 系数	(2) t 值
Ncrosshld$_1$×Hepu	-0.146*	(-1.88)		
Ncrosshld$_1$×EPUC			-0.001*	(-1.91)
Ncrosshld	0.165***	(3.17)	0.298***	(2.68)
Hepu	0.002	(0.13)		
EPUC			0.004***	(30.56)
SL	0.073***	(14.80)	0.102***	(17.82)
Size	-0.149***	(-15.51)	-0.081***	(-3.79)
Lever	0.407***	(8.44)	0.286***	(3.60)
ROA	0.087	(0.58)	-0.212	(-1.16)
Growth	0.016***	(2.82)	0.010	(1.49)
Lstage	0.011	(0.81)	0.109**	(2.30)
Top1	0.003***	(5.98)	0.004***	(3.18)
Big4	0.122***	(2.90)	-0.012	(-0.16)
Govh	0.086	(1.40)	-0.108	(-1.56)
Insth	1.391***	(12.36)	1.502***	(11.83)
SOE	-0.172***	(-8.65)	0.076	(1.15)

续表

变量	（1）		（2）	
	系数	t 值	系数	t 值
Constant	3.340***	（16.27）	−0.437	（−0.89）
Year/Ind	控制		控制	
Cluster	控制		控制	
N/个	18 365		18 365	
Adj-R^2	0.285		0.285	

注：*，**，*** 代表在10%，5%，1%水平上显著；Year 和 Ind 分别代表年度、行业固定效应。

6.5　本章小结

本章主要探讨了控股股东股权质押、经济政策不确定对非控股大股东参与治理与股价信息含量之间的调节作用。具体地，一方面分析了控股股东股权质押在非控股大股东退出威胁与股价信息含量关系中的调节作用，并提出研究假设；另一方面论证了经济政策不确定对于非控股大股东连锁持股与股价信息含量两者关系的影响。在理论分析的基础上，通过搜集样本企业数据、构建实证检验模型对研究假设进行实证检验。研究结果表明，控股股东股权质押能够对非控股大股东退出威胁与股价信息含量的关系产生显著的正向调节作用；经济政策不确定则扮演着负向调节非控股大股东连锁持股与股价信息含量两者关系的角色。上述所得到的实证检验结果，在经过诸如更换变量衡量方法、改变样本检验区间、变换检验模型等一系列稳健性检验后，均未发生实质性变化。这表明本书的研究结论具有一定的可靠性。

第 7 章

结论与讨论

7.1 主要结论

资本市场的繁荣与稳定对于实体经济健康发展具有不言而喻的重要性。在中国经济进入发展新阶段以来,如何保证资本市场"枢纽作用"的有效发挥成为理论与实务界共同关注的焦点。是否能够合理地进行社会资源配置,不仅是反映资本市场运行效率的重要外在体现,也是评价资本市场能否发挥"枢纽作用",进而服务于实体经济的重要前提。在有效资本市场中,作为衡量资本市场运行效率的重要参照指标,上市公司股价信息含量的提升意味着股价中包含了更多与公司相关的特质信息,不仅能够更准确地反映出公司的实际价值,也有助于资本市场价格发现和资源配置功能的改善。

然而,机会主义动机下的控股股东与管理层有足够的动机和能力通过干预企业信息披露等方式实现个人私利攫取之目的。控股股东与管理层的机会主义行为不仅侵害了其他股东的利益,也使得上市公司股价信息含量明显下降,进而阻碍了资本市场的高效运行。通常而言,企业层面特质信息能否有效对外传递，取决于上市公司的信息披露，并受到公司治理环境的影响。关注资本市场信息传递效率，基于公司治理的视角，深入探寻影响股价信息含量的积极因素则成为中国金融领域研究中亟待解决的现实问题。本书从公司治理视角出发，基于退出威胁和连锁持股的维度，分析了非控股大股东参与治理对上市公司股价信息含量的影响效应，探索非控股大股东参与治理影响上市公司股价信息含量的具体作用机制与路径，以期为非控股大股东通过参与公司治理，进而促进上市公司股价信息含量的提升，提供理论上的借鉴。通过搜集中国沪、深 A 股上市公司 2007—2020 年的数据，并进一步构建实证模型，从退出威胁与连锁持股的视角检验了非控股大股东参与治理对上市公司股价信息含量的影响效应和内在机理，并对控股股东股权质押、经济政策不确定在非控股大股东参与治理与股价信息含量两者关系中的调节作用进行分析与检验，得到如下研究结论。

（1）基于退出威胁与连锁持股网络的双视角，分析非控股大股东参与公司治理的理论依据。首先，参与公司治理活动是非控股大股东影响企业内部主体行为的逻辑起点，与企业治理结构相关，主要分布在股东大会（投票权）与董事会（董事会席位）两个层面，应归属于"治理控制权"的范畴；其次，非控股大股东连锁持股的联系仅仅局限于股东大会属于"弱关系"网络联结的范畴。基于"弱关系"视角下的"信息优势"，非控股大股东连锁持股能够将大量丰富、多元化外部异质性信息输入企业，从而改善了企业的信息环境，企业内部相关利益主体机会主义动机下的自利行为能够得到及时的识别与约束，进而有助于上市公司股价信息含量的提升。

（2）采用实证检验的方法，验证了非控股大股东参与治理对股价信息含量的直接影响作用。检验结果表明，非控股大股东退出威胁与股价信息含量之间存在显著正向因果关系，即随着非控股大股东"可置信"退出威胁的增加，上市公司的股价信息含量显著提升，而非控股大股东连锁持股在促进上市公司的股价信息含量方面也能发挥出积极作用，即连锁持股的非控股大股东能够正向促进上市公司的股价信息含量。

基于退出威胁与连锁持股的双视角，构建非控股大股东参与公司治理发挥"监督效应""信息效应"与"协同效应"的理论模型，并检验了非控股大股东参与治理影响股价信息含量的内在机制。检验结果表明，①基于退出威胁视角,具有"可置信"退出威胁的非控股大股东主要通过影响控股股东财富的作用机制,对上市公司股价信息含量产生影响。通过影响管理层财富的作用机制并未在退出威胁影响上市公司股价信息含量中发挥作用。主要原因可能在于,虽然通过股权激励等方式,中国上市公司给予了管理层一定股份,但整体而言管理层持有中国上市公司的股份比例依旧较低。管理层的主要财富收入更多地来源于职位薪酬以及潜在的灰色收入,从而导致了影响管理层财富的作用机制的失效。②基于连锁持股的视角,非控股大股东对于上市公司股价信息含量影响的作用机制主要依靠连锁持股下的"信息效应",并非"协同效应"。这与"弱网络联结"下"信息优势"的观点基本吻合。

(3) 在影响机制分析与检验的基础上,进一步对非控股东大股东参与治理影响股价信息含量的主要路径进行了识别与验证。基于退出威胁的视角,凭借"可置信"的退出威胁,非控股大股东能够发挥"监督效应",在减少了控股股东利益侵占行为的同时,也使其将更多精力投入加强经理人行为的监督方面,缓解了企业中的代理冲突。管理层会将更多精力投入企业实际的价值创造,且会通过向外传递出更多的企业特质信息,用以获取经营发展所需的资源支持,从而极大程度减少了企业信息的惯性披露行为,提升了上市公司股价信息含量。基于连锁持股的视角,非控股大股东的信息获取成本更低,并拥有更广泛与迅速的信息获取渠道与能力。并且通过连锁持股所形成的所有权网络联结,非控股大股东可以作为行业间不同企业的信息连接点,并发挥"信息桥"的作用,实现投资组合内同行业内企业之间的信息共享,不仅有利于识别彼此间的合作机会,而且极大程度促进了企业间信息的相互传递,缓解了企业信息不对称程度,从而有助于上市公司股价信息含量的提升。在实证检验中,上述两条具体的作用路径,即非控股大股东退出威胁→公司信息惯性披露→股价信息含量;非控股大股东连锁持股→公司信息透明度→股价信息含量等两条作用路径均得到了证实。

(4) 控股股东股权质押、经济政策不确定能够在非控股大股东参与治理与股价信息含量两者关系之间起到调节作用。基于退出威胁的视角,在较高的股权质押的比例下,出于避免控制权转移的风险,控股股东会尽可能迎合具有"可置信"退出威胁的非控股大股东。由此,控股股东股权质押能够在非控股大股东退出威胁与股价信息含量的关系中发挥正向的调节作用。从连锁持股来分析，在较高的经济政策不确定环境中，行业信息的不确定性程度随之提升。导致连锁持股的非控股大股东为企业带来多元异质性信息能力的明显下降的同时，也可能使得连锁持股的非控股大股东无法通过"局部桥"获取有用信息，不仅降低了特质信息传递的有效性，也削弱了连锁持股的非控股大股东在促进股价信息含量提升方面的作用。经济政策不确定则扮演着负向调节非控股大股东连锁与股价信息含量关系的角色。实证分析与一系列稳健性检验，不仅证实了控股股东股权质押与经济政策不确定的调节作用，也在一定程度上保证了研究结论的可靠性。

7.2 研究创新点

本研究的特色在于理论探索与应用研究并重、规范研究和实证研究相结，在我国新经济背景下，基于控制权理论、委托代理理论、社会网络理论、有效资本市场假说以及信息不对称理论等，从退出威胁与连锁持股的双视角分析了非控股大股东参与治理对上市公司股价信息含量的直接影响关系、内在影响机理与具体作用路径，以及影响作用的边界条件。研究视角和内容具有一定的新颖性与独特性，可能存在的创新之处与理论贡献主要体现在如下几方面。

（1）以非控股大股东为研究对象，探究其参与公司治理对上市公司股价信息含量的影响，在一定程度上丰富了股价信息含量影响因素的相关研究。作为公司治理逻辑起点，从股权结构的视角探究股价信息含量的影响因素显得尤为必要，然而在学术研究领域对于大股东如何影响股价信息含量的观点并未达成一致。本书基于退出威胁、连锁持股视角，所得出的非控股大股东参与公司治理能够有效地提升上市公司股价信息含量的研究结论，不仅为通过改善公司治理能够提升股价信息含量的观点提供了进一步的证据支持，也在一定程度上丰富了股价信息含量影响因素的相关研究成果。

（2）基于退出威胁、连锁持股的视角，分析非控股大股东参与治理对股价信息含量的影响效应，不仅丰富了大股东治理效应的相关研究成果，也为连锁股东影响企业行为的"信息观"，进一步提供了新的佐证。首先，基于退出威胁的视角发现，凭借"可置信"的推出威胁，非控股大股东参与公司治理在提升上市公司的股价信息含量方面能够展现出良好治理作用的研究发现，既是对芝加哥学派"股东积极主义"观点的延伸，也拓展了大股东治理领域的相关研究。基于国外成熟市场的研究发现大股东的退出行为会迫使经理人努力工作并减少机会主义行为，为股东通过退出威胁缓解企业内部的代理冲突提供了经验证据[62,323]。在中国情景下，讨论大股东退出威胁所引致的经济后果方面，既有研究多数将视角置于企业层面。国内学者以退出威胁为视角，重点探讨了大股东在缓解企业内两类代理冲突、抑制盈余操纵，以及降低金融化投资等治理效应[24,264]。本书将研究视角从企业层面转移到资本市场层面，证实了具有"可置信"退出威胁的非控股大股东，在促进上市公司股价信息含量提升方面的积极作用，从而进一步丰富了大股东治理效应的相关文献。其次，现阶段有关连锁股东经济后果的讨论并未达成比较一致的研究结论，并发展形成"合谋观""治理观"与"信息观"等理论观点。一些学者认为，出于实现投资组合利益最大化的目标，连锁股东增加了同行业关联企业在产品市场上的合谋倾向，不仅降低市场的竞争程度，扭曲市场的价格机制[80]，也会导致企业实施更多的非效率投资行为[81]。另一部分学者指出，凭借连锁持股的"协同效应"和"信息效应"，连锁股东在提升公司治理水平、改善公司信息环境方面能够展现出比较积极的作用，进而有助于提升高管薪酬契约有效性与公司的风险承担水平[239,280]。本书的研究结论显示，凭借连锁持股所形成的"信息效应"，非控股大股东连锁持股能够有效地提升上市公司股价信息含量。研究结论不仅丰富了股东连锁持股经济后果的相关文献，还进一步为连锁股东影响企业行为的"信息观"提供了新的佐证。

（3）探究非控股大股东参与治理影响股价信息含量的作用机理，有助于深化治理结构与企业经济后果关系的研究，为进一步完善公司治理结构提供更具可操作性的建议。本书基于退出威胁与连锁持股的双视角，对非控股大股东参与治理对股价信息含量的影响关系及具体作用机制进行讨论；从企业信息惯性披露和信息透明度两方面考察了非控股大股东参与治理影响股价信息含量的作用路径；并以控股股东股权质押、经济政策不确定为视角，探讨了非控股大股东参与治理影响股价信息含量的边界条件。研究结论回答了：①非控股大股东参与治理是否影响上市公司的股价信息含量；②而且进一步明晰了退出威胁、连锁持股视角下，非控股大股东参与治理影响股价信息含量的具体作用机制和路径，不仅有助于进一步厘清与揭示非控股大股东参与治理影响企业行为在作用机制方面的异质性及内在影响机理的差异性，而且能够为进一步完善公司治理结构提供更具操作性的指导性建议。

（4）从控股股东股权质押、经济环境不确定性等两方面，探讨其对非控股大股东参与治理与上市公司股价信息含量之间关系的调节作用，是对非控股大股东参与治理影响上市公司股价信息含量内在作用机理的进一步深化。本书立足于控股股东股权质押与经济政策不确定性的现实基础，并将上述两个层面的因素纳入非控股大股东参与治理影响上市公司股价信息含量的理论分析框架。研究发现，控股股东股权质押能够在非控股大股东退出威胁与股价信息含量的关系中发挥正向的调节作用。经济政策不确定则扮演着负向调节非控股大股东连锁与股价信息含量间关系的角色，从而为企业在不同边界条件下如何更好地开展公司治理实践提供了新的启示。

7.3 研究局限与展望

尽管本书以问题为导向，遵循科学的研究范式，系统地分析了非控股大股东参与治理对股价信息含量的作用机理，包括直接影响效应、具体的作用机制与路径，并对非控股大股东参与治理影响股价信息含量的边界条件，进行了理论分析与实证检验，均得出了比较可靠且稳健的研究结论。但限于能力、精力等客观因素，在研究中仍存在不足之处，主要体现在以下几个方面。

（1）结合非控股大股东退出威胁的"监督效应"和非控股大股东连锁持股"信息效应"作为影响股价信息含量的主要作用机制，将企业信息惯性披露和企业信息透明度确定为非控股大股东参与公司治理影响股价信息含量的两条作用路径。然而，在理论上仍可能存在其他作用路径。后续研究还可以进一步对非控股大股东退出威胁、非控股大股东连锁持股影响上市公司股价信息含量的其他路径展开相关讨论，如内部控制质量、内幕交易及年报文本信息的可读性、语调等视角，探讨其他影响路径以提高研究内容的全面性。

（2）在探讨非控股大股东参与治理对股价信息含量发挥影响作用的边界条件中，仅考虑了控股股东股权质押，以及宏观经济政策不确定两方面的因素。但是，在非控股大股东参与治理所产生经济后果方面，仍然会受到诸如资本市场行情、地区法律环境及市场化程度等不同因素的影响。因此，后续的研究中可以进一步考虑更多边界条件对两者关系的差异性影响，从而有利于增强理论研究对企业行为实践的指导意义。

（3）对非控股大股东退出威胁与股价信息含量关系的研究并未考虑两者之间是否存在非线性关系的可能。主要原因在于，相较于成熟资本市场而言，中国上市公司中的非控股大股东在持股层面仍与控股股东存在较大差距，从而导致在现阶段的研究得出了非控股大股东退出威胁能够显著提升上市公司股价信息含量的研究结论。然而，非控股大股东持股比例并非越高越好，当非控股大股东退出威胁程度达到某一阈值时，可能会产生控股股东与非控股大股东"合谋"下的机会主义行为，进而有可能阻碍公司特质信息的有效对外传递，导致股价信息含量的下降。因此，随着中国上市公司股权结构的变化，打破线性关系，进一步探讨非控股大股东退出威胁的区间效应，亦可以作为未来研究中的一个有趣且需要深入探究的重要议题。

参考文献

[1] 刘少波,马超.经理人异质性与大股东掏空抑制[J].经济研究,2016,51(4):129-145.

[2] 李姝,翟士运,古朴.非控股股东参与决策的积极性与企业技术创新[J].中国工业经济,2018(7):155-173.

[3] JIANG F,CAI W,WANG X,et al. Multiple large shareholders and corporate investment: Evidence from China[J]. Journal of Corporate Finance,2018(50):66-83.

[4] BOATENG A,HUANG W. Multiple large shareholders,excess leverage and tunneling:Evidence from an emerging market[J]. Corporate Governance: An International Review,2017,25(1):58-74.

[5] 姜付秀,王运通,田园,等.多个大股东与企业融资约束——基于文本分析的经验证据[J].管理世界,2017(12):61-74.

[6] BAINBRIDGE S M. Director primacy and shareholder disempowerment[J]. Harvard Law Review,2006,119(6):1735-1758.

[7] BELLOC F. Law,finance and innovation:the dark side of shareholder protection[J]. Cambridge Journal of Economics,2013,37(4):863-888.

[8] 游家兴,李斌.信息透明度与公司治理效率——来自中国上市公司总经理变更的经验证据[J].南开管理评论,2007(4):73-79+85.

[9] 孟庆斌,杨俊华,鲁冰.管理层讨论与分析披露的信息含量与股价崩盘风险——基于文本向量化方法的研究[J].中国工业经济,2017(12):132-150.

[10] JENSEN M C,MECKLING W H. Theory of the firm:Managerial behavior,agency costs and ownership structure[J]. Journal of financial economics,1976,3(4):305-360.

[11] SHLEIFER A,VISHNY R W. A survey of corporate governance[J]. The journal of finance,1997,52(2):737-783.

[12] DENIS D K,MCCONNELL J J. International corporate governance[J]. Journal of financial and quantitative analysis,2003,38(1):1-36.

[13] SHLEIFER A, VISHNY R W. Large shareholders and corporate control[J]. Journal of political economy, 1986, 94(3, Part 1): 461-488.

[14] 宗计川, 赵旸. 大股东控制的状态举证: 或然性问题与控制权竞争[J]. 改革, 2012(3): 72-77.

[15] LA PORTA R, LOPEZ-DE-SILANES F, SHLEIFER A. Corporate ownership around the world[J]. The journal of finance, 1999, 54(2): 471-517.

[16] FACCIO M, LANG L H. The ultimate ownership of Western European corporations[J]. Journal of financial economics, 2002, 65(3): 365-395.

[17] MAURY B, PAJUSTE A. Multiple large shareholders and firm value[J]. Journal of Banking & Finance, 2005, 29(7): 1813-1834.

[18] LAEVEN L, LEVINE R. Is there a diversification discount in financial conglomerates? [J]. Journal of financial economics, 2007, 85(2): 331-367.

[19] ATTIG N, GUEDHAMI O, MISHRA D. Multiple large shareholders, control contests, and implied cost of equity[J]. Journal of Corporate Finance, 2008, 14(5): 721-737.

[20] 姜付秀, 马云飙, 王运通. 退出威胁能抑制控股股东私利行为吗？[J]. 管理世界, 2015(5): 147-159.

[21] HOLDERNESS C G. The myth of diffuse ownership in the United States[J]. The Review of Financial Studies, 2009, 22(4): 1377-1408.

[22] EDMANS A, FANG V W, ZUR E. The effect of liquidity on governance[J]. The Review of Financial Studies, 2013, 26(6): 1443-1482.

[23] 李增泉. 关系型交易的会计治理——关于中国会计研究国际化的范式探析[J]. 财经研究, 2017, 43(2): 4-33.

[24] 陈克兢. 非控股大股东退出威胁能降低企业代理成本吗[J]. 南开管理评论, 2019, 22(4): 161-175.

[25] PORTA R L, LOPEZ-DE-SILANES F, SHLEIFER A, VISHNY R W. Law and finance[J]. Journal of political economy, 1998, 106(6): 1113-1155.

[26] FACCIO M, LASFER M A. Do occupational pension funds monitor companies in which they hold large stakes? [J]. Journal of Corporate Finance, 2000, 6(1): 71-110.

[27] FAMA E F. Efficient capital markets: A review of theory and empirical work[J]. The journal of Finance, 1970, 25(2): 383-417.

[28] BEAVER W, LAMBERT R, MORSE D. The information content of security prices[J]. journal of Accounting and Economics, 1980, 2(1): 3-28.

[29] BEAVER W H, LAMBERT R A, RYAN S G. The information content of security prices: A second look[J]. Journal of Accounting and Economics, 1987, 9(2): 139-157.

[30] MCNICHOLS M. Evidence of informational asymmetries from management earnings forecasts and stock returns[J]. Accounting Review,1989(1):1-27.

[31] COLLINS D W,KOTHARI S P,SHANKEN J,et al. Lack of timeliness and noise as explanations for the low contemporaneuos return-earnings association[J]. Journal of Accounting and Economics,1994,18(3):289-324.

[32] JEGADEESH N,WEINSTEIN M,WELCH I. An empirical investigation of IPO returns and subsequent equity offerings[J]. Journal of Financial Economics,1993,34(2):153-175.

[33] MARKOVITCH D G,STECKEL J H,YEUNG B. Using capital markets as market intelligence:Evidence from the pharmaceutical industry[J]. Management Science,2005,51(10):1467-1480.

[34] LUO Y. Do insiders learn from outsiders? Evidence from mergers and acquisitions[J]. The Journal of Finance,2005,60(4):1951-1982.

[35] CHEN Q,GOLDSTEIN I,JIANG W. Price informativeness and investment sensitivity to stock price[J]. The Review of Financial Studies,2007,20(3):619-650.

[36] ROLL R. Industrial structure and the comparative behavior of international stock market indices[J]. The Journal of Finance,1992,47(1):3-41.

[37] HESTON S L,ROUWENHORST K G. Does industrial structure explain the benefits of international diversification? [J]. Journal of financial economics,1994,36(1):3-27.

[38] CAMPBELL J Y,LETTAU M,MALKIEL B G,XU Y. Have individual stocks become more volatile? An empirical exploration of idiosyncratic risk[J]. The journal of finance,2001,56(1):1-43.

[39] MORCK R,YEUNG B,YU W. The information content of stock markets:why do emerging markets have synchronous stock price movements? [J]. Journal of financial economics,2000,58(1-2):215-260.

[40] LISTOKIN Y. If you give shareholders power,do they use it? An empirical analysis[J]. Journal of Institutional and Theoretical Economics(JITE)/Zeitschrift für die gesamte Staatswissenschaft,2010(5):38-53.

[41] FANG Y,HU M,YANG Q. Do executives benefit from shareholder disputes? Evidence from multiple large shareholders in Chinese listed firms[J]. Journal of Corporate Finance,2018(51):275-315.

[42] 朱红军,汪辉."股权制衡"可以改善公司治理吗?——宏智科技股份有限公司控制权之争的案例研究[J]. 管理世界,2004(10):114-123.

[43] 赵景文,于增彪. 股权制衡与公司经营业绩[J]. 会计研究,2005(12):59-64.

[44] 高雷,张杰.公司治理,资金占用与盈余管理[J].金融研究,2009(5):121-140.

[45] 杨淑娥,王映美.大股东控制权私有收益影响因素研究——基于股权特征和董事会特征的实证研究[J].经济与管理研究,2008(3):30-35.

[46] CAI C X,HILLIER D,WANG J. The cost of multiple large shareholders[J]. Financial Management,2016,45(2):401-430.

[47] JOHNSON S,LA PORTA R,LOPEZ-DE-SILANES F,et al. Tunneling[J]. American economic review,2000,90(2):22-27.

[48] CHENG M,LIN B,WEI M. How does the relationship between multiple large shareholders affect corporate valuations? Evidence from China[J]. Journal of Economics and Business,2013(70):43-70.

[49] HOPE O-K. Large shareholders and accounting research[J]. China Journal of Accounting Research,2013,6(1):3-20.

[50] EDMANS A,HOLDERNESS C G. Blockholders:A survey of theory and evidence[J]. The handbook of the economics of corporate governance,2017(1):541-636.

[51] GILLAN S L,STARKS L T. Corporate governance proposals and shareholder activism:The role of institutional investors[J]. Journal of financial Economics,2000,57(2):275-305.

[52] DEL GUERCIO D,SEERY L,WOIDTKE T. Do boards pay attention when institutional investor activists "just vote no"?[J]. Journal of Financial Economics,2008,90(1):84-103.

[53] BEBCHUK L A,BRAV A,JIANG W. The long-term effects of hedge fund activism[R]. National Bureau of Economic Research,2015.

[54] 祝继高,叶康涛,陆正飞.谁是更积极的监督者:非控股股东董事还是独立董事?[J].经济研究,2015,50(9):170-184.

[55] MCCAHERY J A,SAUTNER Z,STARKS L T. Behind the scenes:The corporate governance preferences of institutional investors[J]. The Journal of Finance,2016,71(6):2905-2932.

[56] PALMITER A R. Mutual fund voting of portfolio shares:Why not disclose[J]. Cardozo L. Rev.,2001(23):1419.

[57] 马连福,杜博.股东网络对控股股东私利行为的影响研究[J].管理学报,2019,16(5):665-675,764.

[58] HE J J,HUANG J,ZHAO S. Internalizing governance externalities:The role of institutional cross-ownership[J]. Journal of Financial Economics,2019,134(2):400-418.

[59] PARK J,SANI J,SHROFF N,WHITE H. Disclosure incentives when competing firms have common ownership[J]. Journal of Accounting and Economics,2019,67(2):387-415.

[60] RAMALINGEGOWDA S,UTKE S,YU Y. Common institutional ownership and earnings management[J]. Contemporary Accounting Research,2021,38(1):208-241.

[61] CAO F,PENG S S,YE K. Multiple large shareholders and corporate social responsibility reporting[J]. Emerging Markets Review,2019(38):287-309.

[62] EDMANS A,MANSO G. Governance through trading and intervention:A theory of multiple blockholders[J]. The Review of Financial Studies,2011,24(7):2395-2428.

[63] 姜付秀,蔡欣妮,朱冰.多个大股东与股价崩盘风险[J].会计研究,2018(1):68-74.

[64] CRONQVIST H,NILSSON M. Agency costs of controlling minority shareholders[J]. Journal of Financial and Quantitative analysis,2003,38(4):695-719.

[65] 姜付秀,申艳艳,蔡欣妮,等.多个大股东的公司治理效应:基于控股股东股权质押视角[J].世界经济,2020,43(2):74-98.

[66] 马影,王满,马勇,等.监督还是合谋:多个大股东与公司内部控制质量[J].财经理论与实践,2019(2):83-90.

[67] 辛清泉,梁政山,郭磊.非控股股东派驻董事与国有企业总经理变更研究[J].证券市场导报,2013(4):45-49.

[68] 赵健梅,王晶,张雪.非执行董事对超额薪酬影响研究——来自中国民营上市公司的证据[J].证券市场导报,2017(10):20-25.

[69] 王敏,黄新莹,黄超.非执行董事影响高管薪酬激励契约的选择吗?——来自国有上市公司的经验证据[J].经济与管理评论,2017,33(4):38-47.

[70] 陆正飞,胡诗阳.股东-经理代理冲突与非执行董事的治理作用——来自中国A股市场的经验证据[J].管理世界,2015,256(1):129-138.

[71] 胡诗阳,陆正飞.非执行董事对过度投资的抑制作用研究——来自中国A股上市公司的经验证据[J].会计研究,2015(11):41-48.

[72] 赵宜一,吕长江.家族成员在董事会中的角色研究——基于家族非执行董事的视角[J].管理世界,2017(9):155-165.

[73] BHARATH S T,JAYARAMAN S,NAGAR V. Exit as governance:An empirical analysis[J]. The Journal of Finance,2013,68(6):2515-2547.

[74] 陈克兢.退出威胁与公司治理——基于盈余管理的视角[J].财经研究,2018,44(11):18-32.

[75] DOU Y,HOPE O K,THOMAS W B,et al. Blockholder exit threats and financial reporting quality[J]. Contemporary Accounting Research,2018,35(2):1004-1028.

[76] 胡建雄,殷钱茜.退出威胁能抑制"铁公鸡"公司的不分红行为吗?[J].财经论丛,2019,No.251(10):64-73.

[77] 余怒涛,张华玉,李文文.非控股大股东退出威胁究竟威胁了谁?——基于企业投资效率的分析[J].中央财经大学学报(2):55-72.

[78] PARRINO R,SIAS R W,STARKS L T. Voting with their feet:Institutional ownership changes around forced CEO turnover[J]. Journal of financial economics,2003,68(1):3-46.

[79] ADMATI A R,PFLEIDERER P. The "Wall Street Walk" and shareholder activism:Exit as a form of voice[J]. The Review of Financial Studies,2009,22(7):2645-2685.

[80] AZAR J,SCHMALZ M C,TECU I. Anticompetitive effects of common ownership[J]. The Journal of Finance,2018,73(4):1513-1565.

[81] 潘越,汤旭东,宁博,等.连锁股东与企业投资效率:治理协同还是竞争合谋[J].中国工业经济,2020(2):136-164.

[82] EDMANS A,LEVIT D,REILLY D. Governance under common ownership[J]. The Review of Financial Studies,2019,32(7):2673-2719.

[83] FREEMAN K. The effects of common ownership on customer-supplier relationships[J]. Kelley School of Business Research Paper,2019(16):84.

[84] CHEN Y,LI Q,NG J. Institutional cross-ownership and corporate financing of investment opportunities[J]. Hong Kong Polytechnic University Working Paper,2018.

[85] BROOKS C,CHEN Z,ZENG Y. Institutional cross-ownership and corporate strategy:The case of mergers and acquisitions[J]. Journal of Corporate Finance,2018(48):187-216.

[86] HE J,LI L,YEUNG P E. Two tales of monitoring:Effects of institutional cross-blockholding on accruals[J]. Available at SSRN 3152044,2020.

[87] KANG J-K,LUO J,NA H S. Are institutional investors with multiple blockholdings effective monitors? [J]. Journal of Financial Economics,2018,128(3):576-602.

[88] JENSEN M C. Some anomalous evidence regarding market efficiency[J]. Journal of financial economics,1978,6(2):95-101.

[89] MALKIEL B G. Efficient market hypothesis[M]. Berlin:Springer,1989:127-134.

[90] ROBERTS H. Statistical versus clinical prediction of the stock market[J]. Unpublished manuscript,1967.

[91] SAMUELSON P A. Proof that properly anticipated prices fluctuate randomly[C]. The world scientific handbook of futures markets:World Scientific,2016:25-38.

[92] GROSSMAN S J,STIGLITZ J E. On the impossibility of informationally efficient markets[J]. The American economic review,1980,70(3):393-408.

[93] O'HARA M. Presidential address: Liquidity and price discovery[J]. The journal of Finance,2003,58(4):1335-1354.

[94] ROLL R. Presidential address: R^2[J]. Journal of Finance,1988,43(2):51-566.

[95] SHILLER R J. Do stock prices move too much to be justified by subsequent changes in dividends?[C]National Bureau of Economic Research Cambridge,Mass.,USA,1980.

[96] WEST K D. Dividend innovations and stock price volatility[J]. Econometrica:Journal of the Econometric Society,1988:37-61.

[97] BARBERIS N,SHLEIFER A,WURGLER J. Comovement[J]. Journal of financial economics,2005,75(2):283-317.

[98] GREENWOOD R M,SOSNER N. Trading patterns and excess comovement of stock returns[J]. Financial Analysts Journal,2007,63(5):69-81.

[99] LEE D W,LIU M H. Does more information in stock price lead to greater or smaller idiosyncratic return volatility?[J]. Journal of Banking&Finance,2011,35(6):1563-1580.

[100] 林忠国,韩立岩,李伟. 股价波动非同步性——信息还是噪音?[J]. 管理科学学报,2012,15(6):68-81.

[101] DE LONG J B,SHLEIFER A,SUMMERS L H,et al. Noise trader risk in financial markets[J]. Journal of political Economy,1990,98(4):703-738.

[102] 伊志宏,李颖,江轩宇. 女性分析师关注与股价同步性[J]. 金融研究,2015(11):175-189.

[103] HUANG A H,LEHAVY R,ZANG A Y,et al. Analyst information discovery and interpretation roles:A topic modeling approach[J]. Management Science,2018,64(6):2833-2855.

[104] XU N,CHAN K C,JIANG X,et al. Do star analysts know more firm-specific information? Evidence from China[J]. Journal of Banking & Finance,2013,37(1):89-102.

[105] JIANG X,XU N,YUAN Q,et al. Mutual-fund-affiliated analysts and stock price synchronicity:Evidence from China[J]. Journal of Accounting,Auditing & Finance,2018,33(3):435-460.

[106] 李留闯,田高良,马勇,等. 连锁董事和股价同步性波动:基于网络视角的考察[J]. 管理科学,2012,25(6):86-100.

[107] 于忠泊,田高良,张咏梅,等. 会计稳健性与投资者保护:基于股价信息含量视角的考察[J]. 管理评论,2013(3):146-158.

[108] 袁媛,田高良,廖明情. 投资者保护环境、会计信息可比性与股价信息含量[J]. 管理评论,2019(1):206-220.

[109] DURNEV A, MORCK R, YEUNG B, et al. Does greater firm-specific return variation mean more or less informed stock pricing?[J]. Journal of Accounting Research, 2003, 41(5):797-836.

[110] GELB D S, ZAROWIN P. Corporate disclosure policy and the informativeness of stock prices[J]. Review of accounting studies, 2002, 7(1):33-52.

[111] LUNDHOLM R, MYERS L A. Bringing the future forward: the effect of disclosure on the returns-earnings relation[J]. Journal of accounting research, 2002, 40(3):809-839.

[112] OSWALD D R, ZAROWIN P. Capitalization of R&D and the informativeness of stock prices[J]. European Accounting Review, 2007, 16(4):703-726.

[113] PIOTROSKI J D, ROULSTONE D T. The influence of analysts, institutional investors, and insiders on the incorporation of market, industry, and firm-specific information into stock prices[J]. The accounting review, 2004, 79(4):1119-1151.

[114] LLORENTE G, MICHAELY R, SAAR G, et al. Dynamic volume-return relation of individual stocks[J]. The Review of financial studies, 2002, 15(4):1005-1047.

[115] FERREIRA M A, LAUX P A. Corporate governance, idiosyncratic risk, and information flow[J]. The journal of finance, 2007, 62(2):951-989.

[116] FERNANDES N, FERREIRA M A. Insider trading laws and stock price informativeness[J]. The Review of Financial Studies, 2009, 22(5):1845-1887.

[117] CHUN H, KIM J-W, MORCK R, et al. Creative destruction and firm-specific performance heterogeneity[J]. Journal of Financial Economics, 2008, 89(1):109-135.

[118] KANG Q, LIU Q. Stock trading, information production, and executive incentives[J]. Journal of Corporate Finance, 2008, 14(4):484-498.

[119] EASLEY D, KIEFER N M, O'HARA M, et al. Liquidity, information, and infrequently traded stocks[J]. The Journal of Finance, 1996, 51(4):1405-1436.

[120] NORTH DOUGLASS C. Institutions, institutional change and economic performance[J]. Journal of Women s Health, 1990.

[121] 游家兴,张俊生,江伟.制度建设,公司特质信息与股价波动的同步性——基于R^2研究的视角[J].经济学(季刊),2007(1):189-206.

[122] 陈梦根,毛小元.股价信息含量与市场交易活跃程度[J].金融研究,2007(03A):125-139.

[123] FOX M B, MORCK R, YEUNG B, DURNEV A. Law, share price accuracy, and economic performance: The new evidence[J]. Michigan Law Review, 2003, 102(3):331-386.

[124] CARLTON D W,FISCHEL D R. The regulation of insider trading[J]. Stan. L. Rev. ,1982(35):857.

[125] 黄灿,李善民,庄明明,等.内幕交易与股价同步性[J].管理科学,2017,30(6):3-18.

[126] BENY L N. Insider trading laws and stock markets around the world:An empirical contribution to the theoretical law and economics debate[J]. J. Corp. L. ,2006(32):237.

[127] FISHMAN M J,HAGERTY K M. Insider trading and the efficiency of stock prices[J]. The RAND Journal of Economics,1992:106-122.

[128] DAOUK H,LEE C M,NG D. Capital market governance:How do security laws affect market performance? [J]. Journal of Corporate Finance,2006,12(3):560-593.

[129] BRIS A,GOETZMANN W N,ZHU N. Efficiency and the bear:Short sales and markets around the world[J]. The Journal of Finance,2007,62(3):1029-1079.

[130] 钟凯,程小可,王化成,等.融资融券制度提高了股价信息含量吗?——基于未来盈余反应系数的实证分析[J].会计与经济研究,2017,31(2):3-25.

[131] 白俊,宫晓云.融资融券制度提高还是降低了股价非同步性?[J].南方经济,2018(11):47-66.

[132] BEKAERT G,HARVEY C R. Foreign speculators and emerging equity markets[J]. The journal of finance,2000,55(2):565-613.

[133] BEKAERT G,HARVEY C R,LUNDBLAD C. Does financial liberalization spur growth? [J]. Journal of Financial economics,2005,77(1):3-55.

[134] FERREIRA M A,MATOS P. The colors of investors' money:The role of institutional investors around the world[J]. Journal of financial economics,2008,88(3):499-533.

[135] CHAN K,COVRIG V,NG L. Does home bias affect firm value? Evidence from holdings of mutual funds worldwide[J]. Journal of international economics,2009,2(78):230-241.

[136] 钟凯,孙昌玲,王永妍,等.资本市场对外开放与股价异质性波动——来自"沪港通"的经验证据[J].金融研究,2018,457(7):174-192.

[137] 连立帅,朱松,陈超.资本市场开放与股价对企业投资的引导作用:基于沪港通交易制度的经验证据[J].中国工业经济,2019,3:100-119.

[138] 阮睿,孙宇辰,唐悦,等.资本市场开放能否提高企业信息披露质量?——基于"沪港通"和年报文本挖掘的分析[J].金融研究,2021,488(2):188-206.

[139] BAE K-H,OZOGUZ A,TAN H,et al. Do foreigners facilitate information transmission in emerging markets? [J]. Journal of Financial Economics,2012,105(1):209-227.

[140] 钟覃琳,陆正飞.资本市场开放能提高股价信息含量吗?——基于"沪港通"效应的实证检验[J].管理世界,2018,34(1):169-179.

[141] DING Y,HOPE O-K,JEANJEAN T,et al. Differences between domestic accounting standards and IAS:Measurement,determinants and implications[J]. Journal of accounting and public policy,2007,26(1):1-38.

[142] MILLER E M. Risk,uncertainty,and divergence of opinion[J]. The Journal of finance,1977,32(4):1151-1168.

[143] BOEHMER E,WU J. Short selling and the informational efficiency of prices[J]. Unpublished manuscript,2009.

[144] MYERS L,LUNDHOLM R. Bringing the future forward:The effect of voluntary disclosure on the earnings-returns relation[J]. Journal of Accounting Research,2002(40):809-839.

[145] JIN L,MYERS S C. R^2 around the world:New theory and new tests[J]. Journal of financial Economics,2006,79(2):257-292.

[146] HAGGARD K S,MARTIN X,PEREIRA R. Does voluntary disclosure improve stock price informativeness?[J]. Financial Management,2008,37(4):747-768.

[147] 王艳艳,于李胜,安然.非财务信息披露是否能够改善资本市场信息环境?——基于社会责任报告披露的研究[J].金融研究,2014(8):178-191.

[148] 方红星,楚有为.自愿披露,强制披露与资本市场定价效率[J].经济管理,2019(1):156-173.

[149] HUTTON A P,MARCUS A J,TEHRANIAN H. Opaque financial reports,R^2,and crash risk[J]. Journal of financial Economics,2009,94(1):67-86.

[150] 陆瑶,沈小力.股票价格的信息含量与盈余管理——基于中国股市的实证分析[J].金融研究,2011(12):131-146.

[151] PETERSON K,SCHMARDEBECK R,WILKS T J. The earnings quality and information processing effects of accounting consistency[J]. The accounting review,2015,90(6):2483-2514.

[152] 黄政,刘怡芳.会计信息质量与股价信息含量——基于会计准则变革前后的比较研究[J].东北师大学报:哲学社会科学版,2016(5):97-104.

[153] CHAN K,HAMEED A. Stock price synchronicity and analyst coverage in emerging markets[J]. Journal of Financial Economics,2006,80(1):115-147.

[154] 冯旭南,李心愉.中国证券分析师能反映公司特质信息吗?——基于股价波动同步性和分析师跟进的证据[J].经济科学,2011(4):99-106.

[155] 朱红军,何贤杰,陶林.中国的证券分析师能够提高资本市场的效率吗——基于股价同步性和股价信息含量的经验证据[J].金融研究,2007(02A):110-121.

[156] SCHUTTE M,UNLU E. Do security analysts reduce noise?[J]. Financial Analysts Journal,2009,65(3):40-54.

[157] CRAWFORD S S,ROULSTONE D T,SO E C. Analyst initiations of coverage and stock return synchronicity[J]. The Accounting Review,2012,87(5):1527-1553.

[158] GREEN T C,JAME R,MARKOV S,et al. Access to management and the informativeness of analyst research[J]. Journal of Financial Economics,2014,114(2):239-255.

[159] CHENG Q,DU F,WANG X,et al. Seeing is believing:Analysts' corporate site visits[J]. Review of Accounting Studies,2016,21(4):1245-1286.

[160] 伊志宏,杨圣之,陈钦源.分析师能降低股价同步性吗——基于研究报告文本分析的实证研究[J].中国工业经济,2019,370(1):156-173.

[161] 袁知柱.上市公司股价信息含量测度,决定因素及经济后果研究[D].哈尔滨:哈尔滨工业大学,2009.

[162] FAMA E F,JENSEN M C. Separation of ownership and control[J]. The journal of law and Economics,1983,26(2):301-325.

[163] 王跃堂,赵子夜,魏晓雁.董事会的独立性是否影响公司绩效?[J].经济研究,2006(5):62-73.

[164] 袁知柱,鞠晓峰.制度环境,公司治理与股价信息含量[J].管理科学,2009,22(1):17-29.

[165] 方略,许晓芳.董事会独立性会影响公司股价同步性吗?——基于法治环境的调节效应[J].财经论丛,2020,256(2):75-82.

[166] 王跃堂,朱林,陈世敏.董事会独立性,股权制衡与财务信息质量[J].会计研究,2008(1):55-62.

[167] FONDAS N,SASSALOS S. A different voice in the boardroom:How the presence of women directors affects board influence over management[J]. Global focus,2000,12(2):13-22.

[168] GUL F A,SRINIDHI B,NG A C. Does board gender diversity improve the informativeness of stock prices?[J]. Journal of accounting and Economics,2011,51(3):314-338.

[169] 田高良,杨星,马勇.董事会多元化特征对股价信息含量的影响研究[J].西安交通大学学报:社会科学版,2013,33(6):34-40.

[170] 熊家财.股价信息含量的公司治理效应——基于董事会结构与CEO变更的实证研究[J].经济与管理,2015,29(5):49-58.

[171] 刘飞,吕盼盼,张山.女性董事对公司股价同步性影响研究——基于中国A股上市公司的证据[J].经济与管理,2018,32(5):62-69.

[172] BECHT M,BOLTON P,RÖELL A. Corporate governance and control, Handbook of the Economics of Finance[M]. Londen:Elsevier,2003:1-109.

[173] 孙铮,李增泉,王景斌.所有权性质,会计信息与债务契约——来自我国上市公司的经验证据[J].管理世界,2006(10):100-107.

[174] BROCKMAN P,YAN X S. Block ownership and firm-specific information[J]. Journal of Banking & Finance,2009,33(2):308-316.

[175] 王立章,王咏梅,王志诚.控制权,现金流权与股价同步性[J].金融研究,2016(5):97-110.

[176] GUL F A,KIM J-B,QIU A A. Ownership concentration, foreign shareholding, audit quality, and stock price synchronicity: Evidence from China[J]. Journal of financial economics,2010,95(3):425-442.

[177] 罗进辉,李雪,林芷如.审计师地理距离对客户公司股价信息含量的影响[J].审计与经济研究,2018,33(04):34-45.

[178] 王木之,李丹.新审计报告和股价同步性[J].会计研究,2019,375(1):86-92.

[179] 侯宇,叶冬艳.机构投资者,知情人交易和市场效率——来自中国资本市场的实证证据[J].金融研究,2008(4):131-145.

[180] 饶育蕾,许军林,梅立兴,等.QFII持股对我国股市股价同步性的影响研究[J].管理工程学报,2013(2):202-208.

[181] LA PORTA R,LOPEZ-DE-SILANES F,SHLEIFER A,et al. Investor protection and corporate valuation[J]. The journal of finance,2002,57(3):1147-1170.

[182] GROSSMAN S J,HART O D. One share-one vote and the market for corporate control[J]. Journal of financial economics,1988(20):175-202.

[183] DJANKOV S,LA PORTA R,LOPEZ-DE-SILANES F,et al. The law and economics of self-dealing[J]. Journal of financial economics,2008,88(3):430-465.

[184] JIANG G,LEE C M,YUE H. Tunneling through intercorporate loans:The China experience[J]. Journal of financial economics,2010,98(1):1-20.

[185] CLAESSENS S,DJANKOV S,FAN J P,et al. Disentangling the incentive and entrenchment effects of large shareholdings[J]. The journal of finance,2002,57(6):2741-2771.

[186] LA PORTA R,LOPEZ-DE-SILANES F,SHLEIFER A,et al. Investor protection and corporate governance[J]. Journal of financial economics,2000,58(1-2):3-27.

[187] MORCK R,YEUNG B Y. Why firms diversify:Internalization vs. agency behavior[J]. Agency Behavior(March 25,1998),1998.

[188] PAGANO M,RÖELL A. The choice of stock ownership structure:Agency costs,monitoring,and the decision to go public[J]. The Quarterly Journal of Economics,1998,113(1):187-225.

[189] CLAESSENS S,DJANKOV S,LANG L H. The separation of ownership and control in East Asian corporations[J]. Journal of financial Economics,2000,58(1-2):81-112.

[190] AGHION P,TIROLE J. Formal and real authority in organizations[J]. Journal of political economy,1997,105(1):1-29.

[191] 高闯,郭斌,赵晶.上市公司终极股东双重控制链的生成及其演化机制——基于组织惯例演化视角的分析框架[J].管理世界,2012(11):156-169.

[192] FAN J P,WONG T J. Do external auditors perform a corporate governance role in emerging markets? Evidence from East Asia[J]. Journal of accounting research,2005,43(1):35-72.

[193] 黄冰冰,马元驹.股权集中度对现金持有的影响路径——基于大股东占款的中介效应[J].经济与管理研究,2018,39(11):131-144.

[194] 窦欢,陆正飞.大股东控制、关联存款与现金持有价值[J].管理世界,2016(5):141-150.

[195] FRIEDMAN E,JOHNSON S,MITTON T. Propping and tunneling[J]. Journal of Comparative Economics,2003,31(4):732-750.

[196] JIAN M,WONG T J. Propping through related party transactions[J]. Review of Accounting Studies,2010,15(1):70-105.

[197] 魏明海,黄琼宇,程敏英.家族企业关联大股东的治理角色——基于关联交易的视角[J].管理世界,2013(3):133-147.

[198] JIANG F,CAI X,JIANG Z,et al. Multiple large shareholders and dividends:Evidence from China[J]. Pacific-Basin Finance Journal,2019(57):101201.

[199] 邵毅平,虞凤凤.内部资本市场,关联交易与公司价值研究——基于我国上市公司的实证分析[J].中国工业经济,2012(4):102-114.

[200] CHUNG H,CHOI S,JUNG W-O. Controlling shareholders' tax incentives and related party transactions[J]. Pacific-Basin Finance Journal,2019(57):101181.

[201] 侯德帅,董曼茹,赵远方.宏观经济政策不确定性与企业关联交易行为[J].财经研究,2019,45(12):99-110.

[202] 郑国坚.基于效率观和掏空观的关联交易与盈余质量关系研究[J].会计研究,2009(10):68-76.

[203] 计方,刘星.交叉上市,绑定假说与大股东利益侵占——基于关联交易视角的实证研究[J].当代经济科学,2011(4):105-114.

[204] 朱茶芬,李志文,陈超.A股市场上大股东减持的时机选择和市场反应研究[J].浙江大学学报(人文社会科学版),2011,41(3):159-169.

[205] 吴战篪,吴伟立.大股东减持伤害了实体经济吗[J].南开管理评论,2018,21(1):99-108.

[206] 鲁桂华,张静,刘保良.中国上市公司自愿性积极业绩预告:利公还是利私——基于大股东减持的经验证据[J].南开管理评论,2017(2):133-143.

[207] 吴井峰.信息不对称与定向增发价格折扣率——机构投资者与分析师的影响[J].证券市场导报,2015,25(4):50-54.

[208] 徐寿福.大股东认购与定向增发折价——来自中国市场的证据[J].经济管理,2009(9):129-135.

[209] 马德芳,张艺馨,温振华.大股东控制,投资者情绪与定向增发折价[J].金融评论,2013,5(2):46-60.

[210] 冯根福.双重委托代理理论:上市公司治理的另一种分析框架[J].经济研究,2004(12):16-25.

[211] COASE R H. The nature of the firm[J]. economica,1937,4(16):386-405.

[212] HART O. Financial contracting[J]. Journal of economic Literature,2001,39(4):1079-1100.

[213] GROSSMAN S J,HART O D. The costs and benefits of ownership:A theory of vertical and lateral integration[J]. Journal of political economy,1986,94(4):691-719.

[214] HART O,MOORE J. Property Rights and the Nature of the Firm[J]. Journal of political economy,1990,98(6):1119-1158.

[215] HART O,MOORE J. Default and renegotiation:A dynamic model of debt[J]. The Quarterly journal of economics,1998,113(1):1-41.

[216] AGHION P,BOLTON P. An incomplete contracts approach to financial contracting[J]. The review of economic Studies,1992,59(3):473-494.

[217] Dessein W. Information and control in ventures and alliances[J]. The Journal of Finance,2005,60(5):2513-2549.

[218] 覃家琦,吴晔军,邵新建.风险资本与公司价值——基于企业家控制权视角的研究脉络[J].财经问题研究,2016(8):106-116.

[219] GULATI R,NOHRIA N,ZAHEER A. Strategic networks[J]. Strategic management journal,2000,21(3):203-215.

[220] HE J J,HUANG J. Product market competition in a world of cross-ownership:Evidence from institutional blockholdings[J]. The Review of Financial Studies,2017,30(8): 2674-2718.

[221] SCHMALZ M C. Common-ownership concentration and corporate conduct[J]. Annual Review of Financial Economics,2018(10):413-448.

[222] GRANOVETTER M. Economic action and social structure:The problem of embeddedness[J]. American journal of sociology,1985,91(3):481-510.

[223] GRANOVETTER M S. The strength of weak ties[J]. American journal of sociology, 1973,78(6):1360-1380.

[224] PENG M W,LUO Y. Managerial ties and firm performance in a transition economy:The nature of a micro-macro link[J]. Academy of management journal,2000,43(3): 486-501.

[225] BURT R S,KNEZ M. Kinds of third-party effects on trust[J]. Rationality and society, 1995,7(3):255-292.

[226] BIAN Y,ANG S. Guanxi networks and job mobility in China and Singapore[J]. Social forces,1997,75(3):981-1005.

[227] 边燕杰,张文宏. 经济体制、社会网络与职业流动[J]. 中国社会科学,2001(2): 77-89.

[228] 田昆儒,游竹君,田雪丰. 非控股股东网络权力与企业风险承担[J]. 财经论丛, 2021,276(9):60-70.

[229] 郝云宏,汪茜,王淑贤. 多个大股东与公司治理研究[J]. 浙江工商大学学报,2016 (2):102-110.

[230] 唐跃军,左晶晶. 终极控制权、大股东制衡与信息披露质量[J]. 经济理论与经济管理,2012(6):83-95.

[231] BERTRAND M,MEHTA P,MULLAINATHAN S. Ferreting out tunneling:An application to Indian business groups[J]. The Quarterly Journal of Economics,2002,117(1): 121-148.

[232] 吴晓晖,郭晓冬,乔政. 机构投资者抱团与股价崩盘风险[J]. 中国工业经济,2019 (2):117-135.

[233] 姜付秀,马云飙,王运通. 退出威胁能抑制控股股东私利行为吗?[J]. 管理世界, 2015(5):147-159.

[234] JIANG F,KIM K A. Corporate governance in China:A modern perspective:Elsevier, 2015:190-216.

[235] JIANG G,RAO P,YUE H. Tunneling through non-operational fund occupancy:An investigation based on officially identified activities[J]. Journal of Corporate Finance, 2015(32):295-311.

[236] 黄灿,李善民.股东关系网络,信息优势与企业绩效[J].南开管理评论,2019(2):75-88.

[237] 王江娜,徐宗玲,刘晓艳,林佳丽.连锁股东网络特征,制度环境与投资绩效——基于我国民营上市公司的数据[J].珞珈管理评论,2020,32(1):38-54.

[238] 李维安,齐鲁骏,丁振松.兼听则明,偏信则暗——基金网络对公司投资效率的信息效应[J].经济管理,2017(10):44-61.

[239] 杜善重,马连福.连锁股东对企业风险承担的影响研究[J].管理学报,2022,19(1):27-35.

[240] 王会娟,李嘉琪,王鹏.连锁PE对企业创新的影响研究[J].金融论坛,2021,26(11):57-66.

[241] 夏常源,贾凡胜.控股股东股权质押与股价崩盘:"实际伤害"还是"情绪宣泄"[J].南开管理评论,2019,22(5):165-177.

[242] 王秀丽,齐荻,吕文栋.控股股东股权质押与年报前瞻性信息披露[J].会计研究,2020,398(12):43-58.

[243] LIU J,STAMBAUGH R F,YUAN Y. Size and value in China[J]. Journal of Financial Economics,2019,134(1):48-69.

[244] BLOOM N. Fluctuations in uncertainty[J]. Journal of Economic Perspectives,2014,28(2):153-76.

[245] 王晓宇,杨云红.经济政策不确定性如何影响股价同步性?——基于有限关注视角[J].经济科学,2021,245(5):99-113.

[246] PENG L,XIONG W,BOLLERSLEV T. Investor attention and time-varying comovements[J]. European Financial Management,2007,13(3):394-422.

[247] LEDUC S,LIU Z. Uncertainty shocks are aggregate demand shocks[J]. Journal of Monetary Economics,2016(82):20-35.

[248] JENS C E. Political uncertainty and investment:Causal evidence from US gubernatorial elections[J]. Journal of Financial Economics,2017,124(3):563-579.

[249] 陈艳艳,程六兵.经济政策不确定性、高管背景与现金持有[J].上海财经大学学报,2018,20(6):94-108.

[250] 陈国进,张润泽,谢沛霖,等.知情交易、信息不确定性与股票风险溢价[J].管理科学学报,2019,22(4):53-74.

[251] 杨杨,杨兵,杜剑.经济政策不确定性下企业发展预期信息披露策略选择:"实事求是"还是"有意为之"[J].现代财经(天津财经大学学报),2021,41(7):3-18.

[252] GULEN H,ION M. Policy uncertainty and corporate investment[J]. The Review of Financial Studies,2016,29(3):523-564.

[253] 饶品贵,岳衡,姜国华.经济政策不确定性与企业投资行为研究[J].世界经济,2017(2):27-51.

[254] 李维安,李慧聪,郝臣.高管减持与公司治理创业板公司成长的影响机制研究[J].管理科学,2013,26(4):1-12.

[255] 王化成,曹丰,叶康涛.监督还是掏空:大股东持股比例与股价崩盘风险[J].管理世界,2015(2):45-57.

[256] 孙光国,孙瑞琦.控股股东委派执行董事能否提升公司治理水平[J].南开管理评论,2018,21(1):88-98.

[257] 张宇扬,许海晏,刘长翠,等.高管海外经历、审计质量与上市公司关联交易[J].审计研究,2020,217(5):96-104.

[258] 王健,李明操,郭文轩,等.个股情绪、定向增发与大股东利益输送——来自中国A股上市公司的经验证据[J].中国管理科学,2022,30(9):23-35.

[259] GROSSMAN S J,HART O D. Takeover bids,the free-rider problem,and the theory of the corporation[J]. The Bell Journal of Economics,1980:42-64.

[260] HELWEGE J,INTINTOLI V J,ZHANG A. Voting with their feet or activism? Institutional investors' impact on CEO turnover[J]. Journal of Corporate Finance,2012,18(1):22-37.

[261] 王爱群,刘耀娜.非控股大股东退出威胁与企业创新效率[J].财经论丛,2021,278(11):89-101.

[262] 陈克兢,康艳玲,万清清,等.外部大股东能促进企业创新吗——基于退出威胁视角的实证分析[J].南开管理评论,2021,24(3):202-214.

[263] 李蒙,李秉祥,张涛.非控股大股东退出威胁对"自利性"捐赠的治理作用——基于控股股东股权质押视角[J].南开管理评论:1-25.

[264] 余怒涛,张华玉,朱宇翔.大股东异质性、退出威胁与财务报告质量——基于我国融资融券制度的自然实验[J].会计研究,2021(3):45-61.

[265] HOPE O-K,WU H,ZHAO W. Blockholder exit threats in the presence of private benefits of control[J]. Review of Accounting Studies,2017,22(2):873-902.

[266] 于传荣,方军雄,杨棉之.上市公司高管因股价崩盘风险受到惩罚了吗?[J].经济管理,2017,39(12):136-156.

[267] MASSA M,SCHUMACHER D,WANG Y. Who is afraid of BlackRock?[J]. The Review of Financial Studies,2021,34(4):1987-2044.

[268] HART O D. On shareholder unanimity in large stock market economies[J]. Econometrica:Journal of the Econometric Society,1979:1057-1083.

[269] HANSEN R G,LOTT J R. Externalities and corporate objectives in a world with diversified shareholder/consumers[J]. Journal of Financial and Quantitative Analysis,1996,31(1):43-68.

[270] MAFFETT M. Financial reporting opacity and informed trading by international institutional investors[J]. Journal of Accounting and Economics,2012,54(2-3):201-220.

[271] SHROFF N,VERDI R S,YOST B P. When does the peer information environment matter?[J]. Journal of Accounting and Economics,2017,64(2-3):183-214.

[272] BEATTY A,LIAO S,YU J J. The spillover effect of fraudulent financial reporting on peer firms' investments[J]. Journal of Accounting and Economics,2013,55(2-3):183-205.

[273] KACPERCZYK M,SIALM C,ZHENG L. On the industry concentration of actively managed equity mutual funds[J]. The Journal of Finance,2005,60(4):1983-2011.

[274] 马连福,秦鹤,杜善重.机构投资者网络嵌入与企业金融决策——基于实体企业金融化的研究视角[J].山西财经大学学报,2021(2):99-112.

[275] VELDKAMP L L. Information markets and the comovement of asset prices[J]. The Review of Economic Studies,2006,73(3):823-845.

[276] 徐寿福,姚禹同.股价信息含量与非金融企业金融化[J].会计研究,2021(8):22-37.

[277] 董竹,张欣.股价信息含量的创新激励效应研究[J].系统工程理论与实践,2021,41(7):1682-1698.

[278] 苏冬蔚,熊家财.大股东掏空与CEO薪酬契约[J].金融研究,2013(12):167-180.

[279] 罗进辉,蔡地.媒体报道能够提高股价的信息含量吗?[J].投资研究,2013(5):38-53.

[280] 李世刚.连锁股东与高管薪酬契约有效性[J].当代财经,2021,444(11):89-100.

[281] 孙晓华,李明珊.国有企业的过度投资及其效率损失[J].中国工业经济,2016(10):109-125.

[282] CRANE A D,MICHENAUD S,WESTON J P. The effect of institutional ownership on payout policy:Evidence from index thresholds[J]. The Review of Financial Studies,2016,29(6):1377-1408.

[283] 黄政,钟廷勇,刘怡芳.内部控制质量,信息透明度与股价信息含量[J].中南财经政法大学学报,2017(3):14-23.

[284] 付强,扈文秀,章伟果.管理层股权激励与企业未来盈余定价——来自中国资本市场的证据[J].中国管理科学,2020,28(1):19-31.

[285] 苏冬蔚,彭松林.卖空者与内幕交易——来自中国证券市场的证据[J].金融研究,2019,471(9):188-207.

[286] 钱爱民,朱大鹏.财务报告文本相似度与违规处罚——基于文本分析的经验证据[J].会计研究,2020(9):44-58.

[287] EDMANS A,HOLDERNESS C. Blockholders:A survey of theory and evidence. European Corporate Governance Institute[R]. Finance working paper,2016.

[288] 陈运森,郑登津.董事网络关系,信息桥与投资趋同[J].南开管理评论,2017(3):159-171.

[289] 曹婷,李婉丽.投资组合网络,竞争性网络联结与技术创新[J].经济管理,2020,42(2):58-74.

[290] 杜勇,孙帆,邓旭.共同机构所有权与企业盈余管理[J].中国工业经济,2021,399(6):155-173.

[291] LEARY M T,ROBERTS M R. Do peer firms affect corporate financial policy? [J]. The Journal of Finance,2014,69(1):139-178.

[292] DE FRANCO G,KOTHARI S P,VERDI R S. The benefits of financial statement comparability[J]. Journal of Accounting research,2011,49(4):895-931.

[293] 张列柯,张倩,刘斌.会计信息可比性影响高管薪酬契约的有效性吗[J].中国软科学,2019,2:110-127.

[294] GASPAR J M,MASSA M. Idiosyncratic volatility and product market competition[J]. The Journal of Business,2006,79(6):3125-3152.

[295] 姜付秀,黄磊,张敏.产品市场竞争,公司治理与代理成本[J].世界经济,2009(10):46-59.

[296] 李俊青,刘帅光,刘鹏飞.金融契约执行效率、企业进入与产品市场竞争[J].经济研究,2017,52(3):136-150.

[297] 张会丽,王开颜.行业竞争影响企业商业信用提供吗?——来自中国A股资本市场的经验证据[J].中央财经大学学报,2019(2):64-73.

[298] LANG M H,LUNDHOLM R J. Corporate disclosure policy and analyst behavior[J]. Accounting review,1996(1):467-492.

[299] 王雄元,曾敬.年报风险信息披露与银行贷款利率[J].金融研究,2019,463(1):54-71.

[300] 张婷,张敦力.或有事项信息披露能降低股价同步性吗?[J].中南财经政法大学学报,2020,240(3):3-13,158.

[301] KIM O,VERRECCHIA R E. The relation among disclosure,returns,and trading volume information[J]. The Accounting Review,2001,76(4):633-654.

[302] 徐寿福,徐龙炳.信息披露质量与资本市场估值偏误[J].会计研究,2015(1):40-47.

[303] 林长泉,毛新述,刘凯璇.董秘性别与信息披露质量——来自沪深A股市场的经验证据[J].金融研究,2016,435(9):193-206.

[304] BROWN S V,TUCKER J W. Large-sample evidence on firms' year-over-year MD & A modifications[J]. Journal of Accounting Research,2011,49(2):309-346.

[305] 蒋艳辉,马超群,熊希希.创业板上市公司文本惯性披露,信息相似度与资产定价——基于Fama-French改进模型的经验分析[J].中国管理科学,2014,22(8):56-63.

[306] 温忠麟,叶宝娟.中介效应分析:方法和模型发展[J].心理科学进展,2014,22(5):731-745.

[307] BARON R M,KENNY D A. The moderator – mediator variable distinction in social psychological research:Conceptual,strategic,and statistical considerations[J]. Journal of personality and social psychology,1986,51(6):1173.

[308] JUDD C M,KENNY D A. Process analysis:Estimating mediation in treatment evaluations[J]. Evaluation review,1981,5(5):602-619.

[309] SOBEL M E. Asymptotic confidence intervals for indirect effects in structural equation models[J]. Sociological methodology,1982(13):290-312.

[310] MCMULLIN J L. Can I borrow your footnotes? Footnote boilerplate's learning externality[J]. Footnote Boilerplate's Learning Externality. Kelley School of Business Research Paper,2016(2014-13).

[311] 葛锐,刘晓颖,孙筱蔚.审计师更换影响管理层报告信息增量了吗?——来自纵向文本相似度的证据[J].审计研究,2020,216(4):113-122.

[312] 胡珺,彭远怀,宋献中,周林子.控股股东股权质押与策略性慈善捐赠——控制权转移风险的视角[J].中国工业经济,2020(2):174-198.

[313] 唐玮,夏晓雪,姜付秀.控股股东股权质押与公司融资约束[J].会计研究,2019(6):51-57.

[314] 邱杨茜,黄娟娟.控股股东股权质押与员工持股计划"工具化"——基于A股上市公司的实证研究[J].金融研究,2021,497(11):170-188.

[315] 谢德仁,廖珂,郑登津.控股股东股权质押与开发支出会计政策隐性选择[J].会计研究,2017(3):30-38.

[316] 李常青,幸伟.控股股东股权质押与上市公司信息披露[J].统计研究,2017,34(12):75-86.

[317] 夏常源,贾凡胜.控股股东股权质押与股价崩盘:"实际伤害"还是"情绪宣泄"[J].南开管理评论,2019(5):165-177.

[318] 宫汝凯,徐悦星,王大中.经济政策不确定性与企业杠杆率[J].金融研究,2019,472(10):59-78.

[319] 彭俞超,韩珣,李建军.经济政策不确定性与企业金融化[J].中国工业经济,2018(1):137-155.

[320] BAKER S R, BLOOM N, DAVIS S J. Measuring economic policy uncertainty[J]. The quarterly journal of economics, 2016, 131(4):1593-1636.

[321] PANTZALIS C, STANGELAND D A, TURTLE H J. Political elections and the resolution of uncertainty: the international evidence[J]. Journal of banking & finance, 2000, 24(10):1575-1604.

[322] 王丽纳,李敬,李玉山.经济政策不确定性与制造业全要素生产率提升——基于中国各省级党报数据的分析[J].财政研究,2020(9):65-79.

[323] EDMANS A. Blockholder trading, Market Efficiency, and Managerial Myopia[J]. The Journal of Finance, 2009, 64(6):2481-2513.